U0509503

新 视 界

始于未知　去往浩瀚

新质生产力

与中国式现代化

金江军 ◎ 著

上海远东出版社

图书在版编目(CIP)数据

新质生产力与中国式现代化／金江军著. —上海：上海远东出版社,2024
ISBN 978-7-5476-2029-8

Ⅰ.①新… Ⅱ.①金… Ⅲ.①生产力—发展—研究—中国②现代化建设—研究—中国 Ⅳ.①F120.2②D61

中国国家版本馆 CIP 数据核字(2024)第 101183 号

出 品 人　曹　建
责任编辑　季苏云
封面设计　徐羽心

新质生产力与中国式现代化

金江军　著

出　　版　上海远东出版社
　　　　　（201101　上海市闵行区号景路 159 弄 C 座）
发　　行　上海人民出版社发行中心
印　　刷　上海中华印刷有限公司
开　　本　710×1000　1/16
印　　张　21
插　　页　1
字　　数　323,000
版　　次　2024 年 6 月第 1 版
印　　次　2024 年 10 月第 3 次印刷
ISBN 978-7-5476-2029-8/F・737
定　　价　98.00 元

前　言

习近平总书记在党的二十大报告中提出,从现在起,中国共产党的中心任务就是团结带领全国各族人民全面建成社会主义现代化强国、实现第二个百年奋斗目标,以中国式现代化全面推进中华民族伟大复兴。推动高质量发展,推进中国式现代化,需要大力发展新质生产力。

本书阐述了什么是新质生产力、为什么要发展新质生产力、如何发展新质生产力;论述了新质生产力的基本内涵、核心标志、特点、关键、本质、核心要素;解读了新质生产力提出的历史背景和重要意义。从加强科技创新、推进新型工业化、发展数字经济等方面阐述了如何培育和发展新质生产力。其中,从实施创新驱动发展战略、推动"四链融合"、发展"四新经济"、推动国家级高新区高质量发展等方面阐述了如何加强科技创新,从推动信息化与工业化深度融合(简称"两化融合")、推进先进制造业和现代服务业融合(简称"两业融合")等方面阐述了如何推进新型工业化,从推进数字产业化、产业数字化和优化数字经济发展环境等方面阐述了如何发展数字经济。

近年来,笔者对新质生产力做了一系列的调查研究工作,为许多党政机关组织开展主题教育、中心组学习、干部培训讲授新质生产力,许多党政机关和企事业单位给予了大力支持和积极配合,中央党校省部班、厅局班、中青班和县委书记班的一些学员对本书提出了很好的建议,在此一并表示感谢。由于研究水平、编写时间有限,书中纰漏在所难免,敬请广大读者批评指正。

金江军

2024 年 5 月 20 日

目　录

第一章

绪　论

党的二十大报告指出,从现在起,中国共产党的中心任务就是团结带领全国各族人民全面建成社会主义现代化强国、实现第二个百年奋斗目标,以中国式现代化全面推进中华民族伟大复兴。高质量发展是全面建设社会主义现代化国家的首要任务,新质生产力是推动高质量发展的内在要求和重要着力点。在新发展阶段,必须加快发展新质生产力,扎实推进高质量发展,以高质量发展全面推进中国式现代化。

第一节 什么是中国式现代化

中国式现代化,是中国共产党领导的社会主义现代化,既有各国现代化的共同特征,更有基于自己国情的中国特色。中国式现代化是人口规模巨大的现代化,是全体人民共同富裕的现代化,是物质文明和精神文明相协调的现代化,是人与自然和谐共生的现代化,是走和平发展道路的现代化。

中央党校(国家行政学院)张占斌教授认为,中国式现代化是普遍性和特殊性的有机结合,是中国共产党百年接续奋斗的追求,以中国式现代化推进中华民族伟大复兴是对人类文明形态的丰富和发展。

1. 中国式现代化是普遍性和特殊性的有机结合

现代化是一个世界现象,是经济社会和文明进步的发展过程。现代化虽然源于 18 世纪的英国工业革命和法国大革命,但并不只是西方国家经济社会发展的专利。以实现工业化为主要标志的现代化,二战后已扩展到广大发展中国家,成为主权独立后国家重建的共同取向、共同主题和共同目标,也是人类文明发展与进步的显著标志。可见,现代化具有普遍性的一面。追求工业化、城市化、信息化、市场化、法治化、国际化等成为许多国家现代化带有规律性的遵循,中国也需要尊重这个基本的规律。现代化是一个社会历史范畴,随着时代和社会历史条件变化,现代化的内涵和特征也随之不断拓展和深化。因此,世界上既不存在定于一尊的现代化模式,也不存在放之四海而皆准的现代化标准。世界各国各民族因处在不同历史文化、历史时期和不同社会环境下,对现代化的理解是不一致的,追求现代化的目标也有各自的特色和标准,现代化的特征和内容又是不同的。

中国式现代化具有特殊性的一面。我们推进的现代化是中国共产党领导的社会主义现代化,必须坚持以中国式现代化推进中华民族伟大复兴,既不走封闭僵化的老路,也不走改旗易帜的邪路,坚持把国家和民族发展放在自己力量的基点上,把中国发展进步的命运牢牢掌握在自己手中。我们要深刻把握好中国式现代化的普遍性和特殊性及其相互关系,既要遵循人类社会发展的经济和社会发展规律,不闭门造车,海纳百川、胸怀天下,广泛吸收人类文明的成果;同时要避免盲目模仿,要坚持我们自己的特点、特性、特色,形成自己的风格,更好地推进中国式现代化的伟大事业。

2. 中国式现代化是中国共产党百年接续奋斗的追求

中国共产党成立以来,就把实现国家现代化的历史责任担负起来。中华人民共和国成立后,党是中国式现代化的领导者和实践者。1954 年,党中央初步提出"四个现代化"的目标,后来确定为实现工业、农业、国防和科学技术现代化。党的十一届三中全会后,为了实现中国式现代化宏伟目标,党推动改革开放,对中国式现代化战略步骤的设计越来越清晰。从"两步走"到"三步走"再到新"两步走",彰显了党对实现中国式现代化的初心和坚持。

党的二十大,对全面建设社会主义现代化国家进行了系统的布局,为我们指明了中国式现代化的奋进方向。中国式现代化和中华民族伟大复兴展现出前所未有的光明前景,创造了人类文明新形态。党领导人民进行中国式现代化的探索,反映了中国共产党百年以来特别是党的十八大以来现代化建设和探索的伟大成果,充分体现了对世界现代化建设经验的有益借鉴以及中华优秀传统文化的时代涵养。这是党和人民共同创造的宝贵财富,必须倍加珍惜、长期坚持,并在新时代实践中不断丰富和发展,这也是我们继续前行全面建设社会主义现代化国家的精神力量和宝贵财富。

3. 以中国式现代化推进中华民族伟大复兴是对人类文明形态的丰富发展

第一,党对中国式现代化的探索,极大地焕发了近代以来救亡图存、振兴中华的民族精神,从根本上改变了中国人民的前途命运。党带领全国人民担负起了推进中国式现代化的历史重任,中国人民的精神由被动转为主动。中华人民共和国的成立为中国式现代化打开了前进通道,为中国式现代化奠定了根本政治前提和制度基础。改革开放和社会主义现代化建设新时期,为现代化建设提供具有新的活力的体制保障和快速发展的物质条件。党的十八大以来,以习近平同志为核心的党中央开创中国特色社会主义新时代,为实现中国式现代化提供了更为完善的制度保证、更为坚实的物质基础、更为主动的精神力量。

第二,党对中国式现代化的探索,开辟了实现中华民族伟大复兴的正确道路,创造了从站起来、富起来向强起来迈进的发展奇迹。党的二十大为新时代中国式现代化发展谱写了新篇章,开启全面建设社会主义现代化国家新征程,致力于把我国建设成为社会主义现代化强国,这既是对党领导下现代化探索的总结,又是对中国特色社会主义道路的深刻把握,中国式现代化创造了经济快速发展和社会长期稳定两大奇迹,开启了从站起来、富起来到强起来的伟大飞跃。在这个历史进程中,浙江省经济社会发展走在了全国前列,现在正扎实推进高质量发展建设共同富裕示范区,担负着先行先试创造经验的重要使命,为中国经济社会发展作出了重要贡献。

第三,党对中国式现代化的探索,展示了"两个结合"的强大生命力,推动了马克思主义中国化时代化。马克思主义的科学性和真理性在中国式现代化的历史进程中得到充分检验,马克思主义的人民性和实践性在中国式现代化的历史进程中得到充分贯彻,马克思主义的开放性和时代性在中国式现代化的历史进程中得到充分彰显。

第四,党对中国式现代化的探索,拓展了发展中国家走向现代化的途径和选择。中国式现代化创造了人类文明新形态,深刻影响了世界历史进程,拓展了发展中国家走向现代化的途径,给世界上那些既希望加快发展又希望保持自身独立性的国家和民族提供了全新选择。中国式现代化提高了我们对社会主义建设规律和人类社会发展规律的认识,也对世界前景与人类命运有着深刻的影响和深远的意义。

第五,对中国式现代化的探索,锻造了走在时代前列的中国共产党,使中国式现代化有了强大的领导力量和主心骨。党成立时只有 50 多名党员,今天已成为拥有 9 600 多万名党员、领导着 14 亿多人口的大国、具有重大全球影响力的世界第一大执政党。党在探索现代化的进程中找到了一条符合中国国情、符合中国实际、符合中国人民需求的现代化发展道路,坚持和发展了马克思主义国家学说,加强和巩固了马克思主义政党建设,使党在推进中国式现代化的事业中不断发展壮大。

第二节　什么是新质生产力

新质生产力是创新起主导作用,摆脱传统经济增长方式、生产力发展路径,具有高科技、高效能、高质量特征,符合新发展理念的先进生产力质态。发展新质生产力是推动高质量发展的内在要求和重要着力点。

一、新质生产力提出的背景和意义

1. 历史背景

按照恩格斯的观点,生产力是具有劳动能力的人和生产资料相结合而形成的改造自然的能力。生产力发展水平的高低是由生产力要素构成的系统与其所处的政治、经济、社会、文化、生态等环境体系相互聚合匹配的结果。

新质生产力由技术革命性突破、生产要素创新性配置、产业深度转型升级而催生。随着时代发展、科技进步,人类社会的生产力也在不断发展,从传统生产力向新质生产力发展。

新质生产力是信息革命带来的生产力跃迁。纵观世界文明史,人类先后经历了农业革命、工业革命、信息革命。每一次产业技术革命,都给人类生产生活带来巨大而深刻的影响。农业革命增强了人类生存能力,使人类从采食捕猎走向栽种畜养,从野蛮时代走向文明社会。工业革命拓展了人类体力,以机器取代人力,以大规模工厂化生产取代了个体手工生产。而信息革命则增强了人类脑力,带来生产力又一次质的飞跃,对国际政治、经济、文化、社会、生态、军事等领域发展产生了深刻影响。第一次信息革命是 20 世纪 40 年代计算机的出现,第二次信息革命是 20 世纪 60 年代互联网的诞生,第三次信息革命是近 20 年来物联网、云计算、大数据、人工智能、3D 打印、5G、区块链、量子科技、虚拟现实、元宇宙等新一代信息技术的快速发展。

从生产要素来看,工业社会主要依靠土地、劳动力、资本等传统生产要素;信息社会,则主要依靠数据、信息、知识、技术等新生产要素。

从产业转型升级来看,人类社会从农业经济、工业经济发展到数字经济。我国产业过去以中低端产业、传统产业为主,目前着力发展高新技术产业等高端产业,促进产业高端化。

2. 重要意义

新质生产力是一种符合高质量发展要求的生产力。高质量发展是贯彻五大发展理念、讲究质量和效益的发展方式。在经济、社会和环境可持续性的基础上,通过增强科技创新能力、优化产业结构等方式,提高经济发展质量。高质量发展要求改变传统依靠大量资源投入、高度消耗资源和能源的生产力发展方式。我国通过大力发展新质生产力,可以摆脱传统经济增长路径依赖,切实转变经济发展方式,推动质量变革、效率变革、动力变革,推动我国经济高质量发展。

中央党校(国家行政学院)经济学教研部主任赵振华认为,新质生产力的提出,具有重大理论和现实意义。

(1)发展新质生产力是建设现代化强国的关键所在

党的十八大以来,以习近平同志为核心的党中央对全面建成社会主义现代化强国作出了分两步走的战略安排。无论是建设制造强国、质量强国、航天强国、交通强国、网络强国、数字中国,还是实现新型工业化、信息化、城镇化、农业现代化,都要求实现高质量发展,而发展新质生产力是推动我国经济社会高质量发展的重要动力。新质生产力呈现出颠覆性创新技术驱动、发展质量较高等特征。战略性新兴产业和未来产业作为形成和发展新质生产力的重点领域,拥有前沿技术、颠覆性技术,通过整合科技创新资源引领发展这些产业,有助于推动我国经济实力、科技实力、综合国力和国际影响力持续增强。

(2)发展新质生产力是提升国际竞争力的重要支撑

在一定意义上,哪个国家拥有先进科学技术特别是拥有颠覆性技术,拥有处于世界领先地位的战略性新兴产业和未来产业,哪个国家就更有可能居于世界领先地位。第一次工业革命发生在英国,蒸汽机、机械纺纱机等成为当时的颠覆性技术,以这些技术为代表的产业快速发展,促使英国走上世界霸主地位;第二次产业革命时期,美国建立起以电力、石油、化工和汽车等为支柱的产业体系,在科技和产业革命中成为领航者和最大获利者。为把我国建设成为社会主义现代化强国,我们就要把握好新一轮科技革命和产业变革带来的巨大机遇,依靠自主创新,加快形成新质生产力,大力发展战略性新兴产业和未来产业,开辟新赛道、打造新优势。

(3)发展新质生产力是更好地满足人民群众对美好生活需要的必然要求

进入新时代,人民美好生活需要日益增长而广泛,不仅对物质文化生活提出了更高要求,而且对更高层次、更加多元的生态产品、文化产品等需求也更为强烈。加快形成和发展新质生产力,提高科技创新水平,有助于推动产业转型升级,形成优质高效多样化的供给体系,提供更多优质产品和服务,不断满足人民群众对美好生活的需要。

二、新质生产力的基本内涵与核心标志

1. 基本内涵

新质生产力的基本内涵是劳动者、劳动资料、劳动对象及其优化组合

的跃升。

（1）更高素质的劳动者是新质生产力的第一要素

新质生产力对劳动者的知识和技能提出更高要求。发展新质生产力，需要能够创造新质生产力的战略人才，包括在颠覆性科学认识和技术创造方面作出重大突破的顶尖科技人才，在基础研究和关键核心技术领域作出突出贡献的一流科技领军人才和青年科技人才；需要能够熟练掌握新质生产资料的应用型人才，他们具备多维知识结构、熟练掌握新型生产工具，包括以卓越工程师为代表的工程技术人才和以大国工匠为代表的技术工人。

要培育新型劳动者队伍。推动教育、科技、人才有效贯通、融合发展，打造与新质生产力发展相匹配的新型劳动者队伍，激发劳动者的创造力和能动性。坚持教育优先发展，着力造就拔尖创新人才，培养造就更多战略科学家、一流科技领军人才以及具有国际竞争力的青年科技人才后备军。探索形成中国特色、世界水平的工程师培养体系，推进职普融通、产教融合、科教融汇，探索实行高校和企业联合培养高素质复合型工科人才的有效机制，源源不断培养高素质技术技能人才。实施更加积极、更加开放、更加有效的人才政策，探索建立与国际接轨的全球人才招聘制度，加大国家科技计划对外开放力度，鼓励在华外资企业、外籍科学技术人员等承担和参与科技计划项目，为全球各类人才搭建干事创业的平台。

（2）更高技术含量的劳动资料是新质生产力的动力源泉

生产工具的科技属性强弱是辨别新质生产力和传统生产力的显著标志。新一代信息技术、先进制造技术、新材料技术等融合应用，孕育出一大批更智能、更高效、更低碳、更安全的新型生产工具，进一步解放了劳动者，削弱了自然条件对生产活动的限制，极大拓展了生产空间。特别是工业互联网、工业软件等非实体形态生产工具的广泛应用，极大丰富了生产工具的表现形态，促进制造流程走向智能化、制造范式从规模生产转向规模定制，推动生产力跃上新台阶。

要创造和应用更高技术含量的劳动资料。深入实施创新驱动发展战略，牢牢扭住自主创新这个"牛鼻子"，推动劳动资料迭代升级。充分发挥国家作为重大科技创新组织者的作用,以国家战略需求为导向,整合科技创新资源,集聚各方力量进行原创性、引领性科技攻关,打造更多引领新质生产力发展的"硬科技"。充分发挥企业作为研发应用新型生产工具主力军的作用,加强创新要素集成和科技成果转化,构建龙头企业牵头、高校院所支撑、各创新主体相互协同的创新联合体,加快科技成果向现实生产力转化。促进数字经济和实体经济深度融合,纵深推进产业数字化转型。大力推广应用数字化、网络化、智能化生产工具,加快建设数字化车间和智能制造示范工厂。

(3) 更广范围的劳动对象是新质生产力的物质基础

劳动对象是生产活动的基础和前提。得益于科技创新的广度延伸、深度拓展、精度提高和速度加快,劳动对象的种类和形态大大拓展。一方面,人类从自然界获取物质和能量的手段更加先进,利用和改造自然的范围扩展至深空、深海、深地等;另一方面,人类通过劳动不断创造新的物质资料,并转化为劳动对象,大幅提高了生产率。比如,数据作为新型生产要素成为重要劳动对象,既直接创造社会价值,又通过与其他生产要素的结合、融合进一步放大价值创造效应。

要拓展更广范围的劳动对象。以培育壮大战略性新兴产业和未来产业为重点,拓展劳动对象的种类和形态,能够不断开辟生产活动的新领域新赛道,夯实发展新质生产力的物质基础。要深入实施国家战略性新兴产业集群发展工程,着力打造新一代信息技术、人工智能、生物技术、新能源、新材料、高端装备、绿色环保等新增长引擎,强化我国战略性新兴产业在全球价值链的技术优势和产业优势。从国家战略层面加强对未来产业的统筹谋划,在类脑智能、量子信息、基因技术、未来网络、深海空天开发等前沿科技和产业变革领域,组织实施未来产业孵化与加速计划,对前沿技术、颠覆性技术进行多路径探索和交叉融合,做好生产力储备。

劳动者、劳动资料、劳动对象和科学技术、管理等要素,都是生产力形成过程中不可或缺的。只有生产力诸要素实现高效协同,才能迸发出更强大的生产力。在一系列新技术驱动下,新质生产力引领带动生产主体、生产工具、生产对象和生产方式变革调整,推动劳动力、资本、土地、知识、技术、管理、数据等要素便捷化流动、网络化共享、系统化整合、协作化开发和高效化利用,能够有效降低交易成本,大幅提升资源配置效率和全要素生产率。

要推动更高水平的生产力要素协同匹配。适应新质生产力发展要求,推动产业组织和产业形态变革调整,不断提升生产要素组合效率,提高全要素生产率。要做大做强一批产业关联度大、国际竞争力强的龙头骨干企业和具有产业链控制力的生态主导型企业,培育一批专精特新"小巨人"企业和"单项冠军"企业,鼓励龙头骨干企业发挥好产业链融通带动作用,实现大中小企业融通发展。依托生产要素的自由流动、协同共享和高效利用,推动生产组织方式向平台化、网络化和生态化转型,打造广泛参与、资源共享、精准匹配、紧密协作的产业生态圈,加速全产业链供应链的价值协同和价值共创。积极发挥数据要素的"融合剂"作用,推动现有业态和数字业态跨界融合,衍生叠加出新环节、新链条、新的活动形态,加快发展智能制造、数字贸易、智慧物流、智慧农业等新业态,促进精准供给和优质供给,更好满足和创造新需求。

2. 核心标志

新质生产力的核心标志是全要素生产率(Total Factor Pro-ductivity, TFP)大幅提升。全要素生产率又称"索罗余值",最早由美国经济学家罗伯特·索罗提出,是指各要素(如资本和劳动等)投入之外的技术进步和能力实现等导致的产出增加,是剔除要素投入贡献后所得到的残差。

提高全要素生产率的主要途径包括:一是通过技术进步实现生产效率的提高。例如,运用工业机器人提高生产效率。二是通过生产要素的重新组合提高资源配置效率,主要表现为在生产要素投入之外,通过体制机制创新、产业组织方式优化、企业管理升级等来推动经济增长。例如,优化营商环境,促进民营经济发展。通过产业互联网打通产业链上下游,提高产业集群协作效率。通过实施企业资源规划(ERP)系统提高企业管理效率,促进企业管理升级。

三、新质生产力的特点、关键和本质

1. 特点

新质生产力的特点是创新。创新是指把一种从来没有过的关于生产要素和生产条件的"新组合"引入生产体系。世界著名经济学家约瑟夫·熊彼特认为,经济发展是创新的结果。

新质生产力是一种创新驱动的生产力。科技是先进生产力的集中体现和主要标志。马克思认为,科技是最高意义的革命力量。人类历史上每一次重大科技进步,都改进了劳动工具,提高了劳动生产率,拓展了人类认知的广度和深度,增强了人类改造自然的能力。邓小平同志指出"科技是第一生产力"。

党的二十大报告提出:"必须坚持科技是第一生产力、人才是第一资源、创新是第一动力,深入实施科教兴国战略、人才强国战略、创新驱动发展战略,开辟发展新领域新赛道,不断塑造发展新动能新优势。"

与传统生产力不同,创新驱动的新质生产力,催生了许多新技术、新产业、新业态和新模式。

2. 关键

新质生产力的关键在质优,要提高产品质量和经济发展质量。产品质量是指产品满足规定需要和潜在需要的特征和特性的总和。要实施卓越质量工程,推动企业健全完善先进质量管理体系,提高质量管理能力,全面提升产品质量。深入推进社会信用体系建设,通过开展跨部门联合惩戒,提高制售假冒伪劣产品的违法成本。顺应人们对产品的需求从功能到品质的变化,提升工业设计和产品智能化水平。要推动制造业高端化、智能化、绿色化,发展高技术服务业、科技服务业、生产性服务业等现代服务业,转变经济发展方式,优化产业结构,提高经济运行效率。

3. 本质

新质生产力的本质是先进生产力。先进生产力是指具有时代特征和比较优势、面向未来、对生产的发展最具推动力,同时也最有利于促进人类解放和人的全面发展的生产力。经济、政治、文化、社会及其运行,必须能

与科技发展水平及其应用程度、生产手段的改进程度、劳动者素质等要求相适应。

发展先进生产力,需要先进的认知能力、先进的知识创新能力、先进的科技创新能力、先进的协作关系。要求人们解放思想,转变传统思想观念,接受新兴事物,更新自己的知识结构。要加强基础研究和技术创新,多出原创性科技成果。要建立科技创新团队,加强产学研合作。

四、新质生产力的核心要素

1. 新产业

新产业包括战略性新兴产业和未来产业。战略性新兴产业是指以重大前沿技术突破和重大发展需求为基础,对经济社会全局和长远发展具有重大引领带动作用的产业,包括新一代信息技术产业、生物产业、新能源产业、新材料产业、高端装备产业、新能源汽车产业、节能环保产业、航空航天产业等。

南京大学商学院教授沈坤荣认为,战略性新兴产业代表新一轮科技革命和产业变革方向,是发展新质生产力的重要力量,有利于持续推动经济实现质的有效提升和量的合理增长。一方面,战略性新兴产业具备规模经济、可贸易性和创新能力强等特点,整体生产率较高,能够引致上下游产业链投资需求。因此,战略性新兴产业增加值占国内生产总值比重不断上升,能够提高经济增长潜力,推动经济实现量的合理增长。另一方面,战略性新兴产业技术进步快、资源再配置效应显著,能够提高全要素生产率,推动经济实现质的有效提升。同时,战略性新兴产业通过产品和生产要素流动形成对传统产业的技术溢出效应,能够改进传统产业的生产函数,催生新产业、新模式、新动能,带动传统产业的技术改造和转型升级。

未来产业是指当前尚处于孕育孵化阶段的具有高成长性、战略性、先导性的产业,包括量子通信产业、量子计算产业、卫星互联网产业等。

2024 年 1 月,工业和信息化部、教育部、科技部、交通运输部、文化和旅游部、国务院国有资产监督管理委员会、中国科学院七部门联合印发了《关于推动未来产业创新发展的实施意见》,提出全面布局未来产业,加快技术创新和产业化,打造标志性产品,壮大产业主体,丰富应用场景,优化产业支撑体系。

2. 新模式

（1）共享经济

共享经济分为生活类共享经济和生产类共享经济,其中生活类共享经济包括共享单车、共享汽车、共享民宿等,生产类共享经济包括共享工厂,产能设备、科研仪器、备品备件、办公场所、物流、检验检测、运维等共享。

从发展新质生产力来看,共享经济包括创新能力共享和生产能力共享。创新能力共享是指利用互联网平台将分散的创新资源进行共享利用,实现对研发、设计、管理、服务等环节创新资源的整合、开放与对接,以降低创新成本、提高创新效率,为创新驱动发展战略和大众创业万众创新提供有力支撑。

创新能力共享包含科研仪器共享和知识技能共享。其中科研仪器共享主要指将分散于企业、高校、科研机构等单位的科研仪器设备进行共享,有效提高科研仪器设备利用效率的共享经济平台。例如,许多企业产品研发所需的科研仪器往往很贵,通常一台仪器就要几百万甚至上千万元。如果高校、科研院所的仪器通过共享平台向民营企业开放,则有利于提高仪器的使用率,降低企业研发投入成本。知识技能共享是指将分散于各类组织和个人的研发、设计、创意、运营、咨询、法务等智力资源和服务能力进行共享,实现创新服务能力与中小微企业需求有效对接的共享经济平台。

生产能力共享是指通过互联网平台共享分散的生产资源,包括对农业生产、工业制造、物流运输等生产领域相关资源的整合、开放与对接,以盘活产能,助力供给侧结构性改革,有效促进互联网与实体经济的融合。生产能力共享包含生产设备使用共享、生产资源开放共享、分散产能整合共享等。

生产设备使用共享是指在农业生产、工业制造等领域,重点面向中小微企业共享具备智能互联功能的生产设备,提供灵活的设备使用以及数据分析、远程运维等服务的共享经济平台。生产资源开放共享是指依托大中型生产制造企业,整合上下游产业链资源,面向内外部创业主体,实现制造、物流、运营、技术、资金等生产资源一站式共享服务的共享经济平台。分散产能整合共享是指将分散于不同企业主体间的海量生产能力与灵活多样的生产需求进行高效智能匹配,实现产能对接流程的在线化、标准化、智能化的共享经济平台。

近年来,国家出台了一系列共享经济政策。例如,2018 年 5 月,国家发展改革委、中央网信办、工业和信息化部联合印发了《关于做好引导和规范共享经济健康良性发展有关工作的通知》。2019 年 10 月,工业和信息化部印发了《关于加快培育共享制造新模式新业态　促进制造业高质量发展的指导意见》,提出以制造能力共享为重点,以创新能力、服务能力共享为支撑。

(2) 平台经济

平台经济是以互联网平台为主要载体,以数据为关键生产要素,以新一代信息技术为核心驱动力,以网络信息基础设施为重要支撑的新型经济形态。

在互联网时代,要善于找平台、建平台、用平台,在更高层次、更大空间整合行业资源和发展要素。平台经济包括工业互联网平台、云计算平台、电商平台、无车承运平台等。近年来,许多地方都在推动中小微企业"上云上平台",发展平台经济。如福建省莆田市列入滚动跟踪平台企业 71 家,截至 2022 年底,累计交易 4 556.59 亿元,累计税收 80.98 亿元。

3. 新动能

新旧动能转换是指培育新动能、改造旧动能、淘汰落后产能。加快新旧动能转换是深化供给侧结构性改革、建设现代化经济体系、推动高质量发展的重要举措。在数字化时代,要以数字经济引领高质量发展,即以数字产业化培育新动能,以产业数字化改造旧动能。

新动能是指新的经济发展动力,主要包括科技创新和数字赋能。必须加强科技创新特别是原创性、颠覆性科技创新,加快实现高水平科技自立自强,打好关键核心技术攻坚战,使原创性、颠覆性科技创新成果竞相涌现,培育发展新质生产力的新动能。各地要推进当地重点产业智能化改造、数字化转型,促进传统产业转型升级。

第三节　为什么要发展新质生产力

从国际来看,美国把中国作为最大的竞争对手,持续打压中国。从国内来看,大量消耗资源、能源和污染环境以及依靠廉价劳动力的传统经济发展方式难以为继。为了在国际竞争中取得优势,推动高质量发展,我国必须加快发展新质生产力。

一、国际环境分析

当今世界正经历百年未有之大变局,新一轮科技革命和产业变革深入发展,国际力量对比深刻调整,和平与发展仍然是时代主题,人类命运共同体理念深入人心。同时,国际环境日趋复杂,不稳定性、不确定性明显增加,世界经济陷入低迷期,经济全球化遭遇逆流,全球能源供需版图深刻变革,国际经济政治格局复杂多变,世界进入动荡变革期,单边主义、保护主义、霸权主义对世界和平与发展构成威胁。

作为数字生产力,数字经济正在成为全球新一轮产业变革的核心力量,世界各国对发展数字经济已经达成广泛共识。随着世界经济结构经历深刻调整,许多国家都在寻找新的经济增长点,以期在未来发展中继续保持竞争优势,更有效地提高资源利用效率和劳动生产率。在全球范围内,跨越发展新路径正逐步形成,新的产业和经济格局正在孕育,数字贸易成为国际贸易新方向,数字经济对全球经济增长的引领作用不断显现。

近年来,美国将中国视为最大的竞争对手,从贸易、科技、金融等方面持续打压中国。我国在一些领域存在被以美国为首的西方国家"卡脖子"问题,亟待通过科技创新实现科技自立自强,避免关键核心技术受制于人。为此,我国通过发展量子科技、卫星互联网、元宇宙等未来产业,开辟新赛道,形成新的竞争优势。

二、国内环境分析

党的十八大以来,党中央作出一系列重大决策部署,推动高质量发展成为全党全社会的共识和自觉行动,成为我国经济社会发展的主旋律。近年来,我国科技创新成果丰硕,创新驱动发展成效日益显现;城乡区域发展协调性、平衡性明显增强;改革开放全面深化,发展动力活力竞相迸发;绿色低碳转型成效显著,发展方式转变步伐加快,高质量发展取得明显成效。同时,制约高质量发展的因素还大量存在,要高度重视,切实解决。

(1) 大力发展新质生产力,是实现我国经济持续健康发展的必然要求

近年来,受新冠疫情、国际局势动荡等影响,我国经济增长缓慢、乏力。我国正处于转变发展方式关键阶段,劳动力成本上升,资源环境约束增大,消耗资源、污染环境的粗放型发展方式难以为继,经济循环不畅问题突出,必须依靠创新驱动,发展战略性新兴产业和未来产业,培育新动能。

(2) 大力发展新质生产力,是解决我国社会主要矛盾的必然要求

我国社会主要矛盾已转化为人民日益增长的美好生活需要和不平衡不充分的发展之间的矛盾。这就要求推进供给侧结构性改革,建设现代化经济体系,促进产业高端化,提高产品质量和品质,不断满足人民群众对美好生活的向往,增强人民群众的获得感、幸福感、安全感。

(3) 大力发展新质生产力,是跨越中等收入陷阱的必然要求

20 世纪 60 年代以来,全球 100 多个中等收入国家中只有十几个成为高收入国家,这些跨越中等收入陷阱的国家,都经历了经济高速增长后从量的扩张转向质的提升;而那些落入中等收入陷阱、经济徘徊不前甚至倒退的国家,都没有自觉推动和实现这种根本性转变。我国经济发展也遵循这一规律,通过大力发展新质生产力,使我国经济发展从量的积累到质的飞跃,跨越中等收入陷阱。

此外,高质量发展需要新的生产力理论来指导,而新质生产力已经在实践中形成并展示出对高质量发展的强劲推动力、支撑力,需要我们从理论上进行总结、概括,用以指导新的发展实践。传统生产力理论是工业社会的生产力理论,注重土地、劳动、资本。新的生产力理论是信息社会的生产力理论,注重数据、信息、知识、技术。

第四节　因地制宜发展新质生产力的浙江实践

2024 年 3 月以来,习近平总书记多次强调因地制宜发展新质生产力。浙江是中国特色社会主义经济的窗口,深入实施"八八战略",挖掘自身优势,采取相对应的发展举措,壮大浙江经济,因地制宜发展新质生产力。

一、发挥体制机制优势,发展集群与市场新质生产力

浙江一直引领中国市场化改革,在体制机制创新上有先行优势。发挥体制机制优势,不断提升浙江的市场和集群经济竞争力,这就是因地制宜发展市场和产业集群新质生产力。

浙江人的市场意识强,专业市场和产业集群的协作,成就了浙江"小商品、大市场"和"小企业、大集群"的经济格局。市场化就是开放化,专业市场为面广量大的中小微民营企业带来了低成本的交易平台,让这些小企业小作坊的生产能够面向来自全国各地甚至世界各地的客户,极大地扩大了市场辐射和销售。于是,小企业扩大生产,形成围着市场的小企业小作坊扎堆,也就是小企业围绕市场集聚形成集群化成长。

制度改革与创新是体制机制优势的重要内容,这利于理顺生产力与生产关系,让新质生产力得以不断成长并迸发活力。浙江的深化改革不断优化所有制结构,优化经济体制和科技体制,建立高标准的市场体制,优化了创新生产要素的配置,支持了新质生产力要素集聚发展。

二、发挥区位优势扩大开放,提升新质生产力能级

20 世纪 80 至 90 年代,商品供给由紧转松,民营和乡镇集体企业有了发展的空间。20 世纪末,浙江的非公经济已经占据全省 GDP 的半壁江山。这个时期填补国内短缺经济的民营企业生产迅猛扩张,其在产品质量和标准上缺乏投入与关注,模仿制造等现象一度盛行,影响民营经济健康发展。

进入新世纪初,我国对外开放进一步扩大,市场化改革不断深入,浙江的民营企业也开始面对质量与标准的要求。浙江进一步发挥区位优势,主动接轨上海、积极参与长江三角洲地区合作与交流,不断提高对内对外开

放水平。在这种因地制宜的发展抉择下,浙江打开了民营经济发展的新局面。

市场经济是开放经济。2001年中国正式加入世界贸易组织(简称"世贸组织",WTO),这个时期的民企加速国际化,更多的是把产品卖到国际市场。因为加工贸易生产是按照国际市场要求的行业标准、产品标准和产品质量进行的,这极大地提升了浙江民营企业的整体技术水平、生产质量和产品标准,克服和消除了一度困扰民营制造业企业的假冒伪劣问题。

浙江在扩大民企国际化市场份额的同时,也鼓励民营企业"走出去",探索对外直接投资和企业经营的自主国际化。不同于加工贸易的贴牌生产,这种民营企业自主国际化,企业自己投资海外设立海外生产基地、研发基地、销售平台,这使得民营制造业企业的设计、研发、物流与销售能力有了极大提高,民营制造业企业在全球价值链中的地位不断攀升。

三、发挥浙江生态优势,打造绿色发展新质生产力

绿色生产力就是新质生产力。发展方式绿色转型,助力碳达峰碳中和,牢固树立和践行绿水青山就是金山银山的理念,坚定不移地走生态优先、绿色发展之路;同时,在全社会大力倡导绿色健康生活方式。

湖州市安吉县"两山银行",是生态浙江绿色发展一种创新转化平台,存入的是"青山"取出的是"金山银山"。在"两山银行",一座山、一个村庄,都可能是交易对象,风景变"钱景"。绿色银行搞活了乡村绿色资产,增强了农民资产的流动性和价值变现能力,也让农民感到生活更加有奔头。

在新发展理念的指导下,乡村振兴更多的是走绿色可持续发展道路。"生态宜居"和"产业兴旺"是乡村振兴的根本,而"乡风文明、治理有效、生活富裕"都离不开产业兴旺与生态宜居。乡村生态环境的可持续发展,可以通过培育农村的特色产业来助力农村的经济发展。

乡村振兴追求的是生态宜居和产业兴旺,故乡村发展不能只局限于种植业和养殖业。浙江乡村的一二三产业融合发展实践,是可借鉴的成功之道。发展农村第一产业,要努力形成具有地理标志的地方特色优势产品,进而对地方特色优势农产品进行加工、深加工,通过产业链接创造新供给;发展农村第二产业,要遵循生态工业的宗旨,严格制定企业排污标准,定期

报告环境状况,维护乡村环境治理成果,确保乡村"生态宜居";乡村第三产业,主要是服务第一、第二产业的物流、技术、市场支持,以及乡村旅游、观光农业、乡村民宿。

数字经济既服务大企业助其取得更大的成功,也服务民营中小企业和个人,让创新创业成为经济发展和民生改善的常态。

对于地方政府,我们要加强科技创新,推进新型工业化,发展数字经济,推动绿色发展,推进全面深化改革,扩大高水平开放,强化教育、科技、人才支撑。

第二章

实施创新驱动发展战略

党中央提出实施创新驱动发展战略。创新驱动就是创新成为引领发展的第一动力,科技创新与制度创新、管理创新、商业模式创新、业态创新和文化创新相结合,推动发展方式向依靠持续的知识积累、技术进步和劳动力素质提升转变,促进经济向形态更高级、分工更精细、结构更合理的阶段演进。

第一节　创新驱动发展战略与科技创新

创新驱动发展战略是一种以科技创新为核心的全面创新推动经济持续健康发展的战略。实施创新驱动发展战略,是加快转变经济发展方式、提高我国综合国力和国际竞争力的必然要求和战略举措。2016 年 5 月,中共中央、国务院印发了《国家创新驱动发展战略纲要》。

一、战略背景

党的十八大提出实施创新驱动发展战略,强调科技创新是提高社会生产力和综合国力的战略支撑,必须摆在国家发展全局的核心位置。这是党中央在新的发展阶段确立的立足全局、面向全球、聚焦关键、带动整体的国家重大发展战略。

（1）创新驱动是国家命运所系

国家力量的核心支撑是科技创新能力。创新强则国运昌，创新弱则国运殆。我国近代落后挨打的重要原因是与历次科技革命失之交臂，导致科技弱、国力弱。实现中华民族伟大复兴的中国梦，必须真正用好科学技术这个最高意义上的革命力量和有力杠杆。

（2）创新驱动是世界大势所趋

全球新一轮科技革命、产业变革和军事变革加速演进，科学探索从微观到宇观各个尺度上向纵深拓展，以智能、绿色、泛在为特征的群体性技术革命将引发国际产业分工重大调整，颠覆性技术不断涌现，正在重塑世界竞争格局、改变国家力量对比，创新驱动成为许多国家谋求竞争优势的核心战略。我国既面临赶超跨越的难得历史机遇，也面临差距拉大的严峻挑战。唯有勇立世界科技创新潮头，我国才能赢得发展主动权，为人类文明进步作出更大贡献。

（3）创新驱动是发展形势所迫

我国经济发展进入新常态，传统发展动力不断减弱，粗放型增长方式难以为继。我们必须依靠创新驱动打造发展新引擎，培育新的经济增长点，持续提升我国经济发展的质量和效益，开辟我国发展的新空间，实现经济保持中高速增长和产业迈向中高端水平"双目标"。

当前，我国创新驱动发展已具备发力加速的基础。经过多年努力，科技发展正在进入由量的增长向质的提升的跃升期，科研体系日益完备，人才队伍不断壮大，科学、技术、工程、产业的自主创新能力快速提升。经济转型升级、民生持续改善和国防现代化建设对创新提出了巨大需求。庞大的市场规模、完备的产业体系、多样化的消费需求与互联网时代创新效率的提升相结合，为创新提供了广阔空间。中国特色社会主义制度能够有效结合集中力量办大事和市场配置资源的优势，为实现创新驱动发展提供了根本保障。

同时，我们也要看到，我国许多产业仍处于全球价值链的中低端，一些关键核心技术受制于人，发达国家在科学前沿和高技术领域仍然占据明显领先优势，我国支撑产业升级、引领未来发展的科学技术储备亟待加强。适应创新驱动的体制机制亟待建立健全，企业创新动力不足，创新体系整体效能不高,经济发展尚未真正转到依靠创新的轨道。科技人才队伍大而不强,领军人才和高技能人才缺乏,创新型企业家群体亟须发展壮大。激励创新的市场环境和社会氛围仍需进一步培育和优化。

在我国加快推进社会主义现代化、实现"两个一百年"奋斗目标和中华民族伟大复兴中国梦的关键阶段,我们必须始终坚持抓创新就是抓发展、谋创新就是谋未来,让创新成为国家意志和全社会的共同行动,走出一条从人才强、科技强到产业强、经济强、国家强的发展新路径,为我国未来十几年乃至更长时间创造一个新的增长周期。

二、战略部署

实现创新驱动是一个系统性的变革,要按照"坚持双轮驱动、构建一个体系、推动六大转变"进行布局,构建新的发展动力系统。

双轮驱动就是科技创新和体制机制创新两个轮子相互协调、持续发力。抓创新首先要抓科技创新,补短板首先要补科技创新的短板。科学发现对技术进步有决定性的引领作用,技术进步有力推动发现科学规律。要明确支撑发展的方向和重点,加强科学探索和技术攻关,形成持续创新的系统能力。体制机制创新要调整一切不适应创新驱动发展的生产关系,统筹推进科技、经济和政府治理等三方面体制机制改革,最大限度地释放创新活力。

一个体系就是建设国家创新体系。要建设各类创新主体协同互动和创新要素顺畅流动、高效配置的生态系统,形成创新驱动发展的实践载体、制度安排和环境保障。明确企业、科研院所、高校、社会组织等各类创新主体功能定位,构建开放高效的创新网络,建设军民融合的国防科技协同创新平台;改进创新治理,进一步明确政府和市场分工,构建统筹配置创新资源的机制;完善激励创新的政策体系、保护创新的法律制度,构建鼓励创新的社会环境,激发全社会创新活力。

六大转变是指,发展方式从以规模扩张为主导的粗放式增长向以质量效益为主导的可持续发展转变;发展要素从传统要素主导发展向创新要素主导发展转变;产业分工从价值链中低端向价值链中高端转变;创新能力从"跟踪、并行、领跑"并存、"跟踪"为主向"并行""领跑"为主转变;资源配置从以研发环节为主向产业链、创新链、资金链统筹配置转变;创新群体从以科技人员的小众为主向小众与大众创新创业互动转变。

三、战略任务

紧紧围绕经济竞争力提升的核心关键、社会发展的紧迫需求、国家安全的重大挑战，采取差异化策略和非对称路径，强化重点领域和关键环节的任务部署。

1. 推动产业技术体系创新，创造发展新优势

加快工业化和信息化深度融合，把数字化、网络化、智能化、绿色化作为提升产业竞争力的技术基点，推进各领域新兴技术跨界创新，构建结构合理、先进管用、开放兼容、自主可控、具有国际竞争力的现代产业技术体系，以技术的群体性突破支撑引领新兴产业集群发展，推进产业质量升级。

2. 强化原始创新，增强源头供给

坚持国家战略需求和科学探索目标相结合，加强对关系全局的科学问题研究部署，增强原始创新能力，提升我国科学发现、技术发明和产品产业创新的整体水平，支撑产业变革和保障国家安全。

（1）加强面向国家战略需求的基础前沿和高技术研究

围绕涉及长远发展和国家安全的"卡脖子"问题，加强基础研究前瞻布局，加大对空间、海洋、网络、核、材料、能源、信息、生命等领域重大基础研究和战略高技术攻关力度，实现关键核心技术安全、自主、可控。明确阶段性目标，集成跨学科、跨领域的优势力量，加快重点突破，为产业技术进步积累原创资源。

（2）大力支持自由探索的基础研究

面向科学前沿加强原始创新，力争在更多领域引领世界科学研究方向，提升我国对人类科学探索的贡献。围绕支撑重大技术突破，推进变革性研究，在新思想、新发现、新知识、新原理、新方法上积极进取，强化源头储备。促进学科均衡协调发展，加强学科交叉与融合，重视支持一批非共识项目，培育新兴学科和特色学科。

（3）建设一批支撑高水平创新的基础设施和平台

适应大科学时代创新活动的特点，针对国家重大战略需求，建设一批具有国际水平、突出学科交叉和协同创新的国家实验室。加快建设大型共用实验装置、数据资源、生物资源、知识和专利信息服务等科技基础条件平台。研发高端科研仪器设备,提高科研装备自给水平。建设超算中心和云计算平台等数字化基础设施,形成基于大数据的先进信息网络支撑体系。

3. 优化区域创新布局,打造区域经济增长极

聚焦国家区域发展战略,以创新要素的集聚与流动促进产业合理分工,推动区域创新能力和竞争力整体提升。

（1）构建各具特色的区域创新发展格局

东部地区注重提高原始创新和集成创新能力,全面加快向创新驱动发展转型,培育具有国际竞争力的产业集群和区域经济。中西部地区走差异化和跨越式发展道路,柔性汇聚创新资源,加快先进适用技术推广和应用,在重点领域实现创新牵引,培育壮大区域特色经济和新兴产业。

（2）跨区域整合创新资源

构建跨区域创新网络,推动区域间共同设计创新议题、互联互通创新要素、联合组织技术攻关。提升京津冀、长江经济带等国家战略区域科技创新能力,打造区域协同创新共同体,统筹和引领区域一体化发展。推动北京、上海等优势地区建成具有全球影响力的科技创新中心。

（3）打造区域创新示范引领高地

优化国家自主创新示范区布局,推进国家高新区按照发展高科技、培育新产业的方向转型升级,开展区域全面创新改革试验,建设创新型省份和创新型城市,培育新兴产业发展增长极,增强创新发展的辐射带动功能。

4. 深化军民融合,促进创新互动

按照军民融合发展战略的总体要求,发挥国防科技创新的重要作用,加快建立健全军民融合的创新体系,形成全要素、多领域、高效益的军民科技深度融合发展新格局。

（1）健全宏观统筹机制

遵循经济建设和国防建设的规律,构建统一领导、需求对接、资源共享的军民融合管理体制,统筹协调军民科技战略规划、方针政策、资源条件、成果应用,推动军民科技协调发展、平衡发展、兼容发展。

（2）开展军民协同创新

建立军民融合重大科研任务形成机制,从基础研究到关键技术研发、集成应用等创新链一体化设计,构建军民共用技术项目联合论证和实施模式,建立产学研相结合的军民科技创新体系。

（3）推进军民科技基础要素融合

推进军民基础共性技术一体化、基础原材料和零部件通用化。推进海洋、太空、网络等新型领域军民融合深度发展。开展军民通用标准制定和整合,推动军民标准双向转化,促进军民标准体系融合。统筹军民共用重大科研基地和基础设施建设,推动双向开放、信息交互、资源共享。

（4）促进军民技术双向转移转化

推动先进民用技术在军事领域的应用,健全国防知识产权制度、完善国防知识产权归属与利益分配机制,积极引导国防科技成果加速向民用领域转化应用。放宽国防科技领域市场准入,扩大军品研发和服务市场的开放竞争,引导优势民营企业进入军品科研生产和维修领域。完善军民两用物项和技术进出口管制机制。

5. 壮大创新主体,引领创新发展

明确各类创新主体在创新链不同环节的功能定位,激发主体活力,系统提升各类主体创新能力,夯实创新发展的基础。

（1）培育世界一流创新型企业

鼓励行业领军企业构建高水平研发机构,形成完善的研发组织体系,集聚高端创新人才。引导领军企业联合中小企业和科研单位系统布局创新链,提供产业技术创新整体解决方案。培育一批核心技术能力突出、集成创新能力强、引领重要产业发展的创新型企业,力争有一批企业进入全球百强创新型企业。

（2）建设世界一流大学和一流学科

加快中国特色现代大学制度建设,深入推进管、办、评分离,扩大学校办学自主权,完善学校内部治理结构。引导大学加强基础研究和追求学术卓越,组建跨学科、综合交叉的科研团队,形成一批优势学科集群和高水平科技创新基地,建立创新能力评估基础上的绩效拨款制度,系统提升人才培养、学科建设、科技研发三位一体创新水平。增强原始创新能力和服务经济社会发展能力,推动一批高水平大学和学科进入世界一流行列或前列。

（3）建设世界一流科研院所

明晰科研院所功能定位,增强在基础前沿和行业共性关键技术研发中的骨干引领作用。健全现代科研院所制度,形成符合创新规律、体现领域特色、实施分类管理的法人治理结构。围绕国家重大任务,有效整合优势科研资源,建设综合性、高水平的国际化科技创新基地,在若干优势领域形成一批具有鲜明特色的世界级科学研究中心。

（4）发展面向市场的新型研发机构

围绕区域性、行业性重大技术需求,实行多元化投资、多样化模式、市场化运作,发展多种形式的先进技术研发、成果转化和产业孵化机构。

（5）构建专业化技术转移服务体系

发展研发设计、中试熟化、创业孵化、检验检测认证、知识产权等各类科技服务。完善全国技术交易市场体系,发展规范化、专业化、市场化、网络化的技术和知识产权交易平台。科研院所和高校建立专业化技术转移机构和职业化技术转移人才队伍,畅通技术转移通道。

6. 建设高水平人才队伍,筑牢创新根基

加快建设科技创新领军人才和高技能人才队伍。围绕重要学科领域和创新方向造就一批世界水平的科学家、科技领军人才、工程师和高水平创新团队,注重培养一线创新人才和青年科技人才,对青年人才开辟特殊支持渠道,支持高校、科研院所、企业面向全球招聘人才。倡导崇尚技能、精益求精的职业精神,在各行各业大规模培养高级技师、技术工人等高技能人才。优化人才成长环境,实施更加积极的创新创业人才激励和吸引政策,推行科技成果处置收益和股权期权激励制度,让各类主体、不同岗位的创新人才都能在科技成果产业化过程中得到合理回报。

发挥企业家在创新创业中的重要作用,大力倡导企业家精神,树立创新光荣、创新致富的社会导向,依法保护企业家的创新收益和财产权,培养造就一大批勇于创新、敢于冒险的创新型企业家,建设专业化、市场化、国际化的职业经理人队伍。

推动教育创新,改革人才培养模式,把科学精神、创新思维、创造能力和社会责任感的培养贯穿教育全过程。完善高端创新人才和产业技能人才"二元支撑"的人才培养体系,加强普通教育与职业教育衔接。

7. 推动创新创业，激发全社会创造活力

建设和完善创新创业载体，发展创客经济，形成大众创业、万众创新的生动局面。

（1）发展众创空间

依托移动互联网、大数据、云计算等现代信息技术，发展新型创业服务模式，建立一批低成本、便利化、开放式众创空间和虚拟创新社区，建设多种形式的孵化机构，构建"孵化＋创投"的创业模式，为创业者提供工作空间、网络空间、社交空间、共享空间，降低大众参与创新创业的成本和门槛。

（2）孵化培育创新型小微企业

适应小型化、智能化、专业化的产业组织新特征，推动分布式、网络化的创新，鼓励企业开展商业模式创新，引导社会资本参与建设面向小微企业的社会化技术创新公共服务平台，推动小微企业向"专精特新"发展，让大批创新活力旺盛的小微企业不断涌现。

（3）鼓励人人创新

推动创客文化进学校，设立创新创业课程，开展品牌性创客活动，鼓励学生动手、实践、创业。支持企业员工参与工艺改进和产品设计，鼓励一切有益的微创新、微创业和小发明、小改进，将奇思妙想、创新创意转化为实实在在的创业活动。

四、战略保障

实施创新驱动发展战略，必须从体制改革、环境营造、资源投入、扩大开放等方面加大保障力度。

1. 改革创新治理体系

顺应创新主体多元、活动多样、路径多变的新趋势，推动政府管理创新，形成多元参与、协同高效的创新治理格局。

建立国家高层次创新决策咨询机制，定期向党中央、国务院报告国内外科技创新动态，提出重大政策建议。转变政府创新管理职能，合理定位政府和市场功能。强化政府战略规划、政策制定、环境营造、公共服务、监督评估和重大任务实施等职能。对于竞争性的新技术、新产品、新业态开发，应交由市场和企业来决定。建立创新治理的社会参与机制，发挥各类

行业协会、基金会、科技社团等在推动创新驱动发展中的作用。

合理确定中央各部门功能性分工,发挥行业主管部门在创新需求凝炼、任务组织实施、成果推广应用等方面的作用。科学划分中央和地方科技管理事权,中央政府职能侧重全局性、基础性、长远性工作,地方政府职能侧重推动技术开发和转化应用。

构建国家科技管理基础制度。再造科技计划管理体系,改进和优化国家科技计划管理流程,建设国家科技计划管理信息系统,构建覆盖全过程的监督和评估制度。完善国家科技报告制度,建立国家重大科研基础设施和科技基础条件平台开放共享制度,推动科技资源向各类创新主体开放。建立国家创新调查制度,引导各地树立创新发展导向。

2. 多渠道增加创新投入

切实加大对基础性、战略性和公益性研究稳定支持力度,完善稳定支持和竞争性支持相协调的机制。改革中央财政科技计划和资金管理,提高资金使用效益。完善激励企业研发的普惠性政策,引导企业成为技术创新投入主体。

探索建立符合中国国情、适合科技创新企业发展的金融服务模式。鼓励银行业金融机构创新金融产品,拓展多层次资本市场支持创新的功能,积极发展天使投资,壮大创业投资规模,运用互联网金融支持创新。充分发挥科技成果转化、中小企业创新、新兴产业培育等方面基金的作用,引导带动社会资本投入创新。

3. 全方位推进开放创新

抓住全球创新资源加速流动和我国经济地位上升的历史机遇,提高我国全球配置创新资源能力。支持企业面向全球布局创新网络,鼓励建立海外研发中心,按照国际规则并购、合资、参股国外创新型企业和研发机构,提高海外知识产权运营能力。以卫星、高铁、核能、超级计算机等为重点,推动我国先进技术和装备"走出去"。鼓励外商投资战略性新兴产业、高新技术产业、现代服务业,支持跨国公司在中国设立研发中心,实现引资、引智、引技相结合。

深入参与全球科技创新治理,主动设置全球性创新议题,积极参与重大国际科技合作规则制定,共同应对粮食安全、能源安全、环境污染、气候变化以及公共卫生等全球性挑战。丰富和深化创新对话,围绕落实"一带一路"倡议和亚太互联互通蓝图,合作建设面向沿线国家的科技创新基地。积极参与和主导国际大科学计划和工程,提高国家科技计划对外开放水平。

4. 完善突出创新导向的评价制度

根据不同创新活动的规律和特点,建立健全科学分类的创新评价制度体系。推进高校和科研院所分类评价,实施绩效评价,把技术转移和科研成果对经济社会的影响纳入评价指标,将评价结果作为财政科技经费支持的重要依据。完善人才评价制度,进一步改革完善职称评审制度,增加用人单位评价自主权。推行第三方评价,探索建立政府、社会组织、公众等多方参与的评价机制,拓展社会化、专业化、国际化评价渠道。改革国家科技奖励制度,优化结构、减少数量、提高质量,逐步由申报制改为提名制,强化对人的激励。发展具有品牌和公信力的社会奖项。完善国民经济核算体系,逐步探索将反映创新活动的研发支出纳入投资统计,反映无形资产对经济的贡献,突出创新活动的投入和成效。改革完善国有企业评价机制,把研发投入和创新绩效作为重要考核指标。

5. 实施知识产权、标准、质量和品牌战略

加快建设知识产权强国。深化知识产权领域改革,深入实施知识产权战略行动计划,提高知识产权的创造、运用、保护和管理能力。引导支持市场主体创造和运用知识产权,以知识产权利益分享机制为纽带,促进创新成果知识产权化。充分发挥知识产权司法保护的主导作用,增强全民知识产权保护意识,强化知识产权制度对创新的基本保障作用。健全防止滥用知识产权的反垄断审查制度,建立知识产权侵权国际调查和海外维权机制。

提升中国标准水平。强化基础通用标准研制,健全技术创新、专利保护与标准化互动支撑机制,及时将先进技术转化为标准。推动我国产业采用国际先进标准,强化强制性标准制定与实施,形成支撑产业升级的标准群,全面提高行业技术标准和产业准入水平。支持我国企业、联盟和社团参与或主导国际标准研制,推动我国优势技术与标准成为国际标准。

推动质量强国和中国品牌建设。完善质量诚信体系,形成一批品牌形象突出、服务平台完备、质量水平一流的优势企业和产业集群。制定品牌评价国际标准,建立国际互认的品牌评价体系,推动中国优质品牌国际化。

6. 培育创新友好的社会环境

健全保护创新的法治环境。加快创新薄弱环节和领域的立法进程,修改不符合创新导向的法规文件,废除制约创新的制度规定,构建综合配套精细化的法治保障体系。

培育开放公平的市场环境。加快突破行业垄断和市场分割。强化需求侧创新政策的引导作用,建立符合国际规则的政府采购制度,利用首台套订购、普惠性财税和保险等政策手段,降低企业创新成本,扩大创新产品和服务的市场空间。推进要素价格形成机制的市场化改革,强化能源资源、生态环境等方面的刚性约束,提高科技和人才等创新要素在产品价格中的权重,让善于创新者获得更大的竞争优势。

营造崇尚创新的文化环境。大力宣传广大科技工作者爱国奉献、勇攀高峰的感人事迹和崇高精神,在全社会形成鼓励创造、追求卓越的创新文化,推动创新成为民族精神的重要内涵。倡导百家争鸣、尊重科学家个性的学术文化,增强敢为人先、勇于冒尖、大胆质疑的创新自信。重视科研试错探索价值,建立鼓励创新、宽容失败的容错纠错机制。营造宽松的科研氛围,保障科技人员的学术自由。加强科研诚信建设,引导广大科技工作者恪守学术道德,坚守社会责任。加强科学教育,丰富科学教育教学内容和形式,激发青少年的科技兴趣。加强科学技术普及,提高全民科学素养,在全社会塑造科学理性精神。

第二节　科技创新国家政策

2012 年 11 月,党的十八大明确指出,科技创新是提高社会生产力和综合国力的战略支撑,必须摆在国家发展全局的核心位置。

2015 年 3 月,中共中央、国务院印发了《关于深化体制机制改革加快实施创新驱动发展战略的若干意见》。

1. 营造激励创新的公平竞争环境

发挥市场竞争激励创新的根本性作用,营造公平、开放、透明的市场环境,强化竞争政策和产业政策对创新的引导,促进优胜劣汰,增强市场主体创新动力。

（1）实行严格的知识产权保护制度

完善知识产权保护相关法律,研究降低侵权行为追究刑事责任门槛,调整损害赔偿标准,探索实施惩罚性赔偿制度。完善权利人维权机制,合理划分权利人举证责任。完善商业秘密保护法律制度,明确商业秘密和侵权行为界定,研究制定相应保护措施,探索建立诉前保护制度。研究商业模式等新形态创新成果的知识产权保护办法。完善知识产权审判工作机制,推进知识产权民事、刑事、行政案件的"三审合一",积极发挥知识产权法院的作用,探索跨地区知识产权案件异地审理机制,打破对侵权行为的地方保护。健全知识产权侵权查处机制,强化行政执法与司法衔接,加强知识产权综合行政执法,健全知识产权维权援助体系,将侵权行为信息纳入社会信用记录。

（2）打破制约创新的行业垄断和市场分割

加快推进垄断性行业改革,放开自然垄断行业竞争性业务,建立鼓励创新的统一透明、有序规范的市场环境。切实加强反垄断执法,及时发现和制止垄断协议和滥用市场支配地位等垄断行为,为中小企业创新发展拓宽空间。打破地方保护,清理和废除妨碍全国统一市场的规定和做法,纠正地方政府不当补贴或利用行政权力限制、排除竞争的行为,探索实施公平竞争审查制度。

（3）改进新技术新产品新商业模式的准入管理

改革产业准入制度,制定和实施产业准入负面清单,对未纳入负面清单管理的行业、领域、业务等,各类市场主体皆可依法平等进入。破除限制新技术新产品新商业模式发展的不合理准入障碍。对药品、医疗器械等创新产品建立便捷高效的监管模式,深化审评审批制度改革,多种渠道增加审评资源,优化流程,缩短周期,支持委托生产等新的组织模式发展。对新能源汽车、风电、光伏等领域实行有针对性的准入政策。改进互联网、金融、环保、医疗卫生、文化、教育等领域的监管,支持和鼓励新业态、新商业模式发展。

（4）健全产业技术政策和管理制度

改革产业监管制度，将前置审批为主转变为依法加强事中事后监管为主，形成有利于转型升级、鼓励创新的产业政策导向。强化产业技术政策的引导和监督作用，明确并逐步提高生产环节和市场准入的环境、节能、节地、节水、节材、质量和安全指标及相关标准，形成统一权威、公开透明的市场准入标准体系。健全技术标准体系，强化强制性标准的制定和实施。加强产业技术政策、标准执行的过程监管。强化环保、质检、工商、安全监管等部门的行政执法联动机制。

（5）形成要素价格倒逼创新机制

运用主要由市场决定要素价格的机制，促使企业从依靠过度消耗资源能源、低性能低成本竞争，向依靠创新、实施差别化竞争转变。加快推进资源税改革，逐步将资源税扩展到占用各种自然生态空间，推进环境保护费改税。完善市场化的工业用地价格形成机制。健全企业职工工资正常增长机制，实现劳动力成本变化与经济提质增效相适应。

2. 建立技术创新市场导向机制

发挥市场对技术研发方向、路线选择和各类创新资源配置的导向作用，调整创新决策和组织模式，强化普惠性政策支持，促进企业真正成为技术创新决策、研发投入、科研组织和成果转化的主体。

（1）扩大企业在国家创新决策中话语权

建立高层次、常态化的企业技术创新对话、咨询制度，发挥企业和企业家在国家创新决策中的重要作用。吸收更多企业参与研究制定国家技术创新规划、计划、政策和标准，相关专家咨询组中产业专家和企业家应占较大比例。国家科技规划要聚焦战略需求，重点部署市场不能有效配置资源的关键领域研究，竞争类产业技术创新的研发方向、技术路线和要素配置模式由企业依据市场需求自主决策。

（2）完善企业为主体的产业技术创新机制

市场导向明确的科技项目由企业牵头、政府引导、联合高等学校和科研院所实施。鼓励构建以企业为主导、产学研合作的产业技术创新战略联盟。更多运用财政后补助、间接投入等方式，支持企业自主决策、先行投入,开展重大产业关键共性技术、装备和标准的研发攻关。开展龙头企业创新转型试点,探索政府支持企业技术创新、管理创新、商业模式创新的新机制。完善中小企业创新服务体系,加快推进创业孵化、知识产权服务、第三方检验检测认证等机构的专业化、市场化改革,壮大技术交易市场。优化国家实验室、重点实验室、工程实验室、工程(技术)研究中心布局,按功能定位分类整合,构建开放共享互动的创新网络,建立向企业特别是中小企业有效开放的机制。探索在战略性领域采取企业主导、院校协作、多元投资、军民融合、成果分享的新模式,整合形成若干产业创新中心。加大国家重大科研基础设施、大型科研仪器和专利基础信息资源等向社会开放力度。

(3) 提高普惠性财税政策支持力度

坚持结构性减税方向,逐步将国家对企业技术创新的投入方式转变为以普惠性财税政策为主。统筹研究企业所得税加计扣除政策,完善企业研发费用计核方法,调整目录管理方式,扩大研发费用加计扣除优惠政策适用范围。完善高新技术企业认定办法,重点鼓励中小企业加大研发力度。

(4) 健全优先使用创新产品的采购政策

建立健全符合国际规则的支持采购创新产品和服务的政策体系,落实和完善政府采购促进中小企业创新发展的相关措施,加大创新产品和服务的采购力度。鼓励采用首购、订购等非招标采购方式,以及政府购买服务等方式予以支持,促进创新产品的研发和规模化应用。研究完善使用首台(套)重大技术装备鼓励政策,健全研制、使用单位在产品创新、增值服务和示范应用等环节的激励和约束机制。放宽民口企业和科研单位进入军品科研生产和维修采购范围。

3. 强化金融创新的功能

发挥金融创新对技术创新的助推作用,培育壮大创业投资和资本市场,提高信贷支持创新的灵活性和便利性,形成各类金融工具协同支持创新发展的良好局面。

(1) 壮大创业投资规模

研究制定天使投资相关法规。按照税制改革的方向与要求,对包括天使投资在内的投向种子期、初创期等创新活动的投资,统筹研究相关税收支持政策。研究扩大促进创业投资企业发展的税收优惠政策,适当放宽创业投资企业投资高新技术企业的条件限制,并在试点基础上将享受投资抵扣政策的创业投资企业范围扩大到有限合伙制创业投资企业法人合伙人。结合国有企业改革设立国有资本创业投资基金,完善国有创投机构激励约束机制。按照市场化原则研究设立国家新兴产业创业投资引导基金,带动社会资本支持战略性新兴产业和高技术产业早中期、初创期创新型企业发展。完善外商投资创业投资企业规定,有效利用境外资本投向创新领域。研究保险资金投资创业投资基金的相关政策。

（2）强化资本市场对技术创新的支持

加快创业板市场改革,健全适合创新型、成长型企业发展的制度安排,扩大服务实体经济覆盖面,强化全国中小企业股份转让系统融资、并购、交易等功能,规范发展服务小微企业的区域性股权市场。加强不同层次资本市场的有机联系。发挥沪深交易所股权质押融资机制作用,支持符合条件的创新创业企业发行公司债券。支持符合条件的企业发行项目收益债,募集资金用于加大创新投入。推动修订相关法律法规,探索开展知识产权证券化业务。开展股权众筹融资试点,积极探索和规范发展服务创新的互联网金融。

（3）拓宽技术创新的间接融资渠道

完善商业银行相关法律。选择符合条件的银行业金融机构,探索试点为企业创新活动提供股权和债权相结合的融资服务方式,与创业投资、股权投资机构实现投贷联动。政策性银行在有关部门及监管机构的指导下,加快业务范围内金融产品和服务方式创新,对符合条件的企业创新活动加大信贷支持力度。稳步发展民营银行,建立与之相适应的监管制度,支持面向中小企业创新需求的金融产品创新。建立知识产权质押融资市场化风险补偿机制,简化知识产权质押融资流程。加快发展科技保险,推进专利保险试点。

4. 完善成果转化激励政策

强化尊重知识、尊重创新,充分体现智力劳动价值的分配导向,让科技人员在创新活动中得到合理回报,通过成果应用体现创新价值,通过成果转化创造财富。

（1）加快下放科技成果使用权、处置权和收益权

不断总结试点经验，结合事业单位分类改革要求，尽快将财政资金支持形成的，不涉及国防、国家安全、国家利益、重大社会公共利益的科技成果的使用权、处置权和收益权，全部下放给符合条件的项目承担单位。单位主管部门和财政部门对科技成果在境内的使用、处置不再审批或备案，科技成果转移转化所得收入全部留归单位，纳入单位预算，实行统一管理，处置收入不上缴国库。

（2）提高科研人员成果转化收益比例

完善职务发明制度，推动修订专利法、公司法等相关内容，完善科技成果、知识产权归属和利益分享机制，提高骨干团队、主要发明人受益比例。完善奖励报酬制度，健全职务发明的争议仲裁和法律救济制度。修订相关法律和政策规定，在利用财政资金设立的高等学校和科研院所中，将职务发明成果转让收益在重要贡献人员、所属单位之间合理分配，对用于奖励科研负责人、骨干技术人员等重要贡献人员和团队的收益比例，可以从现行不低于 20% 提高到不低于 50%。国有企业事业单位对职务发明完成人、科技成果转化重要贡献人员和团队的奖励，计入当年单位工资总额，不作为工资总额基数。

（3）加大科研人员股权激励力度

鼓励各类企业通过股权、期权、分红等激励方式，调动科研人员创新积极性。对高等学校和科研院所等事业单位以科技成果作价入股的企业，放宽股权奖励、股权出售对企业设立年限和盈利水平的限制。建立促进国有企业创新的激励制度，对在创新中作出重要贡献的技术人员实施股权和分红权激励。积极总结试点经验，抓紧确定科技型中小企业的条件和标准。高新技术企业和科技型中小企业科研人员通过科技成果转化取得股权奖励收入时，原则上在 5 年内分期缴纳个人所得税。结合个人所得税制改革，研究进一步激励科研人员创新的政策。

5. 构建更加高效的科研体系

发挥科学技术研究对创新驱动的引领和支撑作用，遵循规律、强化激励、合理分工、分类改革，增强高等学校、科研院所原始创新能力和转制科研院所的共性技术研发能力。

（1）优化对基础研究的支持方式

切实加大对基础研究的财政投入，完善稳定支持和竞争性支持相协调的机制，加大稳定支持力度，支持研究机构自主布局科研项目，扩大高等学校、科研院所学术自主权和个人科研选题选择权。改革基础研究领域科研计划管理方式，尊重科学规律，建立包容和支持"非共识"创新项目的制度。改革高等学校和科研院所聘用制度，优化工资结构，保证科研人员合理工资待遇水平。完善内部分配机制，重点向关键岗位、业务骨干和作出突出成绩的人员倾斜。

（2）加大对科研工作的绩效激励力度

完善事业单位绩效工资制度，健全鼓励创新创造的分配激励机制。完善科研项目间接费用管理制度，强化绩效激励，合理补偿项目承担单位间接成本和绩效支出。项目承担单位应结合一线科研人员的实际贡献，公开公正安排绩效支出，充分体现科研人员的创新价值。

（3）改革高等学校和科研院所科研评价制度

强化对高等学校和科研院所研究活动的分类考核。对基础和前沿技术研究实行同行评价，突出中长期目标导向，评价重点从研究成果数量转向研究质量、原创价值和实际贡献。对公益性研究强化国家目标和社会责任评价，定期对公益性研究机构组织第三方评价，将评价结果作为财政支持的重要依据，引导建立公益性研究机构依托国家资源服务行业创新机制。

（4）深化转制科研院所改革

坚持技术开发类科研机构企业化转制方向，对于承担较多行业共性科研任务的转制科研院所，可组建成产业技术研发集团，对行业共性技术研究和市场经营活动进行分类管理、分类考核。推动以生产经营活动为主的转制科研院所深化市场化改革，通过引入社会资本或整体上市，积极发展混合所有制，推进产业技术联盟建设。对于部分转制科研院所中基础研究能力较强的团队，在明确定位和标准的基础上，引导其回归公益，参与国家重点实验室建设，支持其继续承担国家任务。

（5）建立高等学校和科研院所技术转移机制

逐步实现高等学校和科研院所与下属公司剥离，原则上高等学校、科

研院所不再新办企业,强化科技成果以许可方式对外扩散。加强高等学校
和科研院所的知识产权管理,明确所属技术转移机构的功能定位,强化其
知识产权申请、运营权责。建立完善高等学校、科研院所的科技成果转移
转化的统计和报告制度,财政资金支持形成的科技成果,除涉及国防、国家
安全、国家利益、重大社会公共利益外,在合理期限内未能转化的,可由国
家依法强制许可实施。

6. 创新培养、用好和吸引人才机制

围绕建设一支规模宏大、富有创新精神、敢于承担风险的创新型人才
队伍,按照创新规律培养和吸引人才,按照市场规律让人才自由流动,实现
人尽其才、才尽其用、用有所成。

（1）构建创新型人才培养模式

开展启发式、探究式、研究式教学方法改革试点,弘扬科学精神,营造
鼓励创新、宽容失败的创新文化。改革基础教育培养模式,尊重个性发展,
强化兴趣爱好和创造性思维培养。以人才培养为中心,着力提高本科教育
质量,加快部分普通本科高等学校向应用技术型高等学校转型,开展校企
联合招生、联合培养试点,拓展校企合作育人的途径与方式。分类改革研
究生培养模式,探索科教结合的学术学位研究生培养新模式,扩大专业学
位研究生招生比例,增进教学与实践的融合。鼓励高等学校以国际同类一
流学科为参照,开展学科国际评估,扩大交流合作,稳步推进高等学校国际
化进程。

（2）建立健全科研人才双向流动机制

改进科研人员薪酬和岗位管理制度,破除人才流动的体制机制障碍,
促进科研人员在事业单位和企业间合理流动。符合条件的科研院所的科
研人员经所在单位批准,可带着科研项目和成果、保留基本待遇到企业开
展创新工作或创办企业。允许高等学校和科研院所设立一定比例流动岗
位,吸引有创新实践经验的企业家和企业科技人才兼职。试点将企业任职
经历作为高等学校新聘工程类教师的必要条件。加快社会保障制度改革,
完善科研人员在企业与事业单位之间流动时社保关系转移接续政策,促进
人才双向自由流动。

（3）实行更具竞争力的人才吸引制度

制定外国人永久居留管理的意见，加快外国人永久居留管理立法，规范和放宽技术型人才取得外国人永久居留证的条件，探索建立技术移民制度。对持有外国人永久居留证的外籍高层次人才在创办科技型企业等创新活动方面，给予中国籍公民同等待遇。加快制定外国人在中国工作管理条例，对符合条件的外国人才给予工作许可便利，对符合条件的外国人才及其随行家属给予签证和居留等便利。对满足一定条件的国外高层次科技创新人才取消来华工作许可的年龄限制。围绕国家重大需求，面向全球引进首席科学家等高层次科技创新人才。建立访问学者制度，广泛吸引海外高层次人才回国（来华）从事创新研究。稳步推进人力资源市场对外开放，逐步放宽外商投资人才中介服务机构的外资持股比例和最低注册资本金要求。鼓励有条件的国内人力资源服务机构走出去与国外人力资源服务机构开展合作，在境外设立分支机构，积极参与国际人才竞争与合作。

7. 推动形成深度融合的开放创新局面

坚持"引进来"与"走出去"相结合，以更加主动的姿态融入全球创新网络，以更加开阔的胸怀吸纳全球创新资源，以更加积极的策略推动技术和标准输出，在更高层次上构建开放创新机制。

（1）鼓励创新要素跨境流动

对开展国际研发合作项目所需付汇，实行研发单位事先承诺，商务、科技、税务部门事后并联监管。对科研人员因公出国进行分类管理，放宽因公临时出国批次限量管理政策。改革检验管理，对研发所需设备、样本及样品进行分类管理，在保证安全的前提下，采用重点审核、抽检、免检等方式，提高审核效率。

（2）优化境外创新投资管理制度

健全综合协调机制，协调解决重大问题，合力支持国内技术、产品、标准、品牌走出去，开拓国际市场。强化技术贸易措施评价和风险预警机制。研究通过国有重点金融机构发起设立海外创新投资基金，外汇储备通过债权、股权等方式参与设立基金工作，更多更好利用全球创新资源。鼓励上市公司海外投资创新类项目，改革投资信息披露制度，在相关部门确认不影响国家安全和经济安全的前提下,按照中外企业商务谈判进展,适时披露有关信息。

（3）扩大科技计划对外开放

制定国家科技计划对外开放的管理办法,按照对等开放、保障安全的原则,积极鼓励和引导外资研发机构参与承担国家科技计划项目。在基础研究和重大全球性问题研究等领域,统筹考虑国家科研发展需求和战略目标,研究发起国际大科学计划和工程,吸引海外顶尖科学家和团队参与。积极参与大型国际科技合作计划。引导外资研发中心开展高附加值原创性研发活动,吸引国际知名科研机构来华联合组建国际科技中心。

8. 加强创新政策统筹协调

更好发挥政府推进创新的作用。改革科技管理体制,加强创新政策评估督查与绩效评价,形成职责明晰、积极作为、协调有力、长效管用的创新治理体系。

（1）加强创新政策的统筹

加强科技、经济、社会等方面的政策、规划和改革举措的统筹协调和有效衔接,强化军民融合创新。发挥好科技界和智库对创新决策的支撑作用。建立创新政策协调审查机制,组织开展创新政策清理,及时废止有违创新规律、阻碍新兴产业和新兴业态发展的政策条款,对新制定政策是否制约创新进行审查。建立创新政策调查和评价制度,广泛听取企业和社会公众意见,定期对政策落实情况进行跟踪分析,并及时调整完善。

（2）完善创新驱动导向评价体系

改进和完善国内生产总值核算方法,体现创新的经济价值。研究建立科技创新、知识产权与产业发展相结合的创新驱动发展评价指标,并纳入国民经济和社会发展规划。健全国有企业技术创新经营业绩考核制度,加大技术创新在国有企业经营业绩考核中的比重。对国有企业研发投入和产出进行分类考核,形成鼓励创新、宽容失败的考核机制。把创新驱动发展成效纳入对地方领导干部的考核范围。

（3）改革科技管理体制

转变政府科技管理职能,建立依托专业机构管理科研项目的机制,政府部门不再直接管理具体项目,主要负责科技发展战略、规划、政策、布局、评估和监管。建立公开统一的国家科技管理平台,健全统筹协调的科技宏观决策机制,加强部门功能性分工,统筹衔接基础研究、应用开发、成果转化、产业发展等各环节工作。进一步明晰中央和地方科技管理事权和职能定位,建立责权统一的协同联动机制,提高行政效能。

(4)推进全面创新改革试验

遵循创新区域高度集聚的规律,在有条件的省(自治区、直辖市)系统推进全面创新改革试验,授权开展知识产权、科研院所、高等教育、人才流动、国际合作、金融创新、激励机制、市场准入等改革试验,努力在重要领域和关键环节取得新突破,及时总结推广经验,发挥示范和带动作用,促进创新驱动发展战略的深入实施。

2017年5月,国务院办公厅印发了《关于县域创新驱动发展的若干意见》,提出发挥科技创新在县域供给侧结构性改革中的支撑引领作用,强化科技与县域经济社会发展有效对接,打通从科技强、产业强到经济社会发展强的通道。以建设创新型县(市)和创新型乡镇为抓手,深入推动大众创业、万众创新,整合优化县域创新创业资源,构建多层次、多元化县域创新创业格局,推动形成县域创新创业新热潮,以创业带动就业,培育新动能、发展新经济,促进实现县域创新驱动发展。

1. 加快产业转型升级

落实区域发展总体战略和主体功能区规划,支持城镇化地区整合各类创新资源,推动制造、加工等传统产业改造升级,加大新一代信息网络、智能绿色制造等产业关键技术推广应用,培育具有核心竞争力的产业集群。支持农产品主产区加快发展农业高新技术产业,促进农业与旅游休闲、教育文化、健康养生等产业深度融合,发展观光农业、体验农业、创意农业、电子商务、物流等新业态,推动商业模式创新,走产出高效、产品安全、资源节约、环境友好的现代农业发展道路,带动农民增收致富。实施农业产业竞争力提升科技行动,建设国家现代农业产业科技创新中心。支持重点生态功能区以保护自然生态为前提、以资源承载能力和环境容量为基础,科学有度有序开发,促进人口、经济、资源环境均衡发展。结合地方资源禀赋和发展基础,发展知识产权密集型产业,促进县域特色主导产业绿色化、品牌化、高端化、集群化发展。

2. 培育壮大创新型企业

找准县域创新驱动发展的着力点,加强企业技术创新平台和环境建设,在有条件的县(市)培育一批具有较强自主创新能力和国际竞争力的高新技术企业。加快实施《促进科技成果转移转化行动方案》,指导县域内企业加强与高等学校、科研院所的产学研合作,支持有条件的县(市)加强基础研究成果转化和产业化。引导金融机构支持县域科技创新,提升县域科技资源配置和使用效率。支持符合条件的高成长性科技企业上市,引导企业有效利用主板、中小板、创业板、新三板、区域性股权交易市场等多层次资本市场融资。鼓励有条件的县(市)设立科技成果转化基金、创业投资引导基金等,引导社会资本投资初创期、种子期科技型中小企业。鼓励有条件的县(市)采取科技创新券等科技经费后补助措施,支持小微企业应用新技术、新工艺、新材料,发展新服务、新模式、新业态,培育一批掌握行业"专精特新"技术的科技"小巨人"企业。

3. 集聚创新创业人才

发挥企业家在县域创新驱动发展中的关键作用,营造有利于创新型企业家发展的良好环境,支持企业家整合技术、资金、人才等资源,加快企业创新发展。深入推行科技特派员制度,支持科技领军人才、高技能人才、专业技术人才等到县域开展创业服务,引导高校毕业生到县域就业创业,推进农村大众创业、万众创新。推广"科技镇长团""博士服务团"等模式,发挥乡土人才等农村实用人才作用,提升县域人才集聚和创新管理服务能力。落实《中华人民共和国促进科技成果转化法》《实施〈中华人民共和国促进科技成果转化法〉若干规定》,通过股权期权激励等措施,让创新人才在科技成果转移转化过程中得到合理回报,激发各类人才的创新创业活力。加强农民就业创业培训,培育新型职业农民,推动农村劳动力转移就业。

4. 加强创新创业载体建设

科学编制县城总体规划,支持有条件的县(市)高起点规划、高标准建设高新技术产业开发区、农业科技园区、火炬特色产业基地等创新创业平台,并将相关园区纳入县城总体规划统一管理,引领县域创新驱动发展。

推动符合条件的科技园区升级为国家高新技术产业开发区,建设若干国家农业高新技术产业开发区。在有条件的县(市)建设创新型县(市)、创新型乡镇。结合县域需求实际,依托科技园区、高等学校、科研院所等,加快发展"互联网+"创业网络体系,建设一批低成本、便利化、全要素、开放式的众创空间、"星创天地",降低创业门槛,促进创业与创新、创业与就业、线上与线下相结合。鼓励国家(重点)实验室、国家工程(技术)研究中心、高等学校新农村发展研究院等各类创新平台在县域开展应用示范,实现开放共享,为大众创业、万众创新提供有力支撑。推动县域生产力促进中心建设,提升知识产权代理、交易、咨询、评估等服务水平。

5. 抓好科技创新政策落地

加强国家与地方科技创新政策衔接,加大普惠性科技创新政策落实力度,落实企业研发费用税前加计扣除、高新技术企业所得税优惠等创新政策。加大创新产品和服务采购力度,鼓励采用首购、订购等方式支持县域企业发展。面向县域企业等创新主体加强政策培训解读,建立县域科技创新政策落实督查机制,帮助企业更好享受优惠政策。

加强科技创新是推动县域经济发展的重要举措。各区县(县级市、旗)要结合当地的支柱产业、特色优势产业等重点产业,以科技创新引领产业创新,促进当地产业转型升级,培育战略性新兴产业和未来产业。

第三节 以科技创新引领产业创新

《国家创新驱动发展战略纲要》提出重点发展新一代信息技术、智能绿色制造技术、现代农业技术、现代能源技术、资源高效利用和生态环保技术、海洋和空间先进适用技术、智慧城市和数字社会技术、健康技术、现代服务技术以及颠覆性技术,推动数字经济、工业、农业、能源产业、节能环保产业、海洋经济和太空经济、健康产业、现代服务业和未来产业的发展。

一、以科技创新引领农业创新

《国家创新驱动发展战略纲要》提出发展生态绿色高效安全的现代农

业技术,确保粮食安全、食品安全。以实现种业自主为核心,转变农业发展方式,突破人多地少水缺的瓶颈约束,走产出高效、产品安全、资源节约、环境友好的现代农业发展道路。系统加强动植物育种和高端农业装备研发,大面积推广粮食丰产、中低产田改造等技术,深入开展节水农业、循环农业、有机农业和生物肥料等技术研发,开发标准化、规模化的现代养殖技术,促进农业提质增效和可持续发展。推广农业面源污染和重金属污染防治的低成本技术和模式,发展全产业链食品安全保障技术、质量安全控制技术和安全溯源技术,建设安全环境、清洁生产、生态储运全覆盖的食品安全技术体系。推动农业向一二三产业融合,实现向全链条增值和品牌化发展转型。

2019 年 6 月,国务院印发了《关于促进乡村产业振兴的指导意见》,提出强化科技创新引领。大力培育乡村产业创新主体。建设国家农业高新技术产业示范区和国家农业科技园区。建立产学研用协同创新机制,联合攻克一批农业领域关键技术。支持种业育繁推一体化,培育一批竞争力强的大型种业企业集团。建设一批农产品加工技术集成基地。创新公益性农技推广服务方式。

2021 年 2 月,中共中央、国务院印发了《关于全面推进乡村振兴加快农业农村现代化的意见》,提出坚持农业科技自立自强,完善农业科技领域基础研究稳定支持机制,深化体制改革,布局建设一批创新基地平台。深入开展乡村振兴科技支撑行动。支持高校为乡村振兴提供智力服务。加强农业科技社会化服务体系建设,深入推行科技特派员制度。打造国家热带农业科学中心。

2021 年 11 月,国务院印发了《"十四五"推进农业农村现代化规划》,提出强化现代农业科技支撑。

(1) 开展农业关键核心技术攻关

完善农业科技领域基础研究稳定支持机制,加强农业基础理论、科研基础设施、定位观测体系、资源生态监测系统建设。聚焦基础前沿重点领域,加快突破一批重大理论和工具方法。聚焦生物育种、耕地质量、智慧农业、农业机械设备、农业绿色投入品等关键领域,加快研发与创新一批关键核心技术及产品。加快动物疫病和农作物病虫害气象环境成因、传播机理、致病机制研究,提升农业重大风险防控和产业安全保障能力。

（2）加强农业战略科技力量建设

加强国家现代农业产业技术体系建设。深化农业科技体制改革,推动重点领域项目、基地、人才、资金一体化配置。强化高水平农业科研院校建设,培育壮大一批农业领军企业,优化地方农业科研机构和创新团队建设。实施国家农业科研杰出人才培养计划。打造国家热带农业科学中心。

（3）促进科技与产业深度融合

加强国家农业科技创新联盟建设,支持农业企业牵头建设农业科技创新联合体或新型研发机构,加快建设国家现代农业产业科技创新中心。开展乡村振兴科技支撑行动,加强农业科技社会化服务体系建设,完善农业科技推广服务云平台,推行科技特派员制度,强化公益性农技推广机构建设。

2024 年 1 月 1 日,中共中央、国务院印发了《关于学习运用"千村示范、万村整治"工程经验有力有效推进乡村全面振兴的意见》,提出强化农业科技支撑。优化农业科技创新战略布局,支持重大创新平台建设。加快推进种业振兴行动,完善联合研发和应用协作机制,加大种源关键核心技术攻关,加快选育推广生产急需的自主优良品种。开展重大品种研发推广应用一体化试点。推动生物育种产业化扩面提速。大力实施农机装备补短板行动,完善农机购置与应用补贴政策,开辟急需适用农机鉴定"绿色通道"。加强基层农技推广体系条件建设,强化公益性服务功能。

二、以科技创新引领工业创新

《国家创新驱动发展战略纲要》提出发展智能绿色制造技术,推动制造业向价值链高端攀升。重塑制造业的技术体系、生产模式、产业形态和价值链,推动制造业由大到强转变。发展智能制造装备等技术,加快网络化制造技术、云计算、大数据等在制造业中的深度应用,推动制造业向自动化、智能化、服务化转变。对传统制造业全面进行绿色改造,由粗放型制造向集约型制造转变。加强产业技术基础能力和试验平台建设,提升基础材料、基础零部件、基础工艺、基础软件等共性关键技术水平。发展大飞机、航空发动机、核电、高铁、海洋工程装备和高技术船舶、特高压输变电等高端装备和产品。

2017 年 11 月,国务院印发了《关于深化"互联网＋先进制造业"发展工业互联网的指导意见》,提出加大关键共性技术攻关力度。开展时间敏感网络、确定性网络、低功耗工业无线网络等新型网络互联技术研究,加快5G、软件定义网络等技术在工业互联网中的应用研究。推动解析、信息管理、异构标识互操作等工业互联网标识解析关键技术及安全可靠机制研究。加快 IPv6 等核心技术攻关。促进边缘计算、人工智能、增强现实、虚拟现实、区块链等新兴前沿技术在工业互联网中的应用研究与探索。

2023 年 12 月,工业和信息化部、国家发展改革委、教育部、财政部、中国人民银行、税务总局、金融监管总局、中国证监会八部门联合印发了《关于加快传统制造业转型升级的指导意见》,提出坚持创新驱动发展,加快迈向价值链中高端。

（1）加快先进适用技术推广应用

鼓励以企业为主体,与高校、科研院所共建研发机构,加大研发投入,提高科技成果落地转化率。优化国家制造业创新中心、产业创新中心、国家工程研究中心等制造业领域国家级科技创新平台布局,鼓励面向传统制造业重点领域开展关键共性技术研究和产业化应用示范。完善科技成果信息发布和共享机制,制定先进技术转化应用目录,建设技术集成、熟化和工程化的中试和应用验证平台。

（2）持续优化产业结构

推动传统制造业优势领域锻长板,推进强链延链补链,加强新技术新产品创新迭代,完善产业生态,提升全产业链竞争优势。支持传统制造业深耕细分领域,孵化新技术、开拓新赛道、培育新产业。持续巩固"去产能"成果,依法依规淘汰落后产能,坚决遏制高耗能、高排放、低水平项目盲目上马。完善高耗能、高排放、低水平项目管理制度,科学细化项目管理目录,避免对传统制造业按行业"一刀切"。

（3）深入实施产业基础再造工程

支持企业聚焦基础零部件、基础元器件、基础材料、基础软件、基础工艺和产业技术基础等薄弱领域,加快攻关突破和产业化应用,强化传统制造业基础支撑体系。深化重点产品和工艺"一条龙"应用,强化需求和场景牵引,促进整机（系统）和基础产品技术互动发展,支持企业运用首台（套）

装备、首批次材料、首版次软件实施技术改造,扩大创新产品应用市场。

(4)着力增品种提品质创品牌

聚焦消费升级需求和薄弱环节,大力开发智能家居、绿色建材、工艺美术、老年用品、婴童用品等领域新产品。推动供给和需求良性互动,增加高端产品供给,加快产品迭代升级,分级打造中国消费名品方阵。实施卓越质量工程,推动企业健全完善先进质量管理体系,提高质量管理能力,全面提升产品质量。加快企业品牌、产业品牌、区域品牌建设,持续保护老字号,打造一批具有国际竞争力的"中国制造"高端品牌。推动传统制造业标准提档升级,完善企业技术改造标准,用先进标准体系倒逼质量提升、产品升级。

三、以科技创新引领服务业创新

2017 年 6 月,国家发展改革委印发了《服务业创新发展大纲(2017—2025 年)》,提出积极发展新技术、新工艺。适应服务业创新发展需要,完善创新机制和模式,推动技术工艺创新与广泛深度应用。

(1)提升技术创新能力

强化企业技术创新主体地位,引导建立研发机构、打造研发团队、加大研发投入。推动政产学研用合作和跨领域创新协作,鼓励社会资本参与应用型研发机构市场化改革。鼓励龙头企业牵头建立技术创新战略联盟,开展共性技术联合开发和推广应用。激发中小微服务企业创新活力,促进专精特新发展。充分发挥协会商会在推动行业技术进步中的作用。鼓励服务提供商和用户通过互动开发、联合开发、开源创新等方式,构建多方参与的技术创新网络。促进人工智能、生命科学、物联网、区块链等新技术研发及其在服务领域的转化应用。建立多层次、开放型技术交易市场和转化平台。

(2)加强技能工艺创新

适应服务专业化、精细化、个性化发展要求,支持服务企业研发应用新工艺,提升设计水平,优化服务流程。鼓励挖掘、保护、发展传统技艺,利用新技术开发现代工艺、更好弘扬传统工艺。大力弘扬新时期工匠精神,保护一批传统工艺工匠,培养一批具有精湛技艺技能的高技能人才。

《服务业创新发展大纲(2017—2025 年)》提出发展科创服务。构建覆盖科技创新全链条、产品生产全周期的创业创新服务体系。大力发展研究开发、工业设计、技术转移转化、创业孵化、科技咨询等服务。鼓励发展多种形式的创业创新支撑和服务平台,围绕创新链拓展服务链,促进科创服务专业精细和规模集成发展。大力发展知识产权服务,完善知识产权交易和中介服务体系,建设专利运营与产业化服务平台。加快培育标准化服务业。

四、以科技创新引领其他产业创新

1. 能源行业

《国家创新驱动发展战略纲要》提出发展安全清洁高效的现代能源技术,推动能源生产和消费革命。以优化能源结构、提升能源利用效率为重点,推动能源应用向清洁、低碳转型。突破煤炭石油天然气等化石能源的清洁高效利用技术瓶颈,开发深海深地等复杂条件下的油气矿产资源勘探开采技术,开展页岩气等非常规油气勘探开发综合技术示范。加快核能、太阳能、风能、生物质能等清洁能源和新能源技术开发、装备研制及大规模应用,攻克大规模供需互动、储能和并网关键技术。推广节能新技术和节能新产品,加快钢铁、石化、建材、有色金属等高耗能行业的节能技术改造,推动新能源汽车、智能电网等技术的研发应用。

2022 年 5 月,国务院办公厅转发了国家发展改革委、国家能源局制定的《关于促进新时代新能源高质量发展实施方案》,提出推进科技创新与产业升级。建立产学研一体化平台,建设国家级新能源实验室和研发平台,加大基础理论研究投入,超前布局前沿技术和颠覆性技术。推行"揭榜挂帅""赛马"等机制,推动企业、科研院所、高校等针对新能源占比逐渐提高的电力系统安全稳定可靠等问题开展系统性研究,提出解决方案。加大对产业智能制造和数字化升级的支持力度。编制实施智能光伏产业发展行动计划,提升产品全周期智能化、信息化水平。推进高效太阳能电池、先进风电设备等关键技术突破,加快推动关键基础材料、设备、零部件等技术升级。推动退役风电机组、光伏组件回收处理技术和相关新产业链发展,实现全生命周期闭环式绿色发展。

2. 节能环保行业

《国家创新驱动发展战略纲要》提出发展资源高效利用和生态环保技术，建设资源节约型和环境友好型社会。采用系统化的技术方案和产业化路径，发展污染治理和资源循环利用的技术与产业。建立大气重污染天气预警分析技术体系，发展高精度监控预测技术。建立现代水资源综合利用体系，开展地球深部矿产资源勘探开发与综合利用，发展绿色再制造和资源循环利用产业，建立城镇生活垃圾资源化利用、再生资源回收利用、工业固体废物综合利用等技术体系。完善环境技术管理体系，加强水、大气和土壤污染防治及危险废物处理处置、环境检测与环境应急技术研发应用，提高环境承载能力。

2022年1月，国务院印发了《"十四五"节能减排综合工作方案》，提出推广高效精馏系统、高温高压干熄焦、富氧强化熔炼等节能技术，开展重点行业清洁生产和工业废水资源化利用改造。

3. 卫生健康行业

《国家创新驱动发展战略纲要》提出发展先进有效、安全便捷的健康技术，应对重大疾病和人口老龄化挑战。

促进生命科学、中西医药、生物工程等多领域技术融合，提升重大疾病防控、公共卫生、生殖健康等技术保障能力。研发创新药物、新型疫苗、先进医疗装备和生物治疗技术。推进中华传统医药现代化。促进组学和健康医疗大数据研究，发展精准医学，研发遗传基因和慢性病易感基因筛查技术，提高心脑血管疾病、恶性肿瘤、慢性呼吸性疾病、糖尿病等重大疾病的诊疗技术水平。开发数字化医疗、远程医疗技术，推进预防、医疗、康复、保健、养老等社会服务网络化、定制化，发展一体化健康服务新模式，显著提高人口健康保障能力，有力支撑健康中国建设。

2022年4月，国务院办公厅印发了《"十四五"国民健康规划》，提出推动医药工业创新发展，促进高端医疗装备和健康用品制造生产，加快卫生健康科技创新。

（1）推动医药工业创新发展

鼓励新药研发创新和使用，加快临床急需重大疾病治疗药物的研发和产业化，支持优质仿制药研发。加快构建药品快速应急研发生产体系，针对新发突发传染病以及其他涉及国家公共卫生安全的应急需求,加强对防控所需药品和医疗器械应急研发、检验检测、体系核查、审评审批、监测评价等工作的统一指挥与协调。建立国家参考品原料样本和病患信息应急调用机制,完善药品紧急研发攻关机制。深化药品医疗器械审评审批制度改革,对符合要求的创新药、临床急需的短缺药品和医疗器械、罕见病治疗药品等,加快审评审批。强化对经济实惠的精神疾病药物和长效针剂的研发攻坚。

（2）促进高端医疗装备和健康用品制造生产

优化创新医疗装备注册评审流程。开展原创性技术攻关,推出一批融合人工智能等新技术的高质量医疗装备。鼓励有条件的地方建设医疗装备应用推广基地,打造链条完善、特色鲜明的医疗装备产业集群。完善养老托育等相关用品标准体系,支持前沿技术和产品研发应用。围绕健康促进、慢病管理、养老服务等需求,重点发展健康管理、智能康复辅助器具、科学健身、中医药养生保健等新型健康产品,推动符合条件的人工智能产品进入临床试验。推进智能服务机器人发展,实施康复辅助器具、智慧老龄化技术推广应用工程。

（3）加快卫生健康科技创新

推进医学科技创新体系的核心基地建设。新布局一批国家临床医学研究中心,形成覆盖全国的协同研究网络。加强疾病防控和公共卫生科研攻关体系与能力建设,汇聚力量协同开展重大传染病防控全链条研究。面向人民生命健康,开展卫生健康领域科技体制改革试点,启动卫生健康领域科技创新2030—重大项目、"十四五"重点研发计划等国家科技计划,实施"脑科学与类脑研究"等重大项目以及"常见多发病防治研究""生育健康及妇女儿童健康保障"等重点专项。健全涉及人的医学研究管理制度,规范生物医学新技术临床研究与转化应用管理。加快推广应用适合基层和边远地区的适宜医疗卫生技术。完善审批程序,加强实验室生物安全管理,强化运行评估和监管。完善高级别病原微生物实验室运行评价和保障体系,完善国家病原微生物菌（毒）种和实验细胞等可培养物保藏体系。

第四节　实施创新驱动发展战略的地方实践

一、济南市

近年来,山东省济南市围绕科技成果转化"一条主线",加快建设重大创新平台,充分发挥科技创新对高质量发展的引领和支撑作用,取得了明显成效。

2023 年,济南市在全球科研城市百强名单中位居第 32 位(较上年提升 4 位),在国家创新型城市中居第 15 位(较上年提升 1 位),在全国城市创新能力百强榜中居第 15 位(较上年提升 1 位),综合科技创新指数连续五年位居山东全省第一。技术合同成交额、全国重点实验室等 12 项科技创新关键指标位居全省第一。拥有国家级重点实验室 11 家,省级新型研发机构 75 家,省级技术创新中心 35 家,省级院士工作站 74 家,均居全省第一。

(1)聚力建设中科院科创城,打造重大科创资源集聚区

科学布局,创新合作模式。2018—2021 年,中国科学院工程热物理所、电工所、高能所、计算所、理化所等 13 个中科系项目落地济南,开创了中科系院所在机构设立、科技研发、院士团队、装置建设、产业合作等方面"全方位、整建制"落地济南的合作新模式,为济南争取中国科学院的优质项目、高端人才团队、重大前沿技术等提供了有利条件。加快推动电磁驱动、大气环境模拟等 5 个大科学装置建设。

优化机制激发创新活力。创新科研体制机制,推动设立新型研发机构,落地机构全部设置为具有独立法人资格的无主管部门、无行政级别、企业化管理、市场化运营的"四不像"新型研发机构,实行理事会管理下的院长负责制。为科研人员"松绑减负",赋予项目负责人更多自主权,实行科研经费"包干制",由科研团队根据创新需求自主选题,统筹使用科研经费,最大限度地发挥财政资金作用,进一步激发高层次人才科研团队活力。

全面推行"管家式"服务方式。专门组建具有编制、实体化运行的科创城工作专班,推行项目化管理工作机制、专员式服务机制,工作人员变身项

目管家,根据项目需求建立阶段性任务清单,从项目接触引进到后期建设运营提供全方位、全流程的一对一服务,不断打造"主动、靠前、精准、快捷"的服务模式。近年来,中科院科创城通过"外引内培双驱动"的发展模式,落地院所累计争取国家、省重点研发计划、自然科学基金等项目 127 项,孵化或新注册企业 130 多家,横向合同额突破 10 亿元,集聚科研人员超2 000 人。

(2)深化体制机制改革,探索实施"揭榜挂帅"工程

深化改革,夯实制度基础。先后发布修订《济南市科技计划项目揭榜挂帅实施方案》《济南市科技计划项目管理办法》等系列文件,形成了"1+1+N"政策体系。改革揭榜标准,采取征集需求、发布榜单、组织揭榜、评审立项等步骤,建立完善项目、平台、人才、资金一体化配置机制。优化评审规则,实行异地专家匿名网上评审,不设门槛要求,把"伯乐相马"变成"赛场赛马"。

聚焦需求,广发"英雄贴"。锚定济南市 4 大主导产业领域的 10 个重点发展方向,精准设置榜单。聚焦企业创新,以需求牵引供给,以问题倒逼创新,设置"企业需求类"榜单,推动市场和企业需求在科技资源配置中发挥决定性作用。集聚全国创新资源,面向全国发布榜单、公开悬赏攻关,鼓励国内的高校、科研院所、新型研发机构和龙头企业挂帅,组建创新联合体揭榜,充分吸引集聚全国优质科技创新资源,服务济南产业高质量发展。

减负松绑,激活创新潜能。在"揭榜挂帅"项目中设立"技术总师"和科研财务助理,技术总师作为技术第一责任人,在经费预算、考核激励、团队组建等方面享有更大自主权。加强经费保障,实行前补助和后补助相结合的方式,通过细化阶段考核指标、加强分类绩效评价、强化评价结果运用,充分发挥财政资金引导撬动作用。强化金融支持。以建设"科创金融改革试验区"为契机,积极统筹政策资源和金融工具,为榜单需求方及揭榜联合体提供综合金融服务,支持榜单项目实施。近三年,济南市组织实施市级科技计划"揭榜挂帅"项目 42 项,给予资金支持 3 036 万元,被科技部收录为全国创新发展典型经验案例。

(3)聚焦产学研深度融合,大力推动科技成果转移转化

强化政策体系支撑。近三年,先后出台《关于促进高校和科研院所协

同创新和成果产业化的若干政策(试行)》《关于加快驻济高校科技成果转化深化市校融合发展战略的若干政策措施》《关于加快"科创济南"建设全面提升科技创新能力的若干政策措施的通知》等系列政策措施,进一步激发了高校院所、企业产学研合作热情。

打造科技成果转化"1＋6＋N"平台。依托齐鲁科技金融大厦、山东省技术成果交易中心,打造济南科技成果转化"1＋6＋N"平台。近三年来,挂牌知识产权及科技金融项目 1 368 项,挂牌金额 95.28 亿元;成交 457宗,成交金额 36.05 亿元。2023 年,全市技术合同成交额 916.14 亿元,同比增长 49.3%,总量连续五年保持全省第一。涌现出舜丰生物高油酸大豆、山大华天 CAD 软件等一批"山东好成果"。

实施高校科技成果转化专项行动。实施服务驻济高校院所成果转化行动,先后与山东大学、济南大学等 97 家高校和科研院所签署科技成果转化服务协议,提供科技成果转化"一条龙"服务。支持高校科技成果通过济南科技成果转化"1＋6＋N"平台进场交易,交易产生的技术成果评估费予以全额补助。建立了高价值科技成果库,为山东大学、济南大学等高校免费评估科技成果。组织山东大学"十大高价值应用科技成果"评选推介活动,探索校地合作遴选高价值成果新模式。

开展科技成果"三权"改革。山东省选择 8 家省属高校院所开展职务科技成果使用权、处置权、收益权试点工作,济南市总结推广济南大学、齐鲁工业大学(山东省科学院)、山东省农业科学院 3 家试点单位,开展"赋予科研人员职务科技成果所有权""二级事业单位正职领导持股"试点,市属高校学习借鉴。支持纳入第二批省属高校院所科技成果转化综合试点 10家单位,在以知识价值为导向的分配政策、技术转移机构机制模式创新等方面先行先试。

(4)科技型企业梯度培育,关键核心技术不断突破

2023 年,济南市累计备案国家科技型中小企业 8 323 家,高新技术企业达 6 917 家;加快构建"众创空间—孵化器—加速器—科技双创园区"全链条科技创业孵化服务体系,全市拥有各类科技创业孵化载体 238 家,其中科技企业孵化器 70 家、众创空间 162 家、大学科技园 4 家、加速器 2 家,在孵企业 4 690 家。

济南市大力实施科技计划"揭榜挂帅"工程,组织实施山东省重大科技创新工程和科技示范工程项目,"光谱式高通量自动化血培养仪"打破国外长期技术垄断。自主研发出 IGBT 缺陷 X 射线三维检测设备解决了制约行业快速发展的检测难题。成功研制全国首个双碳模拟器,获批全国首个基因编辑安全证书。

二、郑州市

近年来,河南省郑州市把科技创新作为市委、市政府"一号工程",集全市之力加快建设国家创新高地和人才高地,为郑州市高质量发展注入了强劲动力。2023 年,全社会研发投入强度达到 2.67%,技术合同成交额突破650 亿元,高新技术企业突破 6 000 家,科技型企业超过 1.3 万家,高新技术企业数量、研发投入强度、技术合同成交额增速连续三年位居国家中心城市前列。

(1)加强顶层设计高位推动

郑州市建立了由书记、市长任双主任的科技创新委员会,研究解决全市科技创新重大问题。制定了《中原科技城总体规划管理条例》和《中原科技城总体城市设计方案》,以郑东新区为支撑,推动中原科技城与河南省科学院、国家技术转移郑州中心"三合一",中原科技城在全国同类科技城中跃居第 19 位。制定《一流大学(科研机构)郑州研究院建设郑州市工作方案》,力争用 3—5 年时间引进建设 30 家一流大学郑州研究院。制定总部招引行动计划,累计招引央企和省企研发中心 45 个。实施青年创新创业行动,优化"郑聚英才计划",力争 5 年内引进 100 万大学毕业生。优化政府投资基金管理运营机制,构建不低于 1 000 亿元的产业基金群,天使基金规模达 10 亿元,面向种子期、初创期科技型企业;产业基金(中心城市基金)面向重大产业项目战略投资;母基金规模 200 亿元,面向生态构建和产业培育。

(2)加速凝练一流创新课题

紧盯新能源及网联汽车、智能装备制造、电子信息等主导产业,新材料、生物医药、人工智能等新兴产业和量子科技、机器人、元宇宙、生物技术、卫星互联网等未来产业,凝练 8 个一流课题,每个课题支持 1 000 万元以上。例如，支持汉威科技实施"智能传感器关键技术研发及示范应用"项目，支持宇通客车实施"自动驾驶车辆关键技术研发及多场景示范"项目，支持三磨所实施"超硬材料合成用高性能新型锻造六面顶压机开发及产业化"项目，支持安图生物"新一代高通量基因检测分析系统的研制及应用"项目。2021 年以来，9 项成果获得国家科技奖励，其中获国家技术发明奖二等奖 2 项，获国家科技进步奖二等奖 7 项；获省科技奖励 603 项，其中一等奖 58 项。

（3）着力建设高能级创新平台

重塑实验室体系，全国重点实验室新获批 4 家，优化重组 6 家，总数达 14 家；加快建设嵩山实验室等 12 家省级实验室。郑州把大科学装置作为提升区域创新能力的"硬支撑"，推动实现零的突破。全省首个大科学装置超短超强激光平台进展顺利，国家超算互联网核心节点工程（简称"智能超算"）项目签约开工，建成后郑州市算力可达到全球超算算力与智算算力"双第一"，智能传感器（MEMS）中试平台项目加速推进。上海交通大学等 6 所一流大学郑州研究院签约，建成国家级工程技术研究中心 7 个、国家级企业技术中心 20 多个，引进中科院过程工程研究所、中国机械科学研究总院等 14 家大院名所设立新型研发机构，累计建成研发平台 5 192 家，其中国家级 63 家、省级 1 894 家。引进培育张建伟、刘大响等顶尖人才 94 名，各类高层次人才 1 566 名，培养博士、硕士、科研骨干 3 965 人，支持高层次创新创业团队项目 512 个。实施青年创新创业行动计划，提供优质岗位 35.68 万个，为 15 万青年人才发放生活、购房补贴 40.87 亿元，建设人才公寓 17.2 万套（间）、完成配租 2.7 万套（间）。

（4）积极推进科研成果转化

围绕发展所需、产业所急，大力支持企业与高校、科研院所深度合作，推动科研成果就地就快转移转化。完善郑州技术交易市场，打造"一网一厅多驿站"的技术转移体系，构建融交易、转让、融资、孵化等功能为一体的综合性服务平台，通过"线上＋线下"打通科技成果转化"梗阻"，累计发布标准化技术能力清单 600 多项。引进国内外知名技术转移机构，累计培养优秀专业技术经纪人 900 多名，为科技成果转化提供专业化服务。依托各类产业园区,着力打造"众创空间—孵化器—大学科技园—创新创业综合体"的全链条孵化培育体系,各类孵化器达到 290 家、面积 900 万平方米,在孵企业(团队)1.4 万多家(个),先后培育出泛锐熠辉、UU 跑腿、致欧家居等一批明星企业。国家级孵化器达 30 家,超过重庆和成都;在 2022 年科技部考核中,15 家孵化器考核优秀,优秀率位居全国第一。

(5)营造良好科技创新氛围

持续完善科研人员职务发明成果权益分享机制,实行科技项目"揭榜挂帅",探索"赛马制",开展科研经费包干制试点。在中原科技城开展人才评价机制试点改革,构建以创新价值、能力、贡献为导向的人才评价体系;开通用地审批"绿色通道",全力保障重大科技创新用地。以郑州银行为运营主体,支持金融机构参与开展政策性科技金融业务,打造线上"郑好融"普惠科技金融服务平台、线下金融服务港湾网点,推出"科创 E 贷""集群 E 贷""善新贷""善科贷"等普惠类科创信贷产品,探索知识产权证券化,带动金融机构累计支持企业创新资金超千亿元。搭建全市统一的科学仪器设施共享平台,大型科学仪器设施入网突破 4 500 台套。提出"全国使用,郑州补助"创新举措,促进全国范围内仪器设施共享。持续举办世界传感器大会、"强网杯"大赛、"郑创汇"国际创新创业大赛、世界 5G 大会等展会和赛事活动。

三、常州市

近年来,江苏省常州市紧扣"国际化智造名城、长三角中轴枢纽"城市定位,深入实施创新驱动发展战略,努力打造长三角创新中轴和产业科技创新中心。2023 年,常州位列国家创新型城市创新能力指数第 17 位;全市高新技术企业达 4 720 家,高新技术产业产值占规模以上工业总产值的比重达 56.2%,位列全省第 2;全社会研发经费支出占 GDP 比重达3.38%,位列全省第 3;制定实施"独角兽 10 条",142 家企业入选省榜单,位列全省第 3。

(1)擘画科技创新"大格局"

健全协同推进机制。2021 年 12 月,常州市创新委员会正式成立,为全市科技创新的高位谋划、高效统筹提供了有力的体制机制保障。常州市创新委员会办公室(简称"创新办")设在市科技局,负责市创新委的日常工作。充分发挥市创新委牵头抓总作用,推动各成员单位按要求明确分管领导和责任处室,各辖市、区成立创新发展工作专班,形成部门协同、市区联动的工作格局。

创新政策扎实落地。2021 年 3 月,常州出台了《关于创新驱动高质量发展的实施意见》《关于促进创新发展的若干政策》。2022 年,常州在江苏省率先推行创新政策"直达快享"新模式获省领导批示肯定。2023 年,常州迭代推出创新政策 2.0,更大力度建设创新平台、更强举措支持创新主体、更优方式服务创新创业。2022—2023 年累计奖励资金 16.68 亿元、惠及企业近 7 500 家次。

(2) 争当国际合作"领航者"

高水平建设中以常州创新园。2021 年 11 月,国家主席习近平在同以色列总统赫尔佐格的通话中提出,把中以常州创新园作为两国创新合作的标志性项目。在中以创新合作联委会机制框架下,科技部和江苏省政府联合成立"部省推进中以常州创新园建设专责小组",争取中以创新合作周、中以创新合作联委会中方工作组会议等持续在常州举办,将园区打造成为中以创新全面伙伴关系样板区、中以合作标志性项目中的标杆。2022 年 9 月,"2022 中国—以色列创新合作周"在常州成功举办,中以双方在科技、教育、医疗等领域达成合作,搭建、提升了一系列平台和机制。截至 2024 年 4 月,园区已累计引进以色列独资及中以合作企业 238 家,促成中以科技合作项目 55 个。

国际科技合作拓展深化。实施《常州市国际科技创新合作"一区一名片"建设三年行动计划(2022—2024 年)》,深化中以、中德、中瑞、中日等国际科技合作,广泛开展全球优质科创资源对接。发挥以色列江苏中心等离岸孵化器的作用,积极开展项目合作和人才招引工作,以"海外孵化、国内加速"模式,"带土移植"一批优质项目落户各合作园区。组织"科技外交官"常州行、双边(多边)项目推介会等线上线下国际科技交流活动。鼓励企业到海外以并购或新建等方式设立海外研发机构、产学研合作平台、离岸孵化器等离岸创新中心,海外离岸创新中心累计达 40 家。

(3) 布局合成生物"新赛道"

专班化推进。2023 年,常州在江苏首个以市委市政府名义发布促进合成生物产业发展专项政策措施,制定实施"合成生物 10 条"等,打造长三角合成生物产业创新高地。对落地的合成生物领域国家、省技术创新中心等,给予国家级最高 1 亿元、省级最高 5 000 万元支持。专门成立市区两级合成生物创新发展专班,先后赴深圳先进技术研究院等,举办各类产业推进、对接出访活动 30 多次。启动合成生物学领域"揭榜挂帅"科技攻关,合作单位包括上海交通大学邓子新院士团队等,11 个中榜项目榜额达 3 715万元。

产业化赋能。成立全国首个合成生物标准化技术委员会,首届江苏省合成生物标准化技术委员会秘书处由华大工程生物学长荡湖研究所和南京师范大学常州合成生物学产业研究院联合承担。启动由 4 所高校、4 个科研院所、38 个重点企业共同成立的合成生物产教融合共同体。加大建设长三角合成生物产业园、金坛合成生物产业园、西太湖合成生物创新产业园,已落户项目 30 个,在建项目超 20 个、总投资超过 100 亿元。

资源性集聚。设立规模 20 亿元以上的常州市合成生物产业基金,引导各类资本投向合成生物产业。常州龙城科创发展基金面向社会公开遴选常州天使投资引导基金合成生物子基金管理机构。黄和院士入选常州市首批"龙城英才计划"战略人才资助对象,获 1 000 万元支持;中科院院士吴云东牵头的溧阳天目湖健康研究院启动建设,打造蛋白质药物平台和创新中药平台;常州大学与科教城合作共建合成生物学检测公共服务平台,总投资 2 600 万元;华大工程生物学长荡湖研究所获批江苏省新型研发机构获 2 000 万元支持。目前,常州拥有创健医疗、药物研究所、常茂生物、康润生物、三高生物等 60 多家合成生物企业,2023 年主营业务收入达 97.38亿元。

(4) 打造创新创业"强磁场"

创新创业大赛取得成效。2022 年成功举办第 11 届中国创新创业大赛高端装备制造、新材料全国赛,19 家企业入围第 11 届中国创新创业大赛全国赛,2 家企业分别获二等奖和三等奖,3 家成长组企业获全国"创新企业 50 强",均列全省第一。2023 年成功举办第 12 届中国创新创业大赛新能源、新能源汽车、节能环保全国赛,6 家企业入围第 12 届中国创新创业大赛总决赛,2 家企业获得二等奖,3 家企业荣获全国"创新创业 50 强",均列全省第一。近三年,常州共有 27 个项目在"创业江苏"科技创业大赛获奖。连续 8 年举办常州市创新创业大赛,共吸引 3 200 多家科技企业和创业团队报名参赛,引导 280 余支创业团队在常州落地孵化。

科创服务体系更加优化。深化科技体制改革。作为全国科技体制改革 60 个典型案例之一,《常州:四大清单促"四链融合"高新产业跑出"加速度"》被科技日报专题报道。制定了《常州市深化科技体制改革三年攻坚实施方案》《常州打造长三角产业科技创新中心 建设国际化智造名城行动方案》。在"落实科技创新 40 条和科技改革 30 条成效明显"方面,常州市、金坛区列入拟获省政府督查激励公示名单。加强立法保障。起草了《常州市科技创新促进条例(草案)》,已提请市人大常委会审议。强化科技招商。成立龙城科创学院,开展"新工科"教育和独角兽企业培育,探索科技创新和人才培养新路径;成立科技招商服务中心、编制创新资源索引、举办高能级创新创业赛事,2023 年招引科技型中小企业 910 家。

四、晋江市

近年来,福建省晋江市始终把科技创新摆在发展全局的核心位置,深入实施创新驱动发展战略,让创新"关键变量"成为高质量发展"最大增量",着力锻造新质生产力,为区域发展注入强大活力。

(1)坚持"科创首位"战略,全力下好创新发展"先手棋"

一是构建强力的工作机制。坚持"强统筹 + 硬落实",推进科技体制机制改革,成立全省首个县级科创委(办),由市委、市政府主要领导分别担任主任、副主任,从宏观层面对全市政策规划、行政资源、科创平台等板块进行资源要素的有机统筹;全覆盖配置镇域科技副镇长(副主任)和科技专干,组建近百人科技管理队伍,形成"科创委 + 科创办 + 科技局 + 科技副镇长(副主任)"纵横分布的科技工作协同机制,打造沟通顺畅、衔接紧密、高效运作的立体化科创体系。

二是构建立体的政策体系。坚持系统思维,综合考虑科技创新与产业创新所需的各项要素,建立"1+N"政策体系("1"即《大力推进科技创新能力建设若干措施》总纲文件,聚焦科技投入、科创企业、创新孵化、成果转化、知识产权等重点领域,制定16项措施;"N"即配套发展战略性新兴产业、推动制造业数智转型、引育产业创新人才、发展金融资本等系列专项政策),全方位、立体式支持科技创新。组织专业力量提供个性化服务,涵盖政策解读、手续办理、人才引进、要素保障等领域,推行"免申即享"政策兑现机制,从"企业找政策"向"政策找企业"转变。

三是营造浓厚的创新氛围。把创新作为晋江最重要的"城市名片"。围绕科技创新、数智转型、资本赋能、绿色创造等前沿动态,每年度召开企业创新发展大会;立足产业科创需求,分行业举办科技赋能座谈会,形成政企共叙创新发展、共话合作共赢良好局面。2024年4月11日,第一届晋江科技成果转化对接洽谈会圆满落幕,来自36所高校、252家展商、超1000项科技成果"沉浸式、一站式、场景式"集中亮相、展现应用场景,各展商累计对接企业8.01万人次,洽谈成果累计2.49万项次,意向订单成果4 358项。

(2) 强化平台载体构建,着力夯实科技创新"硬支撑"

一是打造全域科创版图。围绕打造国家级高新区、经开区,统筹规划建设"一廊两区多平台"科创版图和泉州南翼国家高新区晋江区域。目前已落地福州大学晋江校区、国科大智能制造学院等4所高校以及中科院泉州装备所、港理大晋江技术创新研究院等12家高水平科研平台,实现主导产业科研平台全覆盖,构建了支撑全市、辐射周边的强大"科创"引擎。

二是发挥平台引领作用。按照"政府主导、院校支撑、市场化运作、社会化服务"的理念,从建设运营、资金规范、绩效考核等方面增强平台"自我造血"功能和可持续发展能力。近三年,全市科研平台累计实施产学研合作项目超1000项,形成超临界无水染色技术与装备产业化应用、二代石墨烯改性高性能TPU防色迁膜材料等一批标志性创新项目。

三是完善科创孵化全链条。设立晋江市创新创业学院,大力布局科技产业综合体,建成三创园(国家级科技孵化器)等重要载体,签约引进、实体运营赛创未来服务平台,构建完善"人才＋基金＋赛事＋孵化＋专业运营"闭环服务生态,累计落地孵化企业超 300 家。2024 年 1 月,晋江(武汉)离岸创新中心在武汉正式揭牌启用,成为晋江深度对接武汉科技创新资源的重要载体。

(3)加快科创要素汇聚,持续增强产业升级"动力源"

一是着眼创新人才"外引内育"。从完善引才育才体系、优化人才生态链条入手,实施科创人才集聚、硕博人才倍增、技能人才振兴"三才行动"。给予产业领军企业、高新技术企业、专精特新企业人才自主认定权。通过创新"领军人才＋创业团队＋创业项目＋专项基金"模式,引进契合晋江产业转型升级需求的创业人才团队。创新发展科技特派员制度,率先将原本服务农业农村的科技特派员跨界引入工业、服务业领域。目前,全市累计聚集各类各层级人才 1.2 万名,数量位居福建县域首位。

二是推动科创成果"落地生金"。按照"市场化运作、规范化运营、专业化服务"理念,打造融"科技大市场＋成果转化基金＋中试平台＋转移机构＋产学研合作"为一体的科技成果转移转化服务体系。组建以海峡两岸技术转移为主题的海峡科技大市场,签约国家科技成果转化引导基金,落地中关村中试熟化服务平台、国家(鞋服和食品)知识产权快维中心,加强职业技术经纪人和技术转移服务机构培育,推动科技成果加速向现实生产力转化。近三年,累计促成科技成果转移转化超过 1 000 项、金额超过 12 亿元。

三是促进科技金融"双向赋能"。结合争创福建省金融服务实体经济试点县市行动,构建"政府＋银行＋基金＋信贷"科技金融赋能体系,设立 3 支产业基金、11 支政府引导基金(总规模突破 300 亿元),启动运作南翼基金小镇,撬动超百亿元社会资本投向科技创新,打造多元化产业基金群。启用北交所晋江服务基地,首家服务业上市公司登陆纳斯达克,上市挂牌企业突破百家。

四是赋能产业发展"量质齐升"。坚持传统产业与高新产业协调发展,以科技创新催生前沿技术、应用场景,加快高端化、智能化、绿色化发展进程,推动传统产业高新化、高新产业集群化。全社会研发投入连续 4 年增20%以上,培育国家高新技术企业 855 家,拥有省级以上企业研发机构超百家。鞋服产业实现了从"一根丝"到"一双鞋"的全产业链创新,集成电路产业初步形成"芯片设计—制造—封装测试—装备与材料—配套及终端应用"的全产业链条。

第三章

推动『四链融合』

在实施创新驱动发展战略过程中,科技创新要聚焦产业发展,加大资金投入,强化人才支撑。党的二十大报告提出,强化企业科技创新主体地位,发挥科技型骨干企业引领支撑作用,营造有利于科技型中小微企业成长的良好环境,推动创新链、产业链、资金链、人才链深度融合。

第一节 推动创新链与产业链融合

围绕产业链部署创新链。聚焦当地重点产业,以科技创新推动产业转型升级,重点推进技术创新、产品创新、管理创新和商业模式创新。围绕创新链布局产业链。

一、大力发展科技服务业

科技服务业是现代服务业的重要组成部分,具有人才智力密集、科技含量高、产业附加值大、辐射带动作用强等特点。近年来,我国科技服务业发展势头良好,服务内容不断丰富,服务模式不断创新,新型科技服务组织和服务业态不断涌现,服务质量和能力稳步提升。但总体上我国科技服务业仍处于发展初期,存在着市场主体发育不健全、服务机构专业化程度不高、高端服务业态较少、缺乏知名品牌、发展环境不完善、复合型人才缺乏等问题。加快科技服务业发展,是推动科技创新和科技成果转化、促进科技经济深度融合的客观要求,是调整优化产业结构、培育新经济增长点的重要举措,是实现科技创新引领产业升级、推动经济向中高端水平迈进的关键一环,对于深入实施创新驱动发展战略、推动经济提质增效升级具有重要意义。

2014 年 10 月,国务院印发了《关于加快科技服务业发展的若干意见》,提出重点发展研究开发、技术转移、检验检测认证、创业孵化、知识产权、科技咨询、科技金融、科学技术普及等专业科技服务和综合科技服务,提升科技服务业对科技创新和产业发展的支撑能力。

(1) 研究开发及其服务

加大对基础研究的投入力度,支持开展多种形式的应用研究和试验发展活动。支持高校、科研院所整合科研资源,面向市场提供专业化的研发服务。鼓励研发类企业专业化发展,积极培育市场化新型研发组织、研发中介和研发服务外包新业态。支持产业联盟开展协同创新,推动产业技术研发机构面向产业集群开展共性技术研发。支持发展产品研发设计服务,促进研发设计服务企业积极应用新技术提高设计服务能力。加强科技资源开放服务,建立健全高校、科研院所的科研设施和仪器设备开放运行机制,引导国家重点实验室、国家工程实验室、国家工程(技术)研究中心、大型科学仪器中心、分析测试中心等向社会开放服务。

(2) 技术转移服务

发展多层次的技术(产权)交易市场体系,支持技术交易机构探索基于互联网的在线技术交易模式,推动技术交易市场做大做强。鼓励技术转移机构创新服务模式,为企业提供跨领域、跨区域、全过程的技术转移集成服务,促进科技成果加速转移转化。依法保障为科技成果转移转化作出重要贡献的人员、技术转移机构等相关方的收入或股权比例。充分发挥技术进出口交易会、高新技术成果交易会等展会在推动技术转移中的作用。推动高校、科研院所、产业联盟、工程中心等面向市场开展中试和技术熟化等集成服务。建立企业、科研院所、高校良性互动机制,促进技术转移转化。

(3) 检验检测认证服务

加快发展第三方检验检测认证服务,鼓励不同所有制检验检测认证机构平等参与市场竞争。加强计量、检测技术、检测装备研发等基础能力建设,发展面向设计开发、生产制造、售后服务全过程的观测、分析、测试、检验、标准、认证等服务。支持具备条件的检验检测认证机构与行政部门脱钩、转企改制,加快推进跨部门、跨行业、跨层级整合与并购重组,培育一批技术能力强、服务水平高、规模效益好的检验检测认证集团。完善检验检测认证机构规划布局,加强国家质检中心和检测实验室建设。构建产业计量测试服务体系,加强国家产业计量测试中心建设,建立计量科技创新联盟。构建统一的检验检测认证监管制度,完善检验检测认证机构资质认定办法,开展检验检测认证结果和技术能力国际互认。加强技术标准研制与应用,支持标准研发、信息咨询等服务发展,构建技术标准全程服务体系。

（4）创业孵化服务

构建以专业孵化器和创新型孵化器为重点、综合孵化器为支撑的创业孵化生态体系。加强创业教育,营造创业文化,办好创新创业大赛,充分发挥大学科技园在大学生创业就业和高校科技成果转化中的载体作用。引导企业、社会资本参与投资建设孵化器,促进天使投资与创业孵化紧密结合,推广"孵化＋创投"等孵化模式,积极探索基于互联网的新型孵化方式,提升孵化器专业服务能力。整合创新创业服务资源,支持建设"创业苗圃＋孵化器＋加速器"的创业孵化服务链条,为培育新兴产业提供源头支撑。

（5）知识产权服务

以科技创新需求为导向,大力发展知识产权代理、法律、信息、咨询、培训等服务,提升知识产权分析评议、运营实施、评估交易、保护维权、投融资等服务水平,构建全链条的知识产权服务体系。支持成立知识产权服务联盟,开发高端检索分析工具。推动知识产权基础信息资源免费或低成本向社会开放,基本检索工具免费供社会公众使用。支持相关科技服务机构面向重点产业领域,建立知识产权信息服务平台,提升产业创新服务能力。

（6）科技咨询服务

鼓励发展科技战略研究、科技评估、科技招投标、管理咨询等科技咨询服务业,积极培育管理服务外包、项目管理外包等新业态。支持科技咨询机构、知识服务机构、生产力促进中心等积极应用大数据、云计算、移动互联网等现代信息技术,创新服务模式,开展网络化、集成化的科技咨询和知识服务。加强科技信息资源的市场化开发利用,支持发展竞争情报分析、科技查新和文献检索等科技信息服务。发展工程技术咨询服务,为企业提供集成化的工程技术解决方案。

（7）科技金融服务

深化促进科技和金融结合试点,探索发展新型科技金融服务组织和服务模式,建立适应创新链需求的科技金融服务体系。鼓励金融机构在科技金融服务的组织体系、金融产品和服务机制方面进行创新,建立融资风险与收益相匹配的激励机制,开展科技保险、科技担保、知识产权质押等科技金融服务。支持天使投资、创业投资等股权投资对科技企业进行投资和增值服务,探索投贷结合的融资模式。利用互联网金融平台服务科技创新,完善投融资担保机制,破解科技型中小微企业融资难问题。

（8）科学技术普及服务

加强科普能力建设,支持有条件的科技馆、博物馆、图书馆等公共场所免费开放,开展公益性科普服务。引导科普服务机构采取市场运作方式,加强产品研发,拓展传播渠道,开展增值服务,带动模型、教具、展品等相关衍生产业发展。推动科研机构、高校向社会开放科研设施,鼓励企业、社会组织和个人捐助或投资建设科普设施。整合科普资源,建立区域合作机制,逐步形成全国范围内科普资源互通共享的格局。支持各类出版机构、新闻媒体开展科普服务,积极开展青少年科普阅读活动,加大科技传播力度,提供科普服务新平台。

（9）综合科技服务

鼓励科技服务机构的跨领域融合、跨区域合作,以市场化方式整合现有科技服务资源,创新服务模式和商业模式,发展全链条的科技服务,形成集成化总包、专业化分包的综合科技服务模式。鼓励科技服务机构面向产业集群和区域发展需求,开展专业化的综合科技服务,培育发展壮大若干科技集成服务商。支持科技服务机构面向军民科技融合开展综合服务,推进军民融合深度发展。

二、推进产科教一体化

推进产业、科技、教育融合发展。要根据科技发展新趋势,优化高等学校学科设置、人才培养模式,为发展新质生产力、推动高质量发展培养急需人才。聚焦当地重点产业,推进产业、科技、教育融合发展。支持地方高校针对当地重点产业加强相关学科、专业建设,发展相关新工科、新商科,开展行业共性技术研究。例如,服务当地机械装备行业发展,培养工业机器人专业人才。服务当地对外出口,培养跨境电商专业人才。鼓励地方高校与企业合作建立联合实验室、实训基地、产教融合中心、现代产业学院等,联合培养产业发展急需的实用型专业技术人才。鼓励当地国有企业和民营企业负责人、高管和技术骨干到当地高校担任兼职教师,举办专题讲座,开阔高校师生的视野,了解有关行业发展的最新动态、新技术和新应用。

第二节　推动创新链与资金链融合

加大财政资金投入。建立科技创新投入稳定增长机制,集中财力支持重大项目。吸引社会资本投入。鼓励民营企业参与科技创新平台建设,建立一批新型研发机构。加快发展科技金融。鼓励金融机构在当地设立科技特色支行,提供研发贷、知识产权贷等金融产品,支持高新技术企业和科技型中小企业发展。支持培育企业上市。在创业板、中小板、主板上市,或到香港上市。

一、发展科技金融

科技金融是指促进科技开发、成果转化和高新技术产业发展的一系列金融工具、金融制度、金融政策与金融服务的系统性、创新性安排,是由向科学与技术创新活动提供融资资源的政府、企业、市场、社会中介机构等各种主体及其在科技创新融资过程中的行为活动共同组成的一个体系。

科技金融是国家科技创新体系和金融体系的重要组成部分。加强科技与金融的结合,不仅有利于发挥科技对经济社会发展的支撑作用,也有利于金融创新和金融的持续发展。

党的十八大以来,我国科技金融蓬勃发展。据国家金融监督管理总局统计,截至2023年7月28日,我国已设立科技特色支行、科技金融专营机构超1000家。根据中国人民银行发布的数据,截至2023年6月末,高技术制造业中长期贷款余额 2.5 万亿元,同比增长 41.5%,连续 3 年保持 30% 以上的较高增速;科技型中小企业贷款余额 2.36 万亿元,同比增长 25.1%,连续 3 年保持 25% 以上的较高增速;全国"专精特新"企业贷款余额为 2.72 万亿元,同比增长 20.4%,连续 3 年保持 20% 以上的增速。根据工业和信息化部发布的数据,截至 2023 年 7 月 27 日,累计已有 1 600 多家"专精特新"中小企业在 A 股上市,占 A 股全部上市企业数量的 30% 以上;2023 年新上市企业中,60% 是"专精特新"中小企业。

2023 年 10 月,国务院印发了《关于推进普惠金融高质量发展的实施意见》,提出建立完善金融服务小微企业科技创新的专业化机制,加大对专精特新、战略性新兴产业小微企业的支持力度。优化制造业小微企业金融服务,加强对设备更新和技术改造的资金支持。

2023 年 10 月 30 日至 31 日,中央金融工作会议在北京举行,提出优化资金供给结构,把更多金融资源用于促进科技创新、先进制造、绿色发展和中小微企业,大力支持实施创新驱动发展战略、区域协调发展战略,确保国家粮食和能源安全等。做好科技金融、绿色金融、普惠金融、养老金融、数字金融五篇大文章。

近年来,苏州市委市政府借鉴以色列的科技金融体系,开创了独特的科技金融"苏州模式",即以银行为中心,以政府打造的产业环境和政策体系为基础,加强与创投机构、保险机构、证券机构等合作,再结合会计师事务所、律师事务所、人力资源机构等科技金融中介机构的服务,为科技企业的发展提供一揽子综合化、专业化的金融服务。苏州模式形成了"银行 + 政府 + 担保 + 保险 + 创投 + 科技服务中介"统一结合的科技金融体系。

2023 年 10 月,深圳市地方金融监管局、深圳市科技创新委员会、中国人民银行深圳市分行、国家金融监督管理总局深圳监管局、中国证监会深圳监管局联合印发了《深圳市关于金融支持科技创新的实施意见》,提出建立健全"基础研究 + 技术攻关 + 成果产业化 + 科技金融 + 人才支撑"全过程创新生态链。具体内容如下。

1. 完善科技金融服务体系

（1）优化科技信贷体制机制

建立完善普惠小微、绿色发展、科技创新导向的深圳市金融业高质量发展指标体系和金融监管考评机制。鼓励银行机构单列科技型企业贷款的信贷规模,实施优惠内部资金转移定价,在授信审批、激励考核等方面实行差异化管理,研究建立科技型企业贷款尽职免责负面清单机制;为"20 + 8"产业集群、中小企业特色产业集群和"专精特新"企业开辟信贷绿色通道,推出专属信贷产品;用好用足再贷款再贴现等政策工具,加大对科技型企业的信贷供给;构建适应科技型企业特点的信贷审批流程和信用评价模型,运用人工智能、大数据等信息技术提高信用风险评估能力。推动加强科技创新金融服务能力建设,在科创资源密集地区开展科技创新金融服务能力提升专项行动和动员活动,共同营造聚力支持科技创新的良好氛围。

(2)扩大科技型企业债券发行规模

创新债券市场服务科技型企业新模式,优化受理审核、信息披露、风险揭示、簿记建档、存续期管理等业务流程,探索"投资人选择、发行人付费"的中介机构选聘机制。支持符合条件的科技型企业发行科创票据、科技创新公司债券,稳步推进科技型企业通过债券市场扩大融资规模。支持有条件的科技型中小企业发行高收益债,打造全国首个高收益债券市场试点,更好地发挥债券市场对科技型企业的金融服务功能。

(3)强化重点领域金融服务

探索金融支持基础研究的长效机制,鼓励金融机构重点支持人工智能、云计算和大数据等重大领域,加大对新技术、新产品研发与应用示范支持力度,推动关键核心技术项目攻关。鼓励银行机构为技术创新中心、研发机构、实验室以及符合条件的科技型企业提供优惠利率报价水平,降低综合融资费率。充分发挥创业担保贷款担保基金和贴息资金、科创贷款贴息贴保资金的保障作用,扩大科技型企业金融服务的覆盖面,助力科技型人才创新创业,促进科技型小微企业提能升级。鼓励高新技术园区发行基础设施公募 REITs,助力园区企业轻资产运营转型。持续开展高新技术和"专精特新"企业外债便利化额度试点,满足科技型企业的跨境融资需求。积极推动科技小额贷款公司、科技融资担保、科技融资租赁、科技商业保理等创新业务发展,鼓励地方金融组织为科技型企业提供多维度的金融服务。

2. 推动科技金融创新发展

（1）打造科技金融集聚区

支持有条件的区对境内外知名风投创投机构和优质科技金融机构实施"靶向招商"，引进一批财会、律所、评估、定价、代理等专业服务中介机构，积极打造高质量的科技金融集聚区。引导科技金融集聚区与河套深港科技创新合作区、光明科学城、西丽湖国际科教城、大运深港国际科教城、石岩湖科教城以及深圳高新区等重点区域形成高效联动，构建科技金融发展良好生态，深化金融与科技创新的融合。

（2）开展科创金融服务中心试点

支持有条件的区探索建立科创金融服务中心，鼓励入驻的银行、保险等金融机构在风险可控的前提下，针对重点科技型企业、科技人才的融资需求，创新开发特色金融产品。在数据安全和客户授权的前提下，建立健全对重点科技型企业、科技人才的名单管理机制，推动跨部门间数据信息共享。加强对入驻金融机构的监管，并建立刚柔并济、富有弹性的试错容错机制，既确保信贷资金合规使用，又为金融支持科技创新发展营造适度宽松环境。

（3）鼓励设立科技金融专营机构

研究制定科技金融专营机构认定标准，鼓励银行机构新设专门开展科技金融业务的科技支行，或选择具有良好基础的支行转型为科技支行。引导银行机构对科技支行适当下放授信审批、利率定价等业务权限，在信贷资源和绩效考评方面给予政策倾斜，持续丰富科技信贷产品，提高科技信贷的获得水平。

（4）健全知识产权金融服务机制

健全知识产权价值评估体系，完善科技成果和知识产权交易中心关于知识产权价值评估、交易等相关服务功能。鼓励银行机构稳妥开展知识产权质押贷款登记线上办理试点，提升银行机构在线办理知识产权质押贷款登记的便利化程度，探索向科技型企业发放以知识产权为质押的中长期贷款。鼓励知识产权质押融资保险模式创新，鼓励有条件的区研究建立知识产权质押融资保险奖补机制和"政府＋保险＋银行"的融资增信机制。探索以知识产权质押担保方式发行战略性新兴产业专项债券。鼓励发展知识产权证券化业务,探索以知识产权运营未来收入为底层现金流发行证券化产品。研究制定知识产权融资相关支持政策,对知识产权质押贷款、资产证券化等项目给予资助。

（5）创新"政银保担"合作模式

充分发挥市融资担保基金作用,联合银行、保险、融资担保等金融机构创新"政银担""政银保"等线上融资服务新模式,合理设计风险分担比例和成本缓释机制,降低中小微企业融资门槛。充分发挥中小微企业风险补偿资金池作用,对国家高新技术企业、科技型中小企业、专精特新企业、创新型中小企业等贷款项目,资金池适当提高风险补偿比例。

（6）鼓励"股权＋债权"模式创新

研究完善银行机构开展投贷联动业务差别化的监管考核机制,推动建立有利于投贷联动产生的股权或认股权证多元化退出的市场机制和环境。在河套深港科技创新合作区、前海深港现代服务业合作区等地区,授权符合条件的银行机构开展"股权＋债权"模式创新试点。推动我市大中型银行机构与其集团旗下的香港股权投资机构联动,通过"深圳商行＋香港投行"模式,为科技型企业提供"股权＋债权"相结合的融资服务。支持银行机构规范与外部投资机构的合作,探索"贷款＋外部直投"等业务新模式,在科技型企业生命周期中前移金融服务。

（7）实施"首贷户"培育工程

聚焦我市重点产业领域,筛选挖掘有潜力、有市场但尚未获得银行贷款的小微企业,引导银行机构将首贷户拓展指标纳入内部考核体系,加大考核权重,提高不良容忍度。金融监管部门将银行机构首贷户拓展工作情况纳入小微企业金融服务监管评价。鼓励各区开展线上＋线下联动的"首贷户"培育计划。对于符合条件的科技型中小微企业,市科技创新委按规定给予贴保贴息支持。

3. 引导风投创投支持科技

（1）培育发展风投创投产业集群

进一步完善创业投资发展的法治环境,优化风投创投行业的市场准入和治理机制。深入实施促进风投创投高质量发展政策,鼓励各区根据实际情况设立、参与天使投资引导基金、种子引导基金。扩大外商投资股权投资企业(QFLP)试点,深化合格境内投资者境外投资(QDIE)试点。依托福田区香蜜湖产融创新上市加速器及香蜜湖国际风投创投街区、前海深港风投创投集聚区等建设契机,聚集国际国内知名风投创投机构,形成创新资本加速聚集新高地。充分利用河套深港科技创新合作区、前海深港现代服务业合作区等跨境金融优势,促进深港风投创投联动发展。

(2)优化"募投管退"全链条发展

支持保险资金、家族财富公司、产业链龙头企业等社会资本参与创业投资,鼓励保险资金依法依规扩大股权投资比例。积极争取国家级、省级产业基金的配套资源,打造全产业链的产业集群发展生态。鼓励社会资本设立私募股权二级市场基金(S基金)。推动开展私募股权和创业投资份额转让试点,拓宽行业退出渠道。

(3)创新产融对接机制

通过"深圳创投日"等品牌活动,建立联通风投创投机构与科技创新项目的对接机制,完善一体化的创业投资项目服务体系。支持本市有条件的产业集团与风投创投机构对接,打通产业链创新成果转化渠道。引导风投创投机构重点支持我市"20+8"产业集群,加强与河套深港科技创新合作区、光明科学城、西丽湖国际科教城、大运深港国际科教城、石岩湖科教城以及深圳高新区等重点区域合作,支持鹏城实验室、深圳湾实验室、国家第三代半导体技术创新中心、国家5G中高频器件创新中心、高性能医疗器械创新中心等创新平台的科技成果转化落地。

4. 强化资本市场枢纽功能

(1)建设优质创新资本中心和世界一流交易所

支持深圳证券交易所建设更加包容高效的创新支持市场体系,全面实行股票发行注册制,持续完善创业板注册制试点安排,优化创新企业境内发行上市制度,完善创新企业上市培育体系。支持深圳证券交易所塑造高水平创新资本循环机制,完善再融资、并购重组和减持等基础制度,畅通多元化退出渠道,推动更多长期资金入市。支持深圳证券交易所塑造具有创新市场特色的全球资产配置平台,建设高质量的固定收益产品、交易型开放式指数基金(ETF)、衍生品、不动产投资信托基金(REITs)板块,构建具有全球影响力的指数体系。

（2）建设科技成果和知识产权交易中心

支持将科技成果和知识产权交易中心建设成为连接技术市场与资本市场的全国性综合服务平台，充分发挥资本市场风险共担、利益共享的机制优势和工具丰富、资源集聚的平台优势，打通科技成果转化的堵点，实现技术要素与资本要素的深度融合。打造科技成果转移转化全链条服务体系和科技创新要素市场化配置生态体系，为知识产权和科技成果产权交易、科技型企业投融资对接提供一站式服务。深化科技成果使用权、处置权和收益权改革，探索形成赋权形式、成果评价、收益分配等制度，打造为科研人员科技成果确权和转化的平台。突出科技引领，打造贯通交易前、中、后全流程的智能化科技成果产权综合服务平台。

（3）实施"星耀鹏城"上市培育行动计划

深入推进企业上市发展"星耀鹏城"行动，打造具有深圳特色的地方上市培育品牌工程，搭建企业上市一站式服务平台。强化企业上市培训辅导，实施企业上市梯度培育，充分发挥深证中小企业服务中心等平台作用，整合资源为拟上市企业赋能。完善企业上市协调机制，进一步加大协调服务力度，切实解决上市前有关问题。建立企业上市数据库，不断完善数据库功能。支持科技型企业开展海外融资和境外并购业务，引进海外技术。

5. 加强平台智库服务支撑

（1）建设市级征信服务平台

打造地方性金融数据及征信服务基础设施平台，深度挖掘企业信用信息，推动政务数据面向金融场景的有序合规开放。推动地方征信平台与深i企、深圳创新创业金融服务平台高效联动，加快征信数据在金融服务场景应用落地，助力银行、债券市场风险识别，提升企业的金融服务效率。率先在前海深港现代服务业合作区开展跨境征信试点，探索深港征信互通。鼓励地方征信平台优化征信服务，为港澳青年在前海创新创业等提供融资服务支持。

（2）强化企业库对接服务

聚焦"专精特新""20＋8"产业集群和中小企业特色产业集群企业，建立早中期不同成长阶段的优质企业项目库，协调组织银行、保险、创投、地方金融组织等机构赴各区、各园区开展投融对接会。建立面向双创孵化专项债券及战略性新兴产业专项债券的募投项目库。建立企业项目库与市级征信服务平台、"深 i 企"、深圳市创业创新金融服务平台对接机制,优化重点企业综合服务。

（3）建立高水平的智库研究平台

整合产业部门、高等院校和专业机构等多方资源,搭建科创金融领域高水平智库研究平台,通过分类分册建立企业数据库、建立科创金融领域专家库、总结行业最佳实践案例等方式,及时跟踪研究科创产业发展的最新前沿。发挥深圳金融行业"百千万"人才培养工程作用,重点培育"科技＋金融"复合型人才。整合企业对技术创新的需求和高等院校课题组的研究优势,打通信息渠道,建立产学研融合体系。

二、发展科技保险

科技保险是指运用保险作为分散风险的手段,对科技企业或研发机构在研发、生产、销售、售后以及其他经营管理活动中,因各类现实面临的风险而导致科技企业或研发机构的财产损失、利润损失或科研经费损失等,以及其对股东、雇员或第三者的财产或人身造成现实伤害而应承担的各种民事赔偿责任,由保险公司给予保险赔偿或给付保险金的保险保障方式。

据不完全统计,目前我国已有数十个科技保险险种,覆盖科技企业产品研发、知识产权保护、贷款保证、关键研发人员健康和意外风险保障等多个方面。

鼓励保险资金对接科技企业融资,也是实现保险与科技共赢的重要环节。例如,根据 2023 年 9 月国家金融监督管理总局发布的《关于优化保险公司偿付能力监管标准的通知》可知,对于保险公司投资国家战略性新兴产业未上市公司股权,风险因子(即保险公司投资和经营业务的资本占用,下调风险因子,意味着保险公司可以进行更多投资)为 0.4;科技保险适用财产险风险因子计量最低资本,按照 90% 计算偿付能力充足率。

《深圳市关于金融支持科技创新的实施意见》提出充分发挥保险资金优势,加大对科技创新的资金支持。支持保险公司推广研发费用损失险等科技保险、发展专利保险等新型保险产品,鼓励保险机构推出、推广首台(套)重大技术装备综合保险、重点新材料首批次应用综合保险、软件首版次质量安全责任保险。鼓励符合条件的保险公司发展高新技术企业出口信用保险,持续优化线上投保关税保证保险。鼓励有条件的区开展科技保险风险补偿试点。研究将科技项目研发费用损失保险、专利保险、知识产权海外侵权保险、数据知识产权被侵权损失保险等纳入市级专项资金的支持范围。实施小额贷款保证保险补贴,对于通过小额贷款保证保险新发放的贷款,对银行机构按照实际发放贷款金额给予0.5%业务奖励,对保险公司按照实际承保贷款金额给予1%业务奖励。

第三节 推动创新链与人才链融合

一、人才工作国家政策

2018年2月,中共中央办公厅、国务院办公厅印发了《关于分类推进人才评价机制改革的指导意见》,提出改革科技人才评价制度。对主要从事基础研究的人才,着重评价其提出和解决重大科学问题的原创能力、成果的科学价值、学术水平和影响等。对主要从事应用研究和技术开发的人才,着重评价其技术创新与集成能力、取得的自主知识产权和重大技术突破、成果转化、对产业发展的实际贡献等。对从事社会公益研究、科技管理服务和实验技术的人才,重在评价考核工作绩效,引导其提高服务水平和技术支持能力。实行代表性成果评价,突出评价研究成果质量、原创价值和对经济社会发展实际贡献。改变片面将论文、专利、项目、经费数量等与科技人才评价直接挂钩的做法,建立并实施有利于科技人才潜心研究和创新的评价制度。注重个人评价与团队评价相结合。适应科技协同创新和跨学科、跨领域发展等特点,进一步完善科技创新团队评价办法,实行以合作解决重大科技问题为重点的整体性评价。对创新团队负责人以把握研究发展方向、学术造诣水平、组织协调和团队建设等为评价重点。尊重认可团队所有参与者的实际贡献,杜绝无实质贡献的虚假挂名。

2018年7月,中共中央办公厅、国务院办公厅印发了《关于深化项目评审、人才评价、机构评估改革的意见》,提出改进科技人才评价方式。统筹科技人才计划。建立人才项目申报查重及处理机制,防止人才申报违规行为,避免多个类似人才项目同时支持同一人才。针对不同支持对象科学设置科技人才计划,优化人才计划结构。科学设立人才评价指标。突出品德、能力、业绩导向,克服唯论文、唯职称、唯学历、唯奖项倾向,推行代表作评价制度,注重标志性成果的质量、贡献、影响。把学科领域活跃度和影响力、重要学术组织或期刊任职、研发成果原创性、成果转化效益、科技服务满意度等作为重要评价指标。在对社会公益性研究、应用技术开发等类型科研人才的评价中,SCI(科学引文索引)和核心期刊论文发表数量、论文引用榜单和影响因子排名等仅作为评价参考。引进海外人才要加强对其海外教育和科研经历的调查验证,不把教育、工作背景简单等同于科研水平。探索对特殊人才采取特殊评价标准。对承担国防重大工程任务的人才可采用针对性评价措施。树立正确的人才评价使用导向。不把人才荣誉性称号作为承担各类国家科技计划项目、获得国家科技奖励、职称评定、岗位聘用、薪酬待遇确定的限制性条件。强化用人单位人才评价主体地位。根据单位实际建立人才分类评价指标体系,突出岗位履职评价。不将论文、外语、专利、计算机水平作为应用型人才、基层一线人才职称评审的限制性条件。支持符合条件的高校、科研院所、医院、大型企业等单位自主开展职称评审。不简单以学术头衔、人才称号确定薪酬待遇、配置学术资源。

二、推动创新链与人才链融合

大力引进高层次人才。采取"人才 + 项目 + 资本"协同引才模式和"筑巢引凤、柔性引才"策略,柔性引进高端人才。支持企业建立院士工作站,在海外设立研发中心。鼓励企业引进海外工程师。完善人才评价和激励,开展"创业之星""创新之星"人才遴选。建立"企业评价 + 政府奖励"的人才激励机制。优化人才服务和培训。向高端人才发放"优才卡",对企业培训进行补贴。

要健全要素参与收入分配机制,激发劳动、知识、技术、管理、资本和数据等生产要素活力,更好体现知识、技术、人才的市场价值,营造鼓励创新、宽容失败的良好氛围。坚决"破四唯",把发明专利、科技成果转化情况等作为人才评价、职称评定的重要依据。根据企业纳税贡献等,为企业 CIO

等高管的子女就读优质中小学提供名额。建设或者征用一批青年公寓,低价出租给年轻人才,缓解购房压力。

第四节　厦门市海沧区"四链融合"
推进集成电路产业发展

2016 年以来,厦门市海沧区政府以打造"国际一流海湾城区"为目标,遵循"产业立区"的发展思路,把集成电路产业作为重点产业,积极融入国家集成电路产业战略部署,聚焦集成电路设计、先进封装测试、产品导向的特色工艺等重点领域,坚持政府政策引导,依托专业团队支撑,深化体制机制创新,推动产业链、创新链、金融链"三链融合",形成了具有区域特色的集成电路产业集群,在全国集成电路产业占据一席之地。2021 年 3 月 20 日,在我国集成电路行业最具影响力的中国集成电路创新联盟大会上,海沧区多家集成电路企业联手,以综合评分第一荣获"IC 创新奖"产业链合作奖,系福建企业首次获此殊荣。2021 年 6 月,在 2021 世界半导体大会上,海沧集成电路产业园获评"2020—2021 中国十大集成电路高质量发展特色园区",系福建唯一入选的园区。

一、坚持差异化发展,优化"产业链"布局

1. 坚持系统观念抓规划

坚持"有所为、有所不为"的差异化发展原则,厦门市海沧区政府制定了《厦门市集成电路产业发展规划海沧区实施方案》,明确了以产品导向的特色工艺、先进封装测试和集成电路设计产业的发展方向,重点布局以特色工艺技术路线为主的集成电路产业链,在 MEMS(微机电系统)、功率器件、后道先进封装、载板等细分行业发挥比较优势,争取在功率器件、MEMS、第三代半导体、滤波器等领域打造全球重要的晶圆制造基地,在产片导向特色封装、高端封装载板领域打造全球主要研发和生产基地。

2. 破解行业短板创优势

针对我国集成电路行业在 IC 驱动芯片封装、功率半导体元器件、高端

载板、柔性载板等方面的发展短板,坚持以特色工艺技术路线为主,在后道先进封装、载板产业链布局凸显海沧区的后发优势,在保集成电路产业链、供应链稳定方面作出了贡献。例如,通富先进封测项目补上了厦门乃至东南沿海集成电路产业关键一环,填补了我国 IC 驱动芯片封装的空白;士兰微电子 12 英寸特色工艺芯片生产线是我国具有自主核心技术的首条 12 英寸功率器件和 MEMS 传感器芯片制造产线(车规级),极大缓解了国内功率半导体元器件紧缺局面;金柏科技柔性载板、安捷利美维封装载板及类载板项目打破了我国大陆在高端载板、柔性载板等领域长期依赖日本、韩国和中国台湾省的局面。

3. 打造特色园区建集群

厦门市海沧区政府打造了 4.4 万 m^2 的集成电路设计产业园,面向 5G、汽车电子等重点领域,引进射频前端(滤波器等)、光电、MEMS 传感器芯片和存储器主控等设计类项目,目前已入驻企业近 40 家。建设 3.22 km^2 的集成电路制造产业园,重点引进先进封装、载板、功率器件等制造类项目,目前已引进 12 个集成电路制造类项目。海沧半导体产业基地于 2021 年底正式开园,成为国内首个成规模的集成电路中试厂房园区,可以为集成电路设计企业、SiP(系统级封装)公共技术平台、先进封装测试、晶圆制造、半导体、泛半导体装备等中小企业提供中试服务。

二、坚持专业化服务,激活"创新链"潜能

1. 搭平台

针对集成电路企业的共性需求,厦门市海沧区政府建设了一批集成电路产业公共技术服务平台。通过为当地集成电路企业提供专业的服务支撑,构建海沧区集成电路产业生态圈。例如,与清华大学微电子所团队共建基于 RISC-V 的 SoC 处理器内核开发平台与 SiP 公共技术服务平台,为当地集成电路设计企业提供优质 SiP 先进系统封装服务;与龙芯共建国产化信息技术生态体验与适配中心,为全国半导体企业提供从芯片设计到先进封装、高端载板和终端应用的一站式服务;与深圳 ICC 合作共建海沧基地 EDA 设计服务公共平台,提供涵盖集成电路设计、制造、封装和测试的全流程服务;与中国科学院微电子研究所、清华大学微电子学研究所、厦门大学、福州大学等在产业合作、人才培养、技术支撑等方面签订合作协议，为落户海沧的集成电路企业提供专业化服务。2020 年 7 月，与厦门大学共建集成电路特色工艺与先进封装产教融合平台，成为厦门大学国家集成电路产教融合创新平台的子平台之一。

2. 重协同

厦门市海沧区政府积极促进集成电路企业之间开展技术合作，推动集成电路产业链上下游协同发展。通过协同创新，解决了一批"卡脖子"技术。例如，随着滤波器芯片越来越小型化，传统的 CSP 封装成本和加工难度逐步上升。云天半导体公司基于在双层膜晶圆级三维封装的技术积累，与开元通信公司联合开发了新型滤波器晶圆级三维封装技术，不仅大幅降低了小尺寸滤波器的封装成本，而且提升了器件性能，实现器件小型化。这两个公司开辟了国内射频前端滤波器产品产业链合作新模式，打破了美日对射频滤波器芯片的长期垄断，解决了我国手机厂商对滤波器芯片的进口依赖问题，提升了我国 5G 产业竞争力。

3. 聚人才

厦门市海沧区政府非常重视引进和培养集成电路产业的领军人物、复合型人才等高端人才。例如，引进中科院微电子所组建厦门半导体投资集团。根据集成电路产业发展需求和行业特点，制定了《引进与培育集成电路产业人才暂行办法》《关于进一步加强集成电路产业人才引进培育的若干意见》等政策文件。结合各类人才计划，采取了人才住房补贴、工作津贴等 18 项 30 条优惠措施，对集成电路产业人才实现从"工作到生活"的全方位保障。例如，配套投入单身公寓、套房等 1 000 多套职工公寓，供集成电路人才拎包入住。与华中师范大学附属中小学开展合作办学，满足集成电路人才子女教育需求。目前，海沧区已审核通过各类人才扶持资金约 1.4 亿元，集聚集成电路产业人才 3 000 多人。

三、坚持精准化扶持，强化"金融链"支撑

1. 深化国资管理体制改革

厦门市海沧区政府组建了厦门半导体投资集团，并授权该集团按照公司治理结构建立适合市场化运营、专业化管理的产业投资决策机制,区财政、国资部门在履行好财政资金、国资监管职责的前提下不过多干预。针对集成电路产业高投入、高风险的特点,在招商引资、项目选择、投资决策方面,坚持"让专业的人做专业的事",赋予专业团队"一票否决权",有效避免了政府部门因专业能力不足带来的错误决策风险。建立"一事一议"制度,对超出权限范围内的集成电路产业投资项目,先由厦门半导体投资集团提出专业的分析评估意见,再由海沧区委区政府集体研究决定。截至2021 年 6 月底,厦门半导体投资集团累计投资 29 个项目,投资总额 67.66亿元,带动社会资本投资 95.38 亿元。目前,厦门半导体投资集团持有股权价值为 86.68 亿元,浮盈 60.56 亿元。

2. 创新专项资金管理方式

针对集成电路行业的特殊性、复杂性,参照市场基金管理模式,厦门市海沧区政府制定了《海沧区集成电路产业发展专项资金暂行管理办法》,在专项资金的运作方式、投资收益奖励机制、境外投资(并购)、参与股票定增等方面探索新机制。专项资金以注资厦门半导体投资集团的方式,重点投资集成电路产业链及重点应用领域种子期、创业期、发展期的企业或项目,优先支持符合海沧集成电路产业发展方向的重大项目、关键产品及具有引领带动作用的企业或项目。

3. 强化政策资金配套保障

近年来,厦门市海沧区政府出台了一系列集成电路产业扶持政策。例如,制定了《扶持集成电路产业发展办法》,针对企业流片、IP 采购等给予科研补助;针对企业销售成长给予税收奖励;针对企业运营成本给予租金减免、水电补助等奖励;针对企业融资上市给予资金奖励。针对重点项目,采取"一事一议"方式与企业签订合作协议。目前,已累计投入产业扶持资金 2.49 亿元。注重加强与国家开发银行的合作,截至 2021 年 5 月底,通富微电子先进封测、士兰微电子 12 英寸特色工艺芯片生产线等项目获得国家开发银行长期低息贷款 40 亿元。

第四章

发展『四新经济』

"四新经济"是新技术、新产业、新业态、新模式经济的简称，是在新一代信息技术、新工业革命以及制造业与服务业融合发展的背景下，以现代信息技术广泛嵌入和深化应用为基础，以技术创新、应用创新、模式创新为内核并相互融合的新型经济形态。"四新"经济是分别从经济活动性质、服务业载体形态、要素组合模式等方面，对新出现经济活动的总体描述。目前，山东、广东、安徽等地都在积极地发展"四新经济"。

第一节　新　技　术

新技术是指以移动互联、云计算、大数据、物联网、移动支付等现代信息技术的创新和应用为基础，其他相关新技术迅速向其靠拢，并集成了可植入技术、无人驾驶、3D打印、基因测序等一大批颠覆性创新的技术体系。新技术具备可以推广或者实现替代的特点，且能够迅速形成市场力量、产生较为显著的经济效益或社会效益。

一、新一代信息技术

目前，人类已经历了以电子计算机为核心的第一次信息技术革命和以互联网为核心的第二次信息技术革命，正迎来以物联网、云计算、大数据、人工智能、3D打印、5G、区块链、量子科技、虚拟现实、元宇宙等新一代信息技术为核心的第三次信息技术革命。近年来,这些新一代信息技术在党政机关、企事业单位以及各行各业得到越来越广泛的应用。

发展新一代信息技术产业将在本书第十章第四节详细介绍,此处不予展开。

二、合成生物技术

合成生物是指通过构建生物功能元件、装置和系统,对细胞或生命体进行遗传学设计、改造,使其拥有满足人类需求的生物功能,甚至创造新的生物系统。合成生物技术属于颠覆性技术,被誉为"第三次生物科学革命"。它不仅打破了非生命物质和生命物质之间的界限,"自下而上"构筑生命活动,而且革新了生命科学研究模式,从读取自然生命信息发展到改写人工生命信息。人们可以利用合成的遗传因子构建新的生物体,在卫生健康、工业、农业、环保、化工等领域具有广阔的应用前景,如更有效的疫苗生产、新药和改进药物、生物制造、可以检测有毒化学物质的生物传感器。据麦肯锡预测,全球70%的产品都可以用合成生物法生产。

1. 国外合成生物学研究和产业发展情况

全球合成生物学快速发展。2006年以来,合成生物学从单一生物部件设计发展到对多种基本部件和模块进行整合,构建人工细胞行为实现药物、功能材料与能源替代品的大规模生产。以微生物细胞工厂为核心,建立"原料输入—菌株培育—发酵控制—提取纯化—产品输出"的工艺路线。

美国在合成生物领域领先全球。2008年,美国史密斯等人创造了世界上首个完全由人工化学合成、组装的细菌基因组。后来,他们又将该基因组转入 Mycoplasma genitalium 宿主细胞中,获得了具有生存能力的新菌株。2010年,美国文特研究所克雷格·文特带领的研究小组成功创造了一个新的细菌物种——辛西娅(Synthia)。2018年,美国商务部对技术出口加强管控,合成生物是限制出口的重点技术。

合成生物市场规模不断扩大。全球合成生物市场规模从2018年的53亿美元增长到2023年的170多亿美元,年均增长27%。预计到2028年,全球合成生物市场规模将达到近500亿美元。

2. 国内合成生物学研究和产业发展情况

合成生物学研究引起重视。科技部的2021年度国家重点研发计划把合成生物学列为重点专项,支持合成生物学基础研究。北京大学、中山大学等高校以及中科院深圳先进技术研究院等科研院所积极开展合成生物学研究。

我国合成生物产业处于起步阶段。2022年5月,国家发展改革委印发了《"十四五"生物经济发展规划》,提出推动合成生物学技术创新。近年来,我国涌现出凯赛生物、华恒生物、华熙生物、弈柯莱生物、蓝晶微生物、恩和生物、酶赛生物、合生基因、丰原生物、博雅基因、传奇生物、泓迅科技、森瑞斯生物、鑫飞生物等一批合成生物企业,主要分布在北京、上海、深圳、杭州、南京、苏州、合肥等地。其中凯赛生物、华恒生物、华熙生物为上市公司。凯赛生物主要产品包括可用于生物基聚酰胺生产的单体原料——系列生物法长链二元酸和生物基戊二胺及系列生物基聚酰胺等相关产品。华恒生物主要从事氨基酸及其衍生物产品研发、生产和销售。华熙生物主要聚焦在功能糖、蛋白质、多肽、氨基酸、核苷酸、天然活性化合物等生物活性物开发和产业化应用。

3. 我国合成生物产业发展对策

（1）强化科技创新

加强合成生物基础理论研究和核心技术攻关,加大基础研究投入,组建跨学科的研究团队。重点发展合成生物底层技术、定量合成生物技术等,加强生物制造菌种计算设计、高通量筛选、高效表达、精准调控等关键技术攻关,发展更高效、更精准、更智能的基因改造和基因组精准合成与重排技术,开发亚细胞结构设计、构建和拓展工具,探索无细胞体系与人造膜系统的生物功能设计与构建技术、先进合成生物学分析技术等,研究多尺度白箱定量理论。深化大数据、人工智能等新一代信息技术在合成生物学领域的应用,实现合成生物设计、构建、测试和学习一体化。推进合成生物领域的创新基础设施建设,建设一批国家重点实验室、国家工程技术研究中心,培育一批新型研发机构,打造一批国家级合成生物技术创新平台。加强合成生物领域的知识产权保护,促进合成生物科技成果转移转化。

（2）深化技术应用

推动合成生物技术在卫生健康、化工、农业、食品、环保、新能源和新材料等领域的应用。在卫生健康行业,利用 mRNA 技术人工合成疫苗,利用基因编辑技术治疗遗传疾病,设计细胞行为和表型精确调控的免疫细胞治疗肿瘤,改造微生物和合成人工噬菌体来治疗疾病,改造微生物生产医疗耗材和药物成。在化工行业,利用改造后的酵母或其他微生物生产化学品、材料和油类,通过定向进化结合高通量筛选寻找在高温高酸等特殊场景拥有高活性的酶。在农业领域,利用基因编辑技术改良作物,提高农业育种水平。在食品行业,研发"人造蛋白"等新型食品,通过微生物来生产香料、甜味蛋白和甜味剂,通过设计和改造酶来中和毒素。探索环境污染的生物治理。发展可再生的生物燃料。

(3)优化发展环境

一是加强统筹协调。建立合成生物部际联席会议制度,加强发改、科技、卫生健康、中医药、农业农村、市场监管、教育等部门沟通和协调,避免政出多门,推进成生物研发、生产、应用、监管、产业化、进出口、人才培养等一体化。推动"政产学研金服用"协同,形成推动合成生物产业发展的合力。二是加快人才培养。支持有关高校加强合成生物专业和学科建设,培养创新型人才。与企业联合建立实训基地,培养实用型人才。三是加大资金投入。完善合成生物产业的内资风投、创投和科技金融体系,支持有关企业融资和加大研发投入。

三、新材料技术

新材料技术是按照人的意志,通过物理研究、材料设计、材料加工、试验评价等一系列研究过程,创造出能满足各种需要的新型材料的技术。

新材料按材料的属性划分,有金属材料、无机非金属材料(如陶瓷、砷化镓半导体等)、有机高分子材料、先进复合材料四大类。

按材料的使用性能划分,有结构材料和功能材料。结构材料主要是利用材料的力学和理化性能,以满足高强度、高刚度、高硬度、耐高温、耐磨、耐蚀、抗辐照等性能要求;功能材料主要是利用材料具有的电、磁、声、光热等效应,以实现某种功能,如半导体材料、磁性材料、光敏材料、热敏材料、隐身材料和制造原子弹、氢弹的核材料等。

纳米材料是指其结构单元的尺寸介于 $1 \sim 100$ 纳米范围之间。由于它的尺寸已经接近电子的相干长度,它的性质因为强相干所带来的自组织使得性质发生很大变化。并且,其尺度已接近光的波长,加上其具有大表面的特殊效应,因此其所表现的特性,例如熔点、磁性、光学、导热、导电特性等,往往不同于该物质在整体状态时所表现的性质。

石墨烯具有优异的光学、电学、力学特性,在材料学、微纳加工、能源、生物医学和药物传递等方面具有重要的应用前景,被认为是一种未来革命性的材料。

新材料在国防建设上作用重大。例如,超纯硅、砷化镓研制成功,促使大规模和超大规模集成电路的诞生,使计算机运算速度从每秒几十万次提高到每秒百亿次以上;航空发动机材料的工作温度每提高100℃,推力可增大24%;隐身材料能吸收电磁波或降低武器装备的红外辐射,使敌方探测系统难以发现。

第二节　新　产　业

新产业是指运用新的科技成果产生或延伸出具有一定规模的新型产业,主要包括战略性新兴产业和未来产业。

一般来说,新产业具体有三种表现形式:一是新技术直接催生新的产业;二是运用新成果、新技术改造提升传统产业,延伸出的新产业;三是将新的科技成果、信息技术等推广应用,推动产业分化裂变、升级换代、跨界融合而衍生出的新产业。

一、战略性新兴产业

战略性新兴产业是以重大技术突破和重大发展需求为基础,对经济社会全局和长远发展具有引领带动作用,知识技术密集、物质资源消耗少、成长潜力大、综合效益好的先进产业。它代表新一轮科技革命和产业变革的方向,是培育发展新动能、获取未来竞争新优势的关键领域。

《国民经济和社会发展第十四个五年规划和2035年远景目标纲要》提出聚焦新一代信息技术、生物技术、新能源、新材料、高端装备、新能源汽车、绿色环保以及航空航天、海洋装备等战略性新兴产业,加快关键核心技术创新应用,增强要素保障能力,培育壮大产业发展新动能。推动生物技术和信息技术融合创新,加快发展生物医药、生物育种、生物材料、生物能源等产业,做大做强生物经济。深化北斗系统推广应用,推动北斗产业高质量发展。深入推进国家战略性新兴产业集群发展工程,健全产业集群组织管理和专业化推进机制,建设创新和公共服务综合体,构建一批各具特色、优势互补、结构合理的战略性新兴产业增长引擎。鼓励技术创新和企业兼并重组,防止低水平重复建设。发挥产业投资基金引导作用,加大融资担保和风险补偿力度。

2020 年 9 月,国家发展改革委、科技部、工业和信息化部、财政部联合印发了《关于扩大战略性新兴产业投资培育壮大新增长点增长极的指导意见》,确定了重点产业投资领域。

（1）新一代信息技术产业

加大 5G 建设投资,加快 5G 商用发展步伐,将各级政府机关、企事业单位、公共机构优先向基站建设开放,研究推动将 5G 基站纳入商业楼宇、居民住宅建设规范。加快基础材料、关键芯片、高端元器件、新型显示器件、关键软件等核心技术攻关,大力推动重点工程和重大项目建设,积极扩大合理有效投资。稳步推进工业互联网、人工智能、物联网、车联网、大数据、云计算、区块链等技术集成创新和融合应用。加快推进基于信息化、数字化、智能化的新型城市基础设施建设。围绕智慧广电、媒体融合、5G 广播、智慧水利、智慧港口、智慧物流、智慧市政、智慧社区、智慧家政、智慧旅游、在线消费、在线教育、医疗健康等成长潜力大的新兴方向,实施中小企业数字化赋能专项行动,推动中小微企业"上云用数赋智",培育形成一批支柱性产业。实施数字乡村发展战略,加快补全农村互联网基础设施短板,加强数字乡村产业体系建设,鼓励开发满足农民生产生活需求的信息化产品和应用,发展农村互联网新业态新模式。实施"互联网＋"农产品出村进城工程,推进农业农村大数据中心和重要农产品全产业链大数据建设,加快农业全产业链的数字化转型。

（2）生物产业

加快推动创新疫苗、体外诊断与检测试剂、抗体药物等产业重大工程和项目落实落地,鼓励疫苗品种及工艺升级换代。系统规划国家生物安全风险防控和治理体系建设,加大生物安全与应急领域投资,加强国家生物制品检验检定创新平台建设,支持遗传细胞与遗传育种技术研发中心、合成生物技术创新中心、生物药技术创新中心建设,促进生物技术健康发展。改革完善中药审评审批机制,促进中药新药研发和产业发展。实施生物技术惠民工程,为自主创新药品、医疗装备等产品创造市场。

（3）高端装备制造产业

重点支持工业机器人、建筑、医疗等特种机器人、高端仪器仪表、轨道交通装备、高档五轴数控机床、节能异步牵引电动机、高端医疗装备和制药装备、航空航天装备、海洋工程装备及高技术船舶等高端装备生产,实施智能制造、智能建造试点示范。研发推广城市市政基础设施运维、农业生产专用传感器、智能装备、自动化系统和管理平台,建设一批创新中心和示范基地、试点县。鼓励龙头企业建设"互联网＋"协同制造示范工厂,建立高标准工业互联网平台。

（4）新材料产业

围绕保障大飞机、微电子制造、深海采矿等重点领域产业链供应链稳定,加快在光刻胶、高纯靶材、高温合金、高性能纤维材料、高强高导耐热材料、耐腐蚀材料、大尺寸硅片、电子封装材料等领域实现突破。实施新材料创新发展行动计划,提升稀土、钒钛、钨钼、锂、铷铯、石墨等特色资源在开采、冶炼、深加工等环节的技术水平,加快拓展石墨烯、纳米材料等在光电子、航空装备、新能源、生物医药等领域的应用。

（5）新能源产业

聚焦新能源装备制造"卡脖子"问题,加快主轴承、IGBT、控制系统、高压直流海底电缆等核心技术部件研发。加快突破风光水储互补、先进燃料电池、高效储能与海洋能发电等新能源电力技术瓶颈,建设智能电网、微电网、分布式能源、新型储能、制氢加氢设施、燃料电池系统等基础设施网络。提升先进燃煤发电、核能、非常规油气勘探开发等基础设施网络的数字化、智能化水平。大力开展综合能源服务,推动源网荷储协同互动,有条件的地区开展秸秆能源化利用。

（6）智能及新能源汽车产业

开展公共领域车辆全面电动化城市示范，提高城市公交、出租、环卫、城市物流配送等领域车辆电动化比例。加快新能源汽车充/换电站建设，提升高速公路服务区和公共停车位的快速充/换电站覆盖率。实施智能网联汽车道路测试和示范应用，加大车联网车路协同基础设施建设力度，加快智能汽车特定场景应用和产业化发展。支持建设一批自动驾驶运营大数据中心。以支撑智能汽车应用和改善出行为切入点，建设城市道路、建筑、公共设施融合感知体系，打造基于城市信息模型（CIM）、融合城市动态和静态数据于一体的"车城网"平台，推动智能汽车与智慧城市协同发展。

（7）节能环保产业

实施城市绿色发展综合示范工程，支持有条件的地区结合城市更新和城镇老旧小区改造，开展城市生态环境改善和小区内建筑节能节水改造及相关设施改造提升，推广节水效益分享等合同节水管理典型模式，鼓励创新发展合同节水管理商业模式，推动节水服务产业发展。开展共用物流集装化体系示范，实现仓储物流标准化周转箱高效循环利用。组织开展多式联运示范工程建设。发展智慧农业，推进农业生产环境自动监测、生产过程智能管理。试点在超大城市建立基于人工智能与区块链技术的生态环境新型治理体系。探索开展环境综合治理托管、生态环境导向的开发（EOD）模式等环境治理模式创新，提升环境治理服务水平，推动环保产业持续发展。加大节能、节水环保装备产业和海水淡化产业培育力度，加快先进技术装备示范和推广应用。实施绿色消费示范，鼓励绿色出行、绿色商场、绿色饭店、绿色电商等绿色流通主体加快发展。积极推行绿色建造，加快推动智能建造与建筑工业化协同发展，大力发展钢结构建筑，提高资源利用效率，大幅降低能耗、物耗和水耗水平。

（8）数字创意产业

鼓励数字创意产业与生产制造、文化教育、旅游体育、健康医疗与养老、智慧农业等领域融合发展，激发市场消费活力。建设一批数字创意产业集群，加强数字内容供给和技术装备研发平台，打造高水平直播和短视频基地、一流电竞中心、高沉浸式产品体验展示中心,提供 VR 旅游、AR 营销、数字文博馆、创意设计、智慧广电、智能体育等多元化消费体验。发展高清电视、超高清电视和 5G 高新视频,发挥网络视听平台和产业园区融合集聚作用,贯通内容生产传播价值链和电子信息设备产业链,联动线上线下文化娱乐和综合信息消费,构建新时代大视听全产业链市场发展格局。

二、未来产业

未来产业是指当前尚处于孕育孵化阶段的具有高成长性、战略性、先导性的产业,包括量子通信产业、量子计算产业、卫星互联网产业、元宇宙产业等。

《国民经济和社会发展第十四个五年规划和 2035 年远景目标纲要》提出前瞻谋划未来产业。在类脑智能、量子信息、基因技术、未来网络、深海空天开发、氢能与储能等前沿科技和产业变革领域,组织实施未来产业孵化与加速计划,谋划布局一批未来产业。在科教资源优势突出、产业基础雄厚的地区,布局一批国家未来产业技术研究院,加强前沿技术多路径探索、交叉融合和颠覆性技术供给。实施产业跨界融合示范工程,打造未来技术应用场景,加速形成若干未来产业。

2024 年 1 月,工业和信息化部、教育部、科技部、交通运输部、文化和旅游部、国务院国资委、中国科学院等七部门联合印发了《关于推动未来产业创新发展的实施意见》,提出重点推进未来制造、未来信息、未来材料、未来能源、未来空间和未来健康六大方向产业发展。

（1）未来制造

发展智能制造、生物制造、纳米制造、激光制造、循环制造,突破智能控制、智能传感、模拟仿真等关键核心技术,推广柔性制造、共享制造等模式,推动工业互联网、工业元宇宙等发展。

（2）未来信息

推动下一代移动通信、卫星互联网、量子信息等技术产业化应用,加快量子、光子等计算技术创新突破,加速类脑智能、群体智能、大模型等深度赋能,加速培育智能产业。

（3）未来材料

推动有色金属、化工、无机非金属等先进基础材料升级,发展高性能碳纤维、先进半导体等关键战略材料,加快超导材料等前沿新材料创新应用。

（4）未来能源

聚焦核能、核聚变、氢能、生物质能等重点领域,打造"采集—存储—运输—应用"全链条的未来能源装备体系。研发新型晶硅太阳能电池、薄膜太阳能电池等高效太阳能电池及相关电子专用设备,加快发展新型储能,推动能源电子产业融合升级。

（5）未来空间

聚焦空天、深海、深地等领域,研制载人航天、探月探火、卫星导航、临空无人系统、先进高效航空器等高端装备,加快深海潜水器、深海作业装备、深海搜救探测设备、深海智能无人平台等研制及创新应用,推动深地资源探采、城市地下空间开发利用、极地探测与作业等领域装备研制。

（6）未来健康

加快细胞和基因技术、合成生物、生物育种等前沿技术产业化,推动5G/6G、元宇宙、人工智能等技术赋能新型医疗服务,研发融合数字孪生、脑机交互等先进技术的高端医疗装备和健康用品。

《关于推动未来产业创新发展的实施意见》提出打造一批创新标志性产品:

（1）人形机器人

突破机器人高转矩密度伺服电机、高动态运动规划与控制、仿生感知与认知、智能灵巧手、电子皮肤等核心技术,重点推进智能制造、家庭服务、特殊环境作业等领域产品的研制及应用。

（2）量子计算机

加强可容错通用量子计算技术研发,提升物理硬件指标和算法纠错性能,推动量子软件、量子云平台协同布置,发挥量子计算的优越性,探索向垂直行业应用渗透。

（3）新型显示

加快量子点显示、全息显示等研究，突破 Micro‒LED、激光、印刷等显示技术并实现规模化应用，实现无障碍、全柔性、3D 立体等显示效果，加快在智能终端、智能网联汽车、远程连接、文化内容呈现等场景中推广。

（4）脑机接口

突破脑机融合、类脑芯片、大脑计算神经模型等关键技术和核心器件，研制一批易用安全的脑机接口产品，鼓励探索在医疗康复、无人驾驶、虚拟现实等典型领域的应用。

（5）6G 网络设备

开展先进无线通信、新型网络架构、跨域融合、空天地一体、网络与数据安全等技术研究，研制无线关键技术概念样机，形成以全息通信、数字孪生等为代表的特色应用。

（6）超大规模新型智算中心

加快突破 GPU 芯片、集群低时延互连网络、异构资源管理等技术，建设超大规模智算中心，满足大模型迭代训练和应用推理需求。

（7）第三代互联网

推动第三代互联网在数据交易所应用试点，探索利用区块链技术打通重点行业及领域各主体平台数据，研究第三代互联网数字身份认证体系，建立数据治理和交易流通机制，形成可复制可推广的典型案例。

（8）高端文旅装备

研发支撑文化娱乐创作的专用及配套软件，推进演艺与游乐先进装备、水陆空旅游高端装备、沉浸式体验设施、智慧旅游系统及检测监测平台的研制，发展智能化、高端化、成套化文旅设备。

（9）先进高效航空装备

围绕下一代大飞机发展，突破新型布局、智能驾驶、互联航电、多电系统、开式转子混合动力发动机等核心技术。推进超声速、超高效亚声速、新能源客机等先进概念研究。围绕未来智慧空中交通需求，加快电动垂直起降航空器、智能高效航空物流装备等研制及应用。

（10）深部资源勘探开发装备

围绕深部作业需求，以超深层智能钻机工程样机、深海油气水下生产系统、深海多金属结核采矿车等高端资源勘探开发装备为牵引，推动一系列关键技术攻关。

第三节 新 业 态

新业态是指顺应多元化、多样化、个性化的产品或服务需求，依托技术创新和应用，从现有产业和领域中衍生叠加出的新环节、新链条、新活动形态，如数字消费、能源互联网等。新业态的具体表现包括三个方面：一是以互联网为依托开展的经营活动；二是商业流程、服务模式或产品形态的创新；三是提供更加灵活、快捷的个性化服务。

一、数字消费

2023 年 7 月，国务院办公厅转发了国家发展改革委制定的《关于恢复和扩大消费的措施》，提出壮大数字消费。推进数字消费基础设施建设，丰富第五代移动通信(5G)网络和千兆光网应用场景。加快传统消费数字化转型，促进电子商务、直播经济、在线文娱等数字消费规范发展。支持线上线下商品消费融合发展，提升网上购物节质量水平。发展即时零售、智慧商店等新零售业态。鼓励数字技术企业搭建面向生活服务的数字化平台，推进数字生活智能化，打造数字消费业态、智能化沉浸式服务体验。加强移动支付等安全监管。升级信息消费，促进信息消费体验中心建设改造，提升信息消费示范城市建设水平，高质量举办信息消费系列特色活动，推动新一代信息技术与更多消费领域融合应用。

二、能源互联网

能源互联网是一种互联网与能源生产、传输、存储、消费以及能源市场深度融合的能源产业发展新形态，具有设备智能、多能协同、信息对称、供需分散、系统扁平、交易开放等主要特征。

在全球新一轮科技革命和产业变革中,互联网理念、先进信息技术与能源产业深度融合,正在推动能源互联网新技术、新模式和新业态的兴起。能源互联网是推动我国能源革命的重要战略支撑,对提高可再生能源比重,促进化石能源清洁高效利用,提升能源综合效率,推动能源市场开放和产业升级,形成新的经济增长点,提升能源国际合作水平具有重要意义。

2016年2月,国家发展改革委、国家能源局、工业和信息化部联合印发了《关于推进"互联网+"智慧能源发展的指导意见》,提出加强能源互联网基础设施建设,建设能源生产消费的智能化体系、多能协同综合能源网络、与能源系统协同的信息通信基础设施。营造开放共享的能源互联网生态体系,建立新型能源市场交易体系和商业运营平台,发展分布式能源、储能和电动汽车应用、智慧用能和增值服务、绿色能源灵活交易、能源大数据服务应用等新模式和新业态。推动能源互联网关键技术攻关、核心设备研发和标准体系建设,促进能源互联网技术、标准和模式的国际应用与合作。

第四节　新　模　式

新模式是指以市场需求为中心,为实现用户价值和企业持续盈利目标,对企业经营的各种内外要素进行整合和重组,形成高效并具有独特竞争力的商业运行模式。新模式的具体表现为三种形式:一是将互联网与产业创新融合;二是把硬件融入服务;三是提供生产、消费、娱乐、休闲、服务等一站式全链条服务。新模式是新的经济发展方式,包括共享经济、平台经济等。

一、共享经济

共享经济分为生活类共享经济和生产类共享经济。其中,生活类共享经济包括共享单车、共享汽车、共享民宿等;生产类共享经济包括共享工厂、产能设备、科研仪器、备品备件、办公场所、物流、检验检测、运维等共享。

共享制造是共享经济在生产制造领域的应用创新,是围绕生产制造各环节,运用共享理念将分散、闲置的生产资源集聚起来,弹性匹配、动态共享给需求方的新模式新业态。发展共享制造,是顺应新一代信息技术与制造业融合发展趋势、培育壮大新动能的必然要求,是优化资源配置、提升产出效率、促进制造业高质量发展的重要举措。

2019年10月,工业和信息化部印发了《关于加快培育共享制造新模式新业态　促进制造业高质量发展的指导意见》,提出加快形成以制造能力共享为重点,以创新能力、服务能力共享为支撑的协同发展格局。

（1）制造能力共享

聚焦加工制造能力的共享创新,重点发展汇聚生产设备、专用工具、生产线等制造资源的共享平台,发展多工厂协同的共享制造服务,发展集聚中小企业共性制造需求的共享工厂,发展以租代售、按需使用的设备共享服务。

（2）创新能力共享

围绕中小企业、创业企业灵活多样且低成本的创新需求,发展汇聚社会多元化智力资源的产品设计与开发能力共享,扩展科研仪器设备与实验能力共享。

（3）服务能力共享

围绕物流仓储、产品检测、设备维护、验货验厂、供应链管理、数据存储与分析等企业普遍存在的共性服务需求,整合海量社会服务资源,探索发展集约化、智能化、个性化的服务能力共享。

建议地方政府有序发展网络预约出租车、共享单车、共享民宿以及家政服务和办公空间共享、旧物交换利用、知识技能共享、教育资源共享等生活类共享经济,积极发展产能设备共享、科研仪器共享、备品备件共享等生产类共享经济。制定财税、金融、办公场所、政府购买服务等方面的共享经济扶持政策,激发基于互联网的大众消费需求,支持共享经济模式创新。

二、平台经济

在互联网时代,要强化平台思维,善于找平台、建平台、用平台,在更高层次、更大空间整合行业资源和发展要素。

2021年12月,国家发展改革委、国家市场监管总局、中央网信办、工业和信息化部、人力资源和社会保障部、农业农村部、商务部、中国人民银行、国家税务总局联合印发了《关于推动平台经济规范健康持续发展的若干意见》。

1. 优化发展环境

（1）降低平台经济参与者经营成本

持续推进平台经济相关市场主体登记注册便利化、规范化,支持省级人民政府按照相关要求,统筹开展住所与经营场所分离登记试点。进一步清理和规范各地于法无据、擅自扩权的平台经济准入等规章制度。完善互联网市场准入禁止许可目录。引导平台企业合理确定支付结算、平台佣金等服务费用,给予优质小微商户一定的流量扶持。平台服务收费应质价相符、公平合理,应与平台内经营者平等协商、充分沟通,不得损害公平竞争秩序。

（2）建立有序开放的平台生态

推动平台企业间合作,构建兼容开放的生态圈,激发平台企业活力,培育平台经济发展新动能。倡导公平竞争、包容发展、开放创新,平台应依法依规有序推进生态开放,按照统一规则公平对外提供服务,不得恶意不兼容,或设置不合理的程序要求。平台运营者不得利用数据、流量、技术、市场、资本优势,限制其他平台和应用独立运行。推动制定云平台间系统迁移和互联互通标准,加快业务和数据互联互通。

（3）加强新就业形态劳动者权益保障

落实网约配送员、网约车驾驶员等新就业形态劳动者权益保障相关政策措施。完善新就业形态劳动者与平台企业、用工合作企业之间的劳动关系认定标准,探索明确不完全符合确立劳动关系情形的认定标准,合理确定企业与劳动者的权利义务。引导平台企业加强与新就业形态劳动者之间的协商,合理制定订单分配、计件单价、抽成比例等直接涉及劳动者权益的制度和算法规则,并公开发布,保证制度规则公开透明。健全最低工资和支付保障制度,保障新就业形态劳动者获得合理劳动报酬。开展平台灵活就业人员职业伤害保障试点,探索用工企业购买商业保险等机制。实施全民参保计划,促进新就业形态劳动者参加社会保险。加强对新就业形态劳动者的安全意识、法律意识培训。

2. 增强创新发展能力

（1）支持平台加强技术创新

引导平台企业进一步发挥平台的市场和数据优势,积极开展科技创新,提升核心竞争力。鼓励平台企业不断提高研发投入强度,加快人工智能、云计算、区块链、操作系统、处理器等领域的技术研发突破。鼓励平台企业加快数字化绿色化融合技术创新研发和应用,助推构建零碳产业链和供应链。营造良好技术创新政策环境,进一步健全适应平台企业创新发展的知识产权保护制度。支持有实力的龙头企业或平台企业牵头组建创新联合体,围绕工业互联网底层架构、工业软件根技术、人工智能开放创新、公共算法集、区块链底层技术等领域,推进关键软件技术攻关。

（2）提升全球化发展水平

支持平台企业推动数字产品与服务"走出去",增强国际化发展能力,提升国际竞争力。积极参与跨境数据流动、数字经济税收等相关国际规则制定,参与反垄断、反不正当竞争国际协调,充分发挥自由贸易试验区、自由贸易港先行先试作用,推动构建互利共赢的国际经贸规则,为平台企业国际化发展营造良好环境。培育知识产权、商事协调、法律顾问等专业化中介服务,试点探索便捷的司法协调、投资保护和救济机制,强化海外知识产权风险预警、维权援助、纠纷调解等工作机制,保护我国平台企业和经营者在海外的合法权益。鼓励平台企业发展跨境电商,积极推动海外仓建设,提升数字化、智能化、便利化水平,推动中小企业依托跨境电商平台拓展国际市场。积极推动境外经贸合作区建设,培育仓储、物流、支付、通关、结汇等跨境电商产业链和生态圈。

（3）鼓励平台企业开展模式创新

鼓励平台企业在依法依规前提下,充分利用技术、人才、资金、渠道、数据等方面优势,发挥创新引领的关键作用,推动"互联网＋"向更大范围、更深层次、更高效率方向发展。鼓励基于平台的要素融合创新,加强行业数据采集、分析挖掘、综合利用,试点推进重点行业数据要素市场化进程,发挥数据要素对土地、劳动、资本等其他生产要素的放大、叠加、倍增作用。试点探索"所有权与使用权分离"的资源共享新模式,盘活云平台、开发工具、车间厂房等方面闲置资源,培育共享经济新业态。鼓励平台企业开展创新业务众包,更多向中小企业开放和共享资源。

3. 赋能经济转型发展

(1)赋能制造业转型升级

支持平台企业依托市场、数据优势,赋能生产制造环节,发展按需生产、以销定产、个性化定制等新型制造模式。鼓励平台企业加强与行业龙头企业合作,提升企业一体化数字化生产运营能力,推进供应链数字化、智能化升级,带动传统行业整体数字化转型。探索推动平台企业与产业集群合作,补齐区域产业转型发展短板,推动提升区域产业竞争力。引导平台企业积极参与工业互联网创新发展工程,开展关键技术攻关、公共平台培育,推动构建多层次、系统化的工业互联网平台体系。深入实施普惠性"上云用数赋智"行动,支持中小企业从数据上云逐步向管理上云、业务上云升级。实施中小企业数字化赋能专项行动,鼓励推广传统产业数字化、绿色化、智能化优秀实践。

(2)推动农业数字化转型

鼓励平台企业创新发展智慧农业,推动种植业、畜牧业、渔业等领域数字化,提升农业生产、加工、销售、物流等产业链各环节数字化水平,健全农产品质量追溯体系,以品牌化、可追溯化助力实现农产品优质优价。规范平台企业农产品和农资交易行为,采购、销售的农产品、农兽药残留不得超标,不采购、销售质量不合格农资,切实保障产品质量安全,支持有机认证农产品采购、销售。引导平台企业在农村布局,加快农村电子商务发展,推进"互联网+"农产品出村进城。进一步引导平台经济赋能"三农"发展,加快推动农村信用信息体系建设,以数字化手段创新金融支持农业农村方式,培育全面推进乡村振兴新动能。

(3)提升平台消费创造能力

鼓励平台企业拓展"互联网+"消费场景,提供高质量产品和服务,促进智能家居、虚拟现实、超高清视频终端等智能产品普及应用,发展智能导购、智能补货、虚拟化体验等新兴零售方式,推动远程医疗、网上办公、知识分享等应用。引导平台企业开展品牌消费、品质消费等网上促销活动,培育消费新增长点。鼓励平台企业助力优化公共服务,提升医疗、社保、就业等服务领域的普惠化、便捷化、个性化水平。鼓励平台企业提供无障碍服务,增强老年人、残疾人等特殊群体享受智能化产品和服务的便捷性。引导平台企业开展数字帮扶,促进数字技术和数字素养提升。

　　地方政府可以结合当地重点产业建设和培育云计算平台、产业互联网平台、工业互联网平台、供应链协同平台、B2B 电商平台等生产性服务平台,推动中小微企业"上云上平台"。

第五章

推动国家级高新区高质量发展

经过 30 多年的发展,国家高新技术产业开发区(以下简称"国家级高新区")已经成为我国实施创新驱动发展战略的重要载体,在转变发展方式、优化产业结构、增强国际竞争力等方面发挥了重要作用,走出了一条具有中国特色的高新技术产业化道路。

第一节 国家级高新区与创新驱动发展战略

一、国家级高新区概况

国家高新技术产业开发区是在一些知识与技术密集的大中城市和沿海地区建立的发展高新技术的产业开发区。国家级高新区以智力密集和开放环境条件为依托,主要依靠国内的科技和经济实力,充分吸收和借鉴国外科技资源、资金和管理手段,通过实施高新技术产业的优惠政策和各项改革措施,实现软硬环境的局部优化,最大限度地把科技成果转化为现实生产力而建立起来的集中区域。1988 年国务院开始批准建立国家高新技术产业开发区(表 5-1)。

截至 2023 年 11 月,国家高新技术产业开发区总数达 178 家,依托 66 家国家高新区建设了 23 家国家自主创新示范区。2022 年,国家高新区生产总值达到 17.3 万亿元,创造了全国 14.3%的 GDP,贡献了全国 13.6%的税收。

表 5-1 全国各省、自治区、直辖市国家级高新区一览表

省 份	高新区名称
北京市	中关村科技园区
天津市	天津滨海高新区
河北省	石家庄高新区、保定高新区、唐山高新区、燕郊高新区、承德高新区
山西省	太原高新区、长治高新区
内蒙古自治区	包头稀土高新区、呼和浩特金山高新区、鄂尔多斯高新区
辽宁省	沈阳高新区、大连高新技术产业园区、鞍山高新区、营口高新区、辽阳高新区、本溪高新区、阜新高新区、锦州高新区
吉林省	长春高新区、延吉高新区、吉林高新区、长春净月高新区、通化医药高新区
黑龙江省	哈尔滨高新区、大庆高新区、齐齐哈尔高新区
上海市	上海张江高新区、上海紫竹高新区
江苏省	南京高新区、苏州高新区、无锡高新区、常州高新区、泰州医药高新区、昆山高新区、江阴高新区、徐州高新区、武进高新区、南通高新区、镇江高新区、连云港高新区、盐城高新区、常熟高新区、扬州高新区、淮安高新区、宿迁高新区
浙江省	杭州高新区、宁波高新区、绍兴高新区、温州高新区、衢州高新区、萧山临江高新区、嘉兴秀洲高新区、湖州莫干山高新区
安徽省	合肥高新区、芜湖高新区、蚌埠高新区、马鞍山慈湖高新区、铜陵狮子山高新区、淮南高新区、滁州高新区、安庆高新区
福建省	福州高新区、厦门火炬高技术产业开发区、泉州高新区、莆田高新区、漳州高新区、三明高新区、龙岩高新区
江西省	南昌高新区、新余高新区、景德镇高新区、鹰潭高新区、抚州高新区、赣州高新区、吉安高新区、九江共青城高新区、宜春丰城高新区
山东省	济南高新区、威海火炬高技术产业开发区、青岛高新区、潍坊高新区、淄博高新区、济宁高新区、烟台高新区、临沂高新区、泰安高新区、枣庄高新区、莱芜高新区、德州高新区、黄河三角洲农业高新技术产业示范区
河南省	郑州高新区、洛阳高新区、安阳高新区、南阳高新区、新乡高新区、平顶山高新区、焦作高新区、信阳高新区、许昌高新区
湖北省	武汉东湖新技术开发区、襄阳高新区、宜昌高新区、孝感高新区、荆门高新区、随州高新区、仙桃高新区、咸宁高新区、黄冈高新区、荆州高新区、黄石大冶湖高新区、潜江高新区

（续表）

省　份	高新区名称
湖南省	长沙高新区、株洲高新区、湘潭高新区、益阳高新区、衡阳高新区、郴州高新区、常德高新区、怀化高新区、宁乡高新技术产业园区
广东省	广州高新区、深圳市高新技术产业园区、中山火炬高技术产业开发区、佛山高新区、惠州仲恺高新区、珠海高新区、东莞松山湖高新区、肇庆高新区、江门高新区、源城高新区、清远高新区、汕头高新区、湛江高新区、茂名高新区
广西壮族自治区	南宁高新区、桂林高新区、柳州高新区、北海高新区
海南省	海口高新区
重庆市	重庆高新区、璧山高新区、荣昌高新区、永川高新区
四川省	成都高新区、绵阳高新区、自贡高新区、乐山高新区、泸州高新区、攀枝花钒钛高新区、德阳高新区、内江高新区
贵州省	贵阳高新区、安顺高新区、遵义高新区
云南省	昆明高新区、玉溪高新区、楚雄高新区
陕西省	西安高新区、宝鸡高新区、杨凌农业高新技术产业示范区、渭南高新区、榆林高新区、咸阳高新区、安康高新区
甘肃省	兰州高新区、白银高新区
宁夏回族自治区	银川高新区、石嘴山高新区
青海省	青海高新区
新疆维吾尔自治区	乌鲁木齐高新区、昌吉高新区、石河子高新区、克拉玛依高新区、阿克苏阿拉尔高新区
西藏自治区	拉萨高新区

二、国家级高新区相关政策

2020 年 7 月，国务院印发了《关于促进国家高新技术产业开发区高质量发展的若干意见》，提出如下六个方面的主要任务和保障措施。

1. 着力提升自主创新能力

（1）大力集聚高端创新资源

国家高新区要面向国家战略和产业发展需求，通过支持设立分支机构、联合共建等方式，积极引入境内外高等学校、科研院所等创新资源。支持国家高新区以骨干企业为主体,联合高等学校、科研院所建设市场化运行的高水平实验设施、创新基地。积极培育新型研发机构等产业技术创新组织。对符合条件纳入国家重点实验室、国家技术创新中心的,给予优先支持。

(2) 吸引培育一流创新人才

支持国家高新区面向全球招才引智。支持园区内骨干企业等与高等学校共建共管现代产业学院,培养高端人才。在国家高新区内企业工作的境外高端人才,经市级以上人民政府科技行政部门(外国人来华工作管理部门)批准,申请工作许可的年龄可放宽至 65 岁。国家高新区内企业邀请的外籍高层次管理和专业技术人才,可按规定申办多年多次的相应签证;在园区内企业工作的外国人才,可按规定申办 5 年以内的居留许可。对在国内重点高等学校获得本科以上学历的优秀留学生以及国际知名高校毕业的外国学生,在国家高新区从事创新创业活动的,提供办理居留许可便利。

(3) 加强关键核心技术创新和成果转移转化

国家高新区要加大基础和应用研究投入,加强关键共性技术、前沿引领技术、现代工程技术、颠覆性技术联合攻关和产业化应用,推动技术创新、标准化、知识产权和产业化深度融合。支持国家高新区内相关单位承担国家和地方科技计划项目,支持重大创新成果在园区落地转化并实现产品化、产业化。支持在国家高新区内建设科技成果中试工程化服务平台,并探索风险分担机制。探索职务科技成果所有权改革。加强专业化技术转移机构和技术成果交易平台建设,培育科技咨询师、技术经纪人等专业人才。

2. 进一步激发企业创新发展活力

(1) 支持高新技术企业发展壮大

引导国家高新区内企业进一步加大研发投入,建立健全研发和知识产权管理体系,加强商标品牌建设,提升创新能力。建立健全政策协调联动机制,落实好研发费用加计扣除、高新技术企业所得税减免、小微企业普惠性税收减免等政策。持续扩大高新技术企业数量,培育一批具有国际竞争力的创新型企业。进一步发挥高新区的发展潜力,培育一批独角兽企业。

（2）积极培育科技型中小企业

支持科技人员携带科技成果在国家高新区内创新创业，通过众创、众包、众扶、众筹等途径，孵化和培育科技型创业团队和初创企业。扩大首购、订购等非招标方式的应用，加大对科技型中小企业重大创新技术、产品和服务采购力度。将科技型中小企业培育孵化情况列入国家高新区高质量发展评价指标体系。

（3）加强对科技创新创业的服务支持

强化科技资源开放和共享，鼓励园区内各类主体加强开放式创新，围绕优势专业领域建设专业化众创空间和科技企业孵化器。发展研究开发、技术转移、检验检测认证、创业孵化、知识产权、科技咨询等科技服务机构，提升专业化服务能力。继续支持国家高新区打造科技资源支撑型、高端人才引领型等创新创业特色载体，完善园区创新创业基础设施。

3. 推进产业迈向中高端

（1）大力培育发展新兴产业

加强战略前沿领域部署，实施一批引领型重大项目和新技术应用示范工程，构建多元化应用场景，发展新技术、新产品、新业态、新模式。推动数字经济、平台经济、智能经济和分享经济持续壮大发展，引领新旧动能转换。引导企业广泛应用新技术、新工艺、新材料、新设备，推进互联网、大数据、人工智能同实体经济深度融合，促进产业向智能化、高端化、绿色化发展。探索实行包容审慎的新兴产业市场准入和行业监管模式。

（2）做大做强特色主导产业

国家高新区要立足区域资源禀赋和本地基础条件，发挥比较优势，因地制宜、因园施策，聚焦特色主导产业，加强区域内创新资源配置和产业发展统筹，优先布局相关重大产业项目，推动形成集聚效应和品牌优势，做大做强特色主导产业，避免趋同化。发挥主导产业战略引领作用，带动关联产业协同发展，形成各具特色的产业生态。支持以领军企业为龙头，以产业链关键产品、创新链关键技术为核心，推动建立专利导航产业发展工作机制，集成大中小企业、研发和服务机构等，加强资源高效配置，培育若干世界级创新型产业集群。

4. 加大开放创新力度

（1）推动区域协同发展

支持国家高新区发挥区域创新的重要节点作用，更好服务于京津冀协同发展、长江经济带发展、粤港澳大湾区建设、长三角一体化发展、黄河流域生态保护和高质量发展等国家重大区域发展战略实施。鼓励东部国家高新区按照市场导向原则，加强与中西部国家高新区对口合作和交流。探索异地孵化、飞地经济、伙伴园区等多种合作机制。

（2）打造区域创新增长极

鼓励以国家高新区为主体整合或托管区位相邻、产业互补的省级高新区或各类工业园区等，打造更多集中连片、协同互补、联合发展的创新共同体。支持符合条件的地区依托国家高新区按相关规定程序申请设立综合保税区。支持国家高新区跨区域配置创新要素，提升周边区域市场主体活力，深化区域经济和科技一体化发展。鼓励有条件的地方整合国家高新区资源，打造国家自主创新示范区，在更高层次探索创新驱动发展新路径。

（3）融入全球创新体系

面向未来发展和国际市场竞争，在符合国际规则和通行惯例的前提下，支持国家高新区通过共建海外创新中心、海外创业基地和国际合作园区等方式，加强与国际创新产业高地联动发展，加快引进集聚国际高端创新资源，深度融合国际产业链、供应链、价值链。服务园区内企业"走出去"，参与国际标准和规则制定，拓展新兴市场。鼓励国家高新区开展多种形式的国际园区合作，支持国家高新区与"一带一路"沿线国家开展人才交流、技术交流和跨境协作。

5. 营造高质量发展环境

（1）深化管理体制机制改革

建立授权事项清单制度，赋予国家高新区相应的科技创新、产业促进、人才引进、市场准入、项目审批、财政金融等省级和市级经济管理权限。建立国家高新区与省级有关部门直通车制度。优化内部管理架构，实行扁平化管理，整合归并内设机构，实行大部门制，合理配置内设机构职能。鼓励有条件的国家高新区探索岗位管理制度，实行聘用制，并建立完善符合实际的分配激励和考核机制。支持国家高新区探索新型治理模式。

（2）优化营商环境

进一步深化"放管服"改革，加快国家高新区投资项目审批改革，实行企业投资项目承诺制、容缺受理制，减少不必要的行政干预和审批备案事项。进一步深化商事制度改革，放宽市场准入，简化审批程序，加快推进企业简易注销登记改革。在国家高新区复制推广自由贸易试验区、国家自主创新示范区等相关改革试点政策，加强创新政策先行先试。

（3）加强金融服务

鼓励商业银行在国家高新区设立科技支行。支持金融机构在国家高新区开展知识产权投融资服务，支持开展知识产权质押融资，开发完善知识产权保险，落实首台（套）重大技术装备保险等相关政策。大力发展市场化股权投资基金。引导创业投资、私募股权、并购基金等社会资本支持高成长企业发展。鼓励金融机构创新投贷联动模式，积极探索开展多样化的科技金融服务。创新国有资本创投管理机制，允许园区内符合条件的国有创投企业建立跟投机制。支持国家高新区内高成长企业利用科创板等多层次资本市场挂牌上市。支持符合条件的国家高新区开发建设主体上市融资。

（4）优化土地资源配置

强化国家高新区建设用地开发利用强度、投资强度、人均用地指标整体控制，提高平均容积率，促进园区紧凑发展。符合条件的国家高新区可以申请扩大区域范围和面积。省级人民政府在安排土地利用年度计划时，应统筹考虑国家高新区用地需求，优先安排创新创业平台建设用地。鼓励支持国家高新区加快消化批而未供土地，处置闲置土地。鼓励地方人民政府在国家高新区推行支持新产业、新业态发展用地政策，依法依规利用集体经营性建设用地，建设创新创业等产业载体。

（5）建设绿色生态园区

支持国家高新区创建国家生态工业示范园区，严格控制高污染、高耗能、高排放企业入驻。加大国家高新区绿色发展的指标权重。加快产城融合发展，鼓励各类社会主体在国家高新区投资建设信息化等基础设施，加强与市政建设接轨,完善科研、教育、医疗、文化等公共服务设施,推进安全、绿色、智慧科技园区建设。

6. 加强分类指导和组织管理

（1）加强组织领导

坚持党对国家高新区工作的统一领导。国务院科技行政部门要会同有关部门,做好国家高新区规划引导、布局优化和政策支持等相关工作。省级人民政府要将国家高新区作为实施创新驱动发展战略的重要载体,加强对省内国家高新区规划建设、产业发展和创新资源配置的统筹。所在地市级人民政府要切实承担国家高新区建设的主体责任,加强国家高新区领导班子配备和干部队伍建设,并给予国家高新区充分的财政、土地等政策保障。加强分类指导,坚持高质量发展标准,根据不同地区、不同阶段、不同发展基础和创新资源等情况,对符合条件、有优势、有特色的省级高新区加快"以升促建"。

（2）强化动态管理

制定国家高新区高质量发展评价指标体系,突出研发经费投入、成果转移转化、创新创业质量、科技型企业培育发展、经济运行效率、产业竞争能力、单位产出能耗等内容。加强国家高新区数据统计、运行监测和绩效评价。建立国家高新区动态管理机制,对评价考核结果好的国家高新区予以通报表扬,统筹各类资金、政策等加大支持力度;对评价考核结果较差的通过约谈、通报等方式予以警告;对整改不力的予以撤销,退出国家高新区序列。

第二节　国家级高新区评价指标体系

2021 年 4 月,科技部发布了修订之后的《国家高新技术产业开发区综合评价指标体系》,包括创新能力和创业活跃度、结构优化和产业价值链、绿色发展和宜居包容性、开放创新和国际竞争力、综合质效和持续创新力等 5 个一级指标,46 个二级指标,如表 5-2 所示。

表 5-2　国家级高新区综合评价指标体系

一级指标	二级指标	赋权
创新能力 和创业 活跃度 20%	1.1　国家级和省级研发机构数	0.8
	1.2　从业人员中研发人员全时当量数占比	1.2
	1.3　研发经费内部支出占营业收入比例	1.2
	1.4　每万人当年发明专利授权数	1.2
	1.5　当年每千万元研发经费支出的发明专利申请数	1.2
	1.6　国家级创业服务机构数	0.8
	1.7　当年新注册企业数	0.8
	1.8　当年登记入信息库的科技型中小企业数 *	0.8
	1.9　当年孵化器、加速器和大学科技园内新增在孵企业数	0.8
	1.10　园区管委会营造创新创业环境及发展导向符合国家总体 　　　要求评价	1.2
结构优化 和产业 价值链 20%	2.1　营业收入中高技术服务业营收占比	1.0
	2.2　从业人员中本科及以上学历人员占比	1.2
	2.3　人均技术合同成交额	1.0
	2.4　当年净增营业收入	0.8
	2.5　企业利润率	1.0
	2.6　当年净增高新技术企业数 *	0.8
	2.7　当年获得风险投资的企业数	0.8
	2.8　企业每 100 亿元营业收入所含有效发明专利数和注册商 　　　标数	1.0
	2.9　企业增加值率	1.2
	2.10　园区推动产业技术创新、自立自强、保证供应链自主可控 　　　的政策措施和成效评价	1.2
绿色发展 和宜居 包容性 15%	3.1　单位增加值综合能耗 *	1.2
	3.2　园区二氧化碳排放量增长率	1.0
	3.3　园区总绿地率	1.2
	3.4　园区各级医院和各类学校数	0.8

（续表）

一级指标	二级指标	赋权
绿色发展和宜居包容性 15%	3.5　当年净增从业人员数	0.8
	3.6　单位增加值中从业人员工资性收入占比	1.0
	3.7　从业人员平均月工资性收入与当地每平方米房价的比例	1.0
	3.8　园区管委会当年可支配财力	0.8
	3.9　园区促进产城融合、以人为本、共享发展与生态环保、绿色发展、引领示范作用评价	1.2
开放创新和国际竞争力 15%	4.1　设立境外研发机构（含境外孵化器）的内资控股企业数	0.8
	4.2　企业引进技术、消化吸收再创新和境内外产学研合作经费支出总额占营业收入比例	1.2
	4.3　当年获得境外注册商标或境外发明专利授权的内资控股企业数	0.8
	4.4　当年新增主导制定国际标准的内资控股企业数	0.8
	4.5　出口总额中技术服务出口占比*	1.0
	4.6　营业收入中高新技术企业出口总额占比	1.2
	4.7　从业人员中外籍常驻人员和留学归国人员占比	1.2
综合质效和持续创新力 30%	5.1　园区全口径增加值占所在城市 GDP 比例	1.0
	5.2　全员劳动生产率的增长率	1.2
	5.3　当年内部研发投入强度达 5%企业的营收合计占营业收入比例	1.2
	5.4　营业收入中数字产业相关企业营收合计占比	1.0
	5.5　当年新晋高成长（瞪羚企业）企业数	0.8
	5.6　当年在境内外上市（不含新三板）企业数*	0.8
	5.7　当年内部研发投入强度达 5%且营业收入超 5 亿元的企业数	0.8
	5.8　拥有国家级研发机构的企业数	0.8
	5.9　园区抓党建守规矩、权责健全、体制机制创新、先行先试以及依法施政、严管安全生产、建设平安社区评价	1.2
	5.10　园区参与评价所报数据和相关材料的及时性、准确性以及重视火炬统计工作的评价	1.2

2023 年 5 月,科技部火炬中心发布了国家级高新区的综合评价结果,下文介绍几个有代表性的创新示范区。

1. 中关村国家自主创新示范区

中关村国家自主创新示范区在 1988 年由国务院批复成立,是我国第一个国家级高新技术开发区,占地面积 488 平方千米。2023 年 1—11 月,中关村规模(限额)以上重点企业实现总收入 72 811.9 亿元,同比增长 2.6%;技术收入 18 611.2 亿元,同比增长 33.1%;产品销售收入 14 204.6 亿元,同比下降 2.5%;研究开发人员合计 65.0 万人,同比下降 2.1%;研究开发费用合计 3 460.5 亿元,同比增长 2.2%。

2. 苏州工业园区

苏州工业园区位于苏州市城东,1994 年 2 月经国务院批准设立,面积 278 平方千米(其中中新合作区 80 平方千米),是中国和新加坡两国政府间的重要合作项目,被誉为"中国改革开放的重要窗口"和"国际合作的成功范例"。

根据科技部火炬中心发布的国家级高新区的综合评价结果,苏州工业园区在一级指标"开放创新和国际竞争力"位居全国第一,"创新能力和创业活跃度""绿色发展和宜居包容性"位居全国第三。

2023 年,苏州工业园区实现地区生产总值(GDP)3 686 亿元,增长 5.9%;一般公共预算收入 411.1 亿元,增长 6.1%;进出口总额 6 069.7 亿元,实际使用外资 19.51 亿美元。

2023 年,苏州工业园区紧抓省委、市委支持建设开放创新的世界一流高科技园区战略机遇,持续加大创新平台建设、重点指标攻坚、新兴产业培育力度,生物医药、纳米技术应用、人工智能产业能级不断提升,2023 年分别实现产值 1 523 亿元、1 557 亿元、1 006 亿元。截至 2023 年底,累计有效期内国家高新技术企业近 2 800 家,累计培育独角兽及准独角兽(培育)企业 218 家,科技创新型企业超万家。累计评审苏州工业园区科技领军人才项目 2 991 个。累计建成各类科技载体超 1 000 万平方米、公共技术服务平台 40 多个。

3. 杭州高新区

杭州高新区集聚了杭州 60% 以上、浙江省 25% 以上的高新技术企业，入驻企业约 5 000 家，涌现出了如阿里巴巴、士兰微电子、恒生电子、信雅达等一批高新技术企业。

2023 年，杭州高新区实现 GDP 2 467.9 亿元，同比增长 8%，总量杭州第三、增速杭州第二。数字经济核心产业增加值占杭州高新区 GDP 的比重高达 75.6%。产学研专项资金超过 9 亿元，全社会研发经费投入占 GDP 比重约 10%，排名浙江全省第一。高新产业、制造业投资分别增长 22.1%、20.5%（均含滨富、滨萧）；数字安防与网络通信、集成电路、机器人三大产业集群规模均居浙江全省第一。

4. 合肥高新区

根据科技部火炬中心发布的国家级高新区的综合评价结果，合肥高新区"开放创新和国际竞争力"排名全国第四，仅次于北京中关村、上海张江和苏州工业园区，"综合质效和持续创新力"排名全国第五，"创新能力和创业活跃度"排名全国第七，"结构优化和产业价值链"排名全国第八。

2023 年，合肥高新区一般公共预算收入 61.5 亿元、增长 14.6%，总量增速均全合肥市第一，全口径税收突破 300 亿元。规上工业亩均税 88.7 万元，为全市 2 倍、全省 4 倍以上。经济主体突破 10 万户，其中企业近 8 万户；新增上市公司 4 家，总数达 39 家、占全市 40%；22 家企业获全市首批总部企业认定，占全市 30%，位居第一。

"淘金计划"的实施让突破前沿性技术与颠覆性技术成为可能，合肥高新区赴全国各重点高校院所招引成果转化企业 60 家，占全市 1/3，其中高层次人才团队项目 40 个，获批全市科技招商试点园区。新增发明专利授权 4 517 件、增长 43.6%，累计有效发明专利达 1.7 万件、占全市 26%，获第 24 届中国专利奖 10 项、占全市一半。

2023 年，合肥高新区名校名企名所战略加速发力，全国首个国际先进技术应用推进中心揭牌，新落地新型研发机构 6 家，累计 43 家、占全省 30%；15 家企业获全省首批联合共建学科重点实验室，占全市 60%、全省 31%。

第三节 国家级高新区高质量发展对策

一、加快争先进位

建议拥有国家级高新区的地方政府对照《国家高新技术产业开发区综合评价指标体系》,强弱项、补短板。优化产业结构。实施"建链强链补链延链工程",完善国家级高新区产业链。推进创新创业。支持科技创新载体建设,培育一批国家级和省级科技孵化器、众创空间、双创基地。成立双创协会,完善创业培训、创业贷款、创业指导等配套服务。支持企业与高校共建双创基地,举办双创大赛,发掘优秀项目和人才。

二、建设高水平创新平台

建设产业技术平台。实施"一产业链一研究院"建设工程。面向当地重点产业链,与有关高校和科研院所合作,建设一批行业技术公共创新平台和新型研发机构。实施高端创新平台建设与培育工程,培育一批国家级和省级科技创新平台。聚焦当地重点产业链建设一批开放式创新平台,与外地高校、科研院所开展产学研合作。

三、增强企业创新能力

加强高新技术企业培育。完善"小升高—高壮大—规改股—股上市"高新技术企业成长机制。加强"专精特新"中小企业培育。开展"五小"(小革新、小发明、小改造、小设计、小建议)创新活动,培育一批"专精特新"企业。激发企业科技创新动力。把科技创新投入和产出作为制定惠企政策的主要依据,纳入国有企业考核体系,建立容错机制。加强知识产权保护。建立创新产品政府首购制度。增强企业科技创新能力。推动规上企业研发机构、研发活动全覆盖。建立中小企业"科技特派员"制度,聘请专家对工业、服务业领域的民营企业进行技术指导。

四、完善科技服务体系

支持当地高校、科研机构和科技企业设立技术转移部门。引进和培养一批技术经理人,为技术转移提供技术筛选、交易对接、专利评估等专业服务。推行"互联网+科技服务",消除科技创新成果供需之间的"信息不对称",促进科技成果转化。建立科技创新网,让企业发布技术和产品研发需求,通过悬赏等方式请技术专家帮助解决技术难题。让科技工作者发布科技创新成果,让潜在企业能够找到所需科技创新成果。建设创新云服务平台,建立科技成果电子交易平台,培育技术要素市场。

第六章

推进新型工业化

新型工业化道路是在总结世界各国工业化经验教训基础上,从我国国情出发,根据信息时代实现工业化的要求和有利条件提出的,对于加快我国工业化和现代化进程,将产生积极的推动作用。

第一节　什么是新型工业化

2002 年 11 月,党的十六大报告提出坚持以信息化带动工业化,以工业化促进信息化,走出一条科技含量高、经济效益好、资源消耗低、环境污染少、人力资源优势得到充分发挥的新型工业化路子。

所谓"科技含量高",就是要加快科技进步以及先进科技成果的推广应用,把经济发展建立在科技进步的基础上,提高科学技术在经济增长中的贡献率,特别要大力推进国民经济和社会信息化,并通过信息技术的广泛应用带动工业化在高起点上迅速发展。

所谓"经济效益好",就是要注重产品质量和适应市场变化,提高资金投入产出率,优化资源配置,降低生产成本。

所谓"资源消耗低、环境污染少",就是要大力提高能源、原材料利用效率,减少资源占用与消耗;要广泛推行清洁生产、文明生产方式,发展绿色产业、环保产业,加强环境和生态保护,使经济建设与生态环境建设相协调。

所谓"人力资源优势得到充分发挥",就是要提高劳动者素质和利用我国劳动力成本低廉的条件,提高经济竞争力,并妥善处理好工业化过程中提高生产率与扩大就业的关系,不断增加就业。

推进新型工业化是促进工业转型升级的必然要求,是推动制造业高质量发展的必然要求,是在工业领域培育和发展新质生产力的必然要求。

我国制造业已形成了世界规模最大、门类最齐全、体系最完整、国际竞争力较强的发展优势,成为科技成果转化的重要载体、吸纳就业的重要渠道、创造税收的重要来源、开展国际贸易的重要领域,为有效应对外部打压、世纪疫情冲击等提供了有力支撑,为促进经济稳定增长作出了重要贡献。石化化工、钢铁、有色、建材、机械、汽车、轻工、纺织等传统制造业增加值占全部制造业的比重近80%,是支撑国民经济发展和满足人民生活需要的重要基础。

与此同时,我国传统制造业"大而不强""全而不精"问题仍然突出,低端供给过剩和高端供给不足并存,创新能力不强、产业基础不牢,资源约束趋紧、要素成本上升,巩固提升竞争优势面临较大挑战,需加快推进新型工业化,推动质量变革、效率变革、动力变革,实现我国工业转型升级。

第二节　新型工业化国家政策

2023年12月28日,工业和信息化部、国家发展改革委、教育部、财政部、中国人民银行、国家税务总局、国家金融监管总局、中国证监会等八部门联合印发了《关于加快传统制造业转型升级的指导意见》。

1. 坚持创新驱动发展,加快迈向价值链中高端

(1)加快先进适用技术推广应用

鼓励以企业为主体,与高校、科研院所共建研发机构,加大研发投入,提高科技成果落地转化率。优化国家制造业创新中心、产业创新中心、国家工程研究中心等制造业领域国家级科技创新平台布局,鼓励面向传统制造业重点领域开展关键共性技术研究和产业化应用示范。完善科技成果信息发布和共享机制,制定先进技术转化应用目录,建设技术集成、熟化和工程化的中试和应用验证平台。

（2）持续优化产业结构

推动传统制造业优势领域锻长板，推进强链延链补链，加强新技术新产品创新迭代，完善产业生态，提升全产业链竞争优势。支持传统制造业深耕细分领域，孵化新技术、开拓新赛道、培育新产业。持续巩固"去产能"成果，依法依规淘汰落后产能，坚决遏制高耗能、高排放、低水平项目盲目上马。完善高耗能、高排放、低水平项目管理制度，科学细化项目管理目录，避免对传统制造业按行业"一刀切"。

（3）深入实施产业基础再造工程

支持企业聚焦基础零部件、基础元器件、基础材料、基础软件、基础工艺和产业技术基础等薄弱领域，加快攻关突破和产业化应用，强化传统制造业基础支撑体系。深化重点产品和工艺"一条龙"应用，强化需求和场景牵引，促进整机（系统）和基础产品技术互动发展，支持企业运用首台（套）装备、首批次材料、首版次软件实施技术改造，扩大创新产品应用市场。

（4）着力增品种提品质创品牌

聚焦消费升级需求和薄弱环节，大力开发智能家居、绿色建材、工艺美术、老年用品、婴童用品等领域新产品。推动供给和需求良性互动，增加高端产品供给，加快产品迭代升级，分级打造中国消费名品方阵。实施卓越质量工程，推动企业健全完善先进质量管理体系，提高质量管理能力，全面提升产品质量。加快企业品牌、产业品牌、区域品牌建设，持续保护老字号，打造一批具有国际竞争力的"中国制造"高端品牌。推动传统制造业标准提档升级，完善企业技术改造标准，用先进标准体系倒逼质量提升、产品升级。

2. 加快数字技术赋能，全面推动智能制造

（1）大力推进企业智改数转网联

立足不同产业特点和差异化需求，加快人工智能、大数据、云计算、5G、物联网等信息技术与制造全过程、全要素深度融合。支持生产设备数字化改造，推广应用新型传感、先进控制等智能部件，加快推动智能装备和软件更新替代。以场景化方式推动数字化车间和智能工厂建设，探索智能设计、生产、管理、服务模式，树立一批数字化转型的典型标杆。加快推动中小企业数字化转型,推动智改数转网联在中小企业先行先试。完善智能制造、两化融合、工业互联网等标准体系,加快推进数字化转型、智能制造等贯标,提升评估评价公共服务能力,加强工业控制系统和数据安全防护,构建发展良好生态。

(2)促进产业链供应链网络化协同

鼓励龙头企业共享解决方案和工具包,带动产业链上下游整体推进数字化转型,加强供应链数字化管理和产业链资源共享。推动工业互联网与重点产业链"链网协同"发展,充分发挥工业互联网标识解析体系和平台作用,支持构建数据驱动、精准匹配、可信交互的产业链协作模式,开展协同采购、协同制造、协同配送、产品溯源等应用,建设智慧产业链供应链。支持重点行业建设"产业大脑",汇聚行业数据资源,推广共性应用场景,服务全行业转型升级和治理能力提升。

(3)推动产业园区和集群整体改造升级

推动国家高新区、科技产业园区等升级数字基础设施,搭建公共服务平台,探索共享制造模式,实施整体数字化改造。以国家先进制造业集群为引领,推动产业集群数字化转型,促进资源在线化、产能柔性化和产业链协同化,提升综合竞争力。探索建设区域人工智能数据处理中心,提供海量数据处理、生成式人工智能工具开发等服务,促进人工智能赋能传统制造业。探索平台化、网络化等组织形式,发展跨物理边界虚拟园区和集群,构建虚实结合的产业数字化新生态。

3. 强化绿色低碳发展,深入实施节能降碳改造

(1)实施重点领域碳达峰行动

落实工业领域和有色、建材等重点行业碳达峰实施方案,完善工业节能管理制度,推进节能降碳技术改造。开展产能置换政策实施情况评估,完善跨区域产能置换机制,对能效高、碳排放低的技术改造项目,适当给予产能置换比例政策支持。积极发展应用非粮生物基材料等绿色低碳材料。建立健全碳排放核算体系,加快建立产品碳足迹管理体系,开展减污降碳协同创新和碳捕集、封存、综合利用工程试点示范。有序推进重点行业煤炭减量替代,合理引导工业用气增长,提升工业终端用能电气化水平。

（2）完善绿色制造和服务体系

引导企业实施绿色化改造，大力推行绿色设计，开发推广绿色产品，建设绿色工厂、绿色工业园区和绿色供应链。制修订一批低碳、节能、节水、资源综合利用、绿色制造等重点领域标准，促进资源节约和材料合理应用。积极培育绿色服务机构，提供绿色诊断、研发设计、集成应用、运营管理、评价认证、培训等服务。发展节能节水、先进环保、资源综合利用、再制造等绿色环保装备。强化绿色制造标杆引领，带动更多企业绿色化转型。

（3）推动资源高效循环利用

分类制定实施战略性资源产业发展方案，培育创建矿产资源高效开发利用示范基地和示范企业，加强共伴生矿产资源综合利用，提升原生资源利用水平。积极推广资源循环生产模式，大力发展废钢铁、废有色金属、废旧动力电池、废旧家电、废旧纺织品回收处理综合利用产业，推进再生资源高值化循环利用。推动粉煤灰、煤矸石等工业固废规模化综合利用，在工业固废集中产生区、煤炭主产区、基础原材料产业集聚区探索工业固废综合利用新模式。推进工业废水循环利用，提升工业水资源集约节约水平。

（4）强化重点行业本质安全

引导企业改造有毒、有害、非常温等生产作业环境，提高工作舒适度，通过技术改造改善安全生产条件。深化"工业互联网＋安全生产"，增强安全生产感知、监测、预警、处置和评估能力。加大安全应急装备在重点领域推广应用，在民爆等高危行业领域实施"机械化换人、自动化减人"。支持石化化工老旧装置综合技术改造，培育智慧化工园区，有序推进城镇人口密集区危险化学品生产企业搬迁改造和长江经济带沿江化工企业"搬改关"。

4. 推进产业融合互促，加速培育新业态新模式

（1）促进行业耦合发展

推进石化化工、钢铁、有色、建材、电力等产业耦合发展，推广钢化联产、炼化集成、资源协同利用等模式，推动行业间首尾相连、互为供需和生产装置互联互通，实现能源资源梯级利用和产业循环衔接。大力发展生物制造，增强核心菌种、高性能酶制剂等底层技术创新能力，提升分离纯化等先进技术装备水平，推动生物技术在食品、医药、化工等领域加快融合应用。支持新型功能性纤维在医疗、新能源等领域应用。搭建跨行业交流对接平台,深挖需求痛点,鼓励企业开展技术产品跨行业交叉应用,拓展技术产品价值空间,打造一批典型案例。

(2)发展服务型制造

促进传统制造业与现代服务业深度融合,培育推广个性化定制、共享制造、全生命周期管理、总集成总承包等新模式、新场景在传统制造业领域的应用深化。推动工业设计与传统制造业深度融合,促进设计优化和提升,创建一批国家级工业设计中心、工业设计研究院和行业性、专业性创意设计园区,推动仓储物流服务数字化、智能化、精准化发展,增强重大技术装备、新材料等领域检验检测服务能力,培育创新生产性金融服务,提升对传统制造业转型升级支撑水平。

(3)持续优化产业布局

支持老工业基地转型发展,加快产业结构调整,培育产业发展新动能。根据促进制造业有序转移的指导意见和制造业转移发展指导目录,充分发挥各地资源禀赋、产业基础优势,结合产业链配套需求等有序承接产业转移,提高承接转移承载力,差异化布局生产力。在传统制造业优势领域培育一批主导产业鲜明、市场竞争力强的先进制造业集群、中小企业特色产业集群。支持与共建"一带一路"国家开展国际产能合作,发挥中外中小企业合作区等载体作用,推动技术、装备、标准、服务等协同走出去。

5. 加大政策支持力度,营造良好发展环境

(1)加强组织领导

在国家制造强国建设领导小组领导下,加强战略谋划、统筹协调和重大问题研究,推动重大任务和重大政策加快落地。各地区各部门协同联动,鼓励分行业、分地区制定实施方案,细化工作举措、出台配套政策、抓好推进落实,形成一批优秀案例和典型经验。充分发挥行业协会等中介组织桥梁纽带作用,加强政策宣贯、行业监测、决策支撑和企业服务。

(2)加大财税支持

加大对制造业技术改造资金支持力度,以传统制造业为重点支持加快智改数转网联,统筹推动高端化、智能化、绿色化、融合化升级。落实税收优惠政策,支持制造业高质量发展。支持传统制造业企业参与高新技术企业、专精特新中小企业等培育和评定,按规定充分享受财政奖补等优惠政策。落实企业购置用于环保、节能节水、安全生产专用设备所得税抵免政策,引导企业加大软硬件设备投入。

(3) 强化金融服务

充分利用现有相关再贷款,为符合条件的传统制造业转型升级重点项目提供优惠利率资金支持。发挥国家产融合作平台、工业企业技术改造升级导向计划等政策作用,引导金融机构按照市场化、法治化原则加大对传统制造业转型升级的信贷支持,优化相关金融产品和服务。鼓励产业投资基金加大传统制造业股权投资支持力度。发挥多层次资本市场作用,支持符合条件的传统制造业企业通过股票、债券等多种融资方式进行技术改造或加大研发投入,通过并购重组实现转型升级。

(4) 扩大人才供给

优化传统制造业相关中职、高职专科、职业本科专业设置,全面实践中国特色学徒制,鼓励建立校企合作办学、培训、实习实训基地建设等长效机制,扩大高素质技术技能人才培养规模。实施"制造业人才支持计划",推进新工科建设,布局建设一批未来技术学院、现代产业学院、专业特色学院,建设"国家卓越工程师实践基地",面向传统制造业领域培养一批数字化转型人才、先进制造技术人才、先进基础工艺人才和具有突出技术创新能力、善于解决复杂工程问题的工程师队伍。

2024 年 3 月 7 日,国务院印发了《推动大规模设备更新和消费品以旧换新行动方案》,提出围绕推进新型工业化,以节能降碳、超低排放、安全生产、数字化转型、智能化升级为重要方向,聚焦钢铁、有色、石化、化工、建材、电力、机械、航空、船舶、轻纺、电子等重点行业,大力推动生产设备、用能设备、发输配电设备等更新和技术改造。推广应用智能制造设备和软件,加快工业互联网建设和普及应用,培育数字经济赋智赋能新模式。

2024 年 4 月 7 日,中国人民银行宣布设立科技创新和技术改造再贷款,额度 5 000 亿元,利率 1.75%,期限 1 年,可展期 2 次,每次展期期限 1 年,发放对象包括国家开发银行、政策性银行、国有商业银行、中国邮政储蓄银行、股份制商业银行等 21 家金融机构,旨在激励引导金融机构加大对科技型中小企业、重点领域技术改造和设备更新项目的金融支持力度。

第三节　如何推进新型工业化

一、推动产业高端化、智能化、绿色化

（1）推动制造业向高端化升级

聚焦当地重点产业，鼓励企业加强科技创新，采用先进技术和先进工艺，提高产品的技术含量和附加值，努力占据中高端市场。

（2）推动制造业向智能化拓展

实施智能制造工程，打造一批智能制造标杆企业。聚焦当地重点产业，加快构建"产业大脑＋未来工厂"的智能制造模式。支持规上工业企业开展智能化技术改造，建设以智能工厂、智慧车间为代表的未来工厂。分行业、分重点、分步骤推进智能制造，着力发展智能化装备和智能化产品。推动物联网、云计算、大数据、人工智能、5G、区块链、元宇宙等信息技术与工业制造全过程、全要素深度融合，提高研发设计、生产制造、经营管理和市场营销等关键环节智能化水平，形成智能设计、生产、管理、服务模式。支持企业申报国家级智能制造示范工厂等。

（2）推动制造业向绿色化转型

以信息化推进工业企业节能减排，培育一批绿色工业企业。鼓励工业企业在厂房屋顶进行太阳能光伏发电，推进能源管理中心信息化建设，提高能源利用率。引导工业企业采用伺服电机替代传统电机，采用智能电表替代传统电表，运用物联网技术对工业企业能耗进行实时监测，建设能源管理系统，实现系统性节能降耗。鼓励大型工业企业建立集数据报送、综合管理、统计分析等功能于一身的节能减排综合管理信息系统，开展能耗和污染物排放统计、监测和分析。推广智能储能系统、自动关灯系统，降低工业企业用电成本。创建一批绿色工厂、绿色园区，培育一批省级绿色工业企业。实施绿色发展能级提升行动。根据产业需求，科学布局必备工艺环节的集中区域。在重点产业园区开展"区域环评＋环境标准"改革试点工作，对已完成区域规划环评及审查的平台，其负面清单外的项目环评可

降低一个等级管理。推行"区域能评 + 区块能耗标准"改革,对负面清单外的项目实行承诺备案管理。鼓励工业企业开展节能降碳改造,开展工业固体废物资源综合利用改造,对符合条件的项目按新设备购置额的一定比例予以资助。

二、加快发展工业互联网

作为新一代信息技术与制造业深度融合的产物,工业互联网日益成为新工业革命的关键支撑和深化"互联网 + 先进制造业"的重要基石,对未来工业发展产生全方位、深层次、革命性影响。

工业互联网通过系统构建网络、平台、安全三大功能体系,打造人、机、物全面互联的新型网络基础设施,形成智能化发展的新兴业态和应用模式,是推进制造强国和网络强国建设的重要基础,是全面建成小康社会和建设社会主义现代化强国的有力支撑。

工业互联网是以数字化、网络化、智能化为主要特征的新工业革命的关键基础设施,加快其发展有利于加速智能制造发展,更大范围、更高效率、更加精准地优化生产和服务资源配置,促进传统产业转型升级,催生新技术、新业态、新模式,为制造强国建设提供新动能。

工业互联网具有较强的渗透性,可从制造业扩展成为各产业领域网络化、智能化升级必不可少的基础设施,实现产业上下游、跨领域的广泛互联互通,打破"信息孤岛",促进集成共享,并为保障和改善民生提供重要依托。

此外,发展工业互联网,有利于促进网络基础设施演进升级,推动网络应用从虚拟到实体、从生活到生产的跨越,极大拓展网络经济空间,为推进网络强国建设提供新机遇。

实施工业互联网创新发展工程。聚焦当地重点行业,推进工业互联网"进企业、入车间、连设备"。建设一批行业级工业互联网平台,整合产品设计、生产工艺、设备运行、运营管理等数据资源,汇聚共享设计能力、生产能力、软件资源、科研仪器设备、技术人才等资源。支持企业申报国家级工业互联网试点示范项目、工业互联网平台创新领航应用案例。发展"5G + 工业互联网",打造一批互联工厂。引导工业企业建设基于 5G 的互联工厂,建设一批面向特定行业、场景的工业 App,整合设计、制造、运营、软件等资源,为中小企业提供设备健康维护、生产管理优化、协同设计制造、制造资源租用等服务。

推进"链网协同"发展。充分发挥工业互联网标识解析体系和平台作用,推动工业互联网与当地重点产业链"链网协同"发展,构建数据驱动、精准匹配、可信交互的产业链协作模式,开展协同采购、协同制造、协同配送、产品溯源等应用,建设智慧产业链供应链。鼓励行业龙头企业依托工业互联网平台,与上下游企业实现深度互联,提升供应链协同水平。支持规上工业企业运用工业互联网实施软硬一体的数字化改造。

三、推进中小企业数字化转型

聚焦民营经济,完善中小企业信息化服务体系。建设一批中小企业智改数转促进中心,提供转型咨询、人才培训等服务,对中小企业智改数转进行分类指导。举办针对中小企业负责人的信息化培训班,提高中小企业负责人对信息化商业价值的认识。组织举办供需对接活动,促进中小企业与信息化服务机构的交流和沟通。推进中小微企业"上云上平台",降低中小微企业信息化建设成本和门槛。支持市场化运作的专业机构搭建中小企业智改数转公共服务平台。实施"智改数转"顾问团入企服务行动。选派智改数转专家驻点服务中小企业,开展"一对一"的方向指引、规划制定、路径选择等服务。鼓励"链主"企业通过产业链协同、应用示范、开放应用场景和技术扩散等方式助力中小企业加速核心业务的智改数转。

四、建强工业园区载体

聚焦当地重点产业园区,推进工业园区标准化建设。通过政府收储、司法重整、零地增容、并宗改造等方式,盘活低效用地,建设小微园区,向低效要发展空间、向存量要亩产效益、向增量要投资强度。采取"一园一策",推进老工业园区改造,及时处置用而未尽、建而未投、投而未达等低效工业项目,清理整治出租及不规范使用的工业厂房。鼓励各类园区新建或新增一批通用厂房,采用"先租后售"方式提供标准厂房。

五、完善产业链和供应链

聚焦当地重点产业,实施产业链提升行动,对重点产业进行建链、强链、延链、补链,完善产业链。定期编制产业链分布图、全景图、缺链招商图和缺链招引清单,开展产业链精准招商。构建智慧供应链网络,打通信息流、物流、资金流。鼓励行业龙头企业建设供应链协同平台,发展以个性化定制、柔性化生产、资源高度共享为特征的云制造模式,提升全链条价值创造水平。鼓励工业企业与上下游企业、第三方物流企业建立战略联盟,在供应链管理方面实行风险共担、利益共享。

第四节　推进新型工业化的地方实践

一、天津市

天津是我国近代工业的发源地之一,具有深厚的工业基因、雄厚的产业基础、丰富的科教资源,拥有联合国产业分类中全部 41 个工业大类中的 39 个、666 个工业小类中的 606 个,是全国工业产业体系最完备的城市之一。近年来,天津市深入实施制造业高质量发展行动,加快打造全国先进制造研发基地。2024 年一季度,全市规上工业增加值增长 5.8%,工业投资增长 17%。

（1）以京津冀协同发展为战略牵引,产业协同走深走实

会同京冀工信部门共建机制、共育链群、共谋项目,持续提升产业协同发展水平。参与推动出台国家京津冀产业协同发展实施方案,推动与工业和信息化部签署部市合作协议,联合京冀工信部门成立京津冀产业协同发展专题工作组,建立“国家 + 部市 + 三地”的产业协同推进体系。主动服务非首都功能疏解。加强与龙头央企、领军民企、大院大所对接,推动符合天津发展定位的项目来津落户。2023 年,以市场化机制引进疏解非首都功能资源在津新设机构 1 793 家,与中国移动、国家电网等央企签署战略合作协议,中海油新能源等 40 家央企二、三级公司,新增业务板块在津布局。三地协同培育新一代信息技术应用创新（网络安全）、集成电路、安全应急装备等集群,推动京津冀生命健康国家级集群规模超 6 000 亿元。

（2）围绕构建现代化产业体系，产业结构加快优化升级

统筹优势产业、新兴产业、传统产业和未来产业，加快构建以智能科技产业为引领的"1＋3＋4"现代化产业体系。

做强做优优势产业。绿色石化产业向精细化工和化工新材料延伸，原油、聚氯乙烯等产量全国第一；汽车产业向电动化、智能化、网联化发展，新能源产业整车产量增长2.1倍；装备制造产业引进通用技术集团机床工程研究院，加快建设天津精雕数控生产基地，城市轨道车辆、服务机器人产量实现两位数增长。

培育壮大新兴产业。生物医药产业涌现出凯莱英、康希诺等一批创新型优质企业，合源生物研制出我国具有完全自主知识产权的首个CD19 CAR-T药物，可有效治疗急性淋巴细胞白血病；新能源产业建成全球最大光伏单晶硅片生产基地，巴莫高镍三元正极材料在国内同行业市场排名第二；新材料产业巴莫科技氧化钴锂单一产品出货量全球第一，三环乐喜在国内钕铁硼稀土永磁材料市场占有率达1/4；航空航天产业"机箭星站"一体化发展，空客A320第二条总装线等项目落地。

推动传统产业转型升级。冶金产业完成天钢、钢管、荣程、天钢联合四家企业超低排放改造，打造荣程"5G＋智能工厂"、新天钢集团"工业大脑"等一批转型范例；轻工产业实施"三品"战略，海河乳业、祥禾饽饽铺、达仁堂等一批老字号老品牌擦亮"津字招牌"。

未来产业加快前瞻布局。出台未来产业培育发展行动方案，明确下一代信息技术、未来智能、生命科学、空天深海等六大重点领域18个方向，全力打造未来产业先导区。云圣智能在国内率先推出以"工业无人机＋全自动机场"为硬件形态的天地一体化全自主无人机巡检系统，连续4年在国内无人机智慧巡检细分市场居榜首。

（3）大力推进智改数转网联，数实融合不断深入

设立智能制造专项资金，市、区两级财政安排资金百亿元，累计支持8批近3 000个项目，建成丹佛斯、海尔5G工厂、长荣科技等316家智能工厂和数字化车间。上云用云工业企业过万家，全市两化融合指数达108.5，位居全国前列。截至2024年4月，累计建成5G基站7.3万个，5G全连接工厂重点项目超过20个。建成紫光云、中汽研、长荣、宜科4个工

业互联网标识二级解析节点,注册量达 35 亿。

（4）实施产业链攻坚,重点产业加速成链成群

规划建设"中国信创谷",形成了"CPU + 操作系统 + 数据库 + 整机终端 + 安全服务 + 超算"的完整信创"解决包"。飞腾 CPU + 麒麟操作系统的"PK"体系初步搭建,飞腾在全国党政系统信创市场占有率超过 70%,麒麟软件连续 11 年位列中国市场占有率第一名,全国信创市场占有率超过80%,成为国内信创主流技术路线。人工智能产业快速发展,推出"天河天元""海河·谛听"等一批行业大模型应用。连续举办七届世界智能大会,协议投资额达到 6 253 亿元,"以会兴业"成效显著。

把产业链作为制造业高质量发展的关键抓手,以产定链、以链招商、以商兴业,着力打造信创、集成电路、绿色石化等 12 条重点产业链。建立"链长 + 链主"双牵引机制。全面建立市领导挂帅的链长制,遴选培育首批 95家市级链主企业,谋划推动重点链主企业共同担任产业链链长,合力推动重点产业成龙配套、成链成群。2023 年,12 条产业链工业产值达到 1.47万亿元,增加值增长 3.6%,占规上工业比重约 80%,形成有力示范带动。参与国家重点产业链"补短板"专项,指导支持重点企业牵头承担重大攻关任务,推动飞腾、麒麟等一批企业参与联合技术攻关,数量位居全国前列。依托链上重点企业累计创建 77 家国家级企业技术中心、29 家国家技术创新示范企业,结合中医药产业链建设现代中药国家级制造业创新中心,加快构建以企业为主体的制造业创新体系。在重点产业链实施"揭榜挂帅"攻关机制,"天河三号"百亿亿次超算、华海清科 12 英寸化学机械抛光设备、神工脑机交互系统、海光 DCU 等一批津版"独门绝技",为国家产业安全作出突出贡献。

（5）深化工业低碳转型,绿色化发展取得实效

落实工业领域"双碳"工作要求,着力构建绿色制造体系,加快推进制造业绿色化。积极培育创建绿色工厂、绿色供应链、绿色产品、绿色工业园区,新培育国家级绿色制造单位 49 家,国家级绿色制造单位达到 203 家,居全国主要城市前列。工业领域碳达峰有序推进。强化绿色低碳技术示范应用,天钢集团、天津石化 2 家企业入选国家水效"领跑者",荣程钢铁成为国家工业废水循环利用试点。规模以上工业万元增加值用水量、工业水

重复利用率等指标保持全国先进水平。清洁能源体系持续完善。2023年,推动"外电入津"16.33亿千瓦时,全市可再生能源电力装机规模达到707.12万千瓦;完成绿电交易电量18.3亿千瓦时,是2022年全年的23.5倍。

典型案例:天津滨海新区推进新型工业化

近年来,天津滨海新区加快构建"1＋3＋4"现代化产业体系,积极开辟新产业新赛道。2023年,天津滨海新区规上工业产值11 262亿元,占全市比重52%。

一是坚持分类施策,着力打造现代化产业体系。制定《滨海新区推进新型工业化实施方案(2024—2027年)》,以建设中小企业数字化转型试点城市为契机,全面推进制造业"智改数转"和设备更新。支持战略性新兴产业扩投资、促创新、拓市场,网络安全和生物医药获批天津市级先进制造业集群。聚焦创新研发和场景应用,细胞和基因治疗、脑科学与智能医学等8个未来重点产业加速发展。

二是提升产业集聚度,增强产业链韧性和安全水平。制定《滨海新区加快推进重点产业成龙配套成链成群实施方案(2024—2027年)》,实施"链长＋链主"制,编制"两图两清单"。发挥链主龙头作用,促进上下游产业协同发展;推进短板产业补链、优势产业延链、传统产业升链、新兴产业建链,完善现代化产业体系。10条重点产业链完成产值9 549亿元,占规上工业产值比重84.7%,工业战略性新兴产业增加值占全区规上工业增加值比重为21.4%。凯莱英、曙光计算机、长征火箭三家公司荣获国家链主企业。

三是加强优质企业培育,夯实工业底盘。大力引育领航企业,推动中小企业高质量发展,用足用好各项产业政策,精细化服务企业需求,全方位纾困解难,努力构建专精特新创建国家单项冠军、"小巨人"企业抢占高地、龙头企业顶天立地、优质中小企业铺天盖地的格局。2023年,天津滨海新区国家级单项冠军达到15家,国家级工业设计中心5家,国家级服务型制造企业10家,国家级专精特新小巨人企业107家。

二、济南市

近年来,山东省济南市委、市政府坚持把工业强市发展战略作为强省会战略的基础支撑,构建工业强市目标体系、产业体系、推进体系、保障体系、政策体系和服务体系,推动领导力量向工业倾斜、工作精力向工业集中、资源要素向工业集聚,让工业"压舱石"成为实体经济"硬核"。

（1）强化战略导向,抓牢抓实工业经济头号工程

加强组织领导。牢固树立"产业第一、制造当家,工业立市、工业强市"的发展导向,成立由济南市委、市政府主要领导任组长的工业强市建设领导小组,办公室设在济南市工业和信息化局,有序推进工业运行监测、工业政策制定等重点工作。加快建立市直有关部门、各区县党委政府"一把手"抓工业强市的工作机制,持续健全完善党委统一领导、政府负责落实、企业发挥主体作用、社会力量广泛参与的推进新型工业化工作格局。

强化考核激励。按照工业权重不低于1/3的目标导向,将工业强市建设整体纳入全市高质量发展综合绩效考核体系,设置工业强市考核单项奖,并按照"立足基础、强化导向、适度超前、确保实现"的原则,优化设置到2025年的指标任务,充分激发各级各部门投身工业强市建设的积极性、主动性和创造性。强化政治监督。发挥纪检监察机关监督保障执行、促进完善发展作用,聚焦工业强市主体责任落实、政策制定执行、重点任务落实、发展环境优化、亲清政商关系构建5个方面,建立工业强市政治监督机制。

（2）明确主攻方向,着力构建"4＋10＋17"产业推进体系

聚焦大数据与新一代信息技术、智能制造与高端装备、生物医药与大健康、精品钢与先进材料等四大主导支柱产业,深耕细作37条产业链和40个产业集群,累计培育20个山东省先进制造业集群、省"雁阵形"集群等省级以上产业集群,四大主导支柱产业规模总量达到1.6万亿元,专精特新、独角兽等优质企业群体总量突破5 800家,居全省首位,连续三年跻身国家先进制造业百强市前列。

打造"73215"五个能级的10个标志性产业链群。建立"四个一"的"链长制"工作推进机制,按照"紧盯前沿、龙头牵引、创新培育、打造生态、沿链谋划、集群发展"的思路,做好存量升级、增量加力、成果转化三篇文章,高

标准开展市级领域的标志性产业链群培训,提升产业基础高级化和产业链现代化水平。

围绕 17 条重点产业链群编制《济南市重点产业链群招商指引》。坚持按图索骥,详细绘制链群产业图谱,列明链主骨干企业清单、重点招引方向及拟招引目标企业清单、项目落地载体三张清单,持续加大项目谋划和招引力度,一批制造业重大项目先后落地。

(3) 推动数实融合,加快数字化转型升级步伐

济南市协同推进数字经济引领战略与工业强市战略,以打造数字先锋城市为牵引,发挥数字赋能优势,推动数字产业化、产业数字化、算网一体化协同创新发展,先后入选国务院督查激励"建设信息基础设施、推进产业数字化转型成效明显市"和全国首批中小企业数字化转型试点城市。

加快推进数字产业化。统筹实施高端软件"铸魂"、集成电路"强芯"、先进计算"固链"、工业互联网"赋能"、人工智能"赋智"、新兴产业"跃升"工程等六大工程,推动软件名城加速提档升级,争创国家首批软件名园,持续壮大数字经济核心产业。

加快推进产业数字化。创新开展"工赋泉城"和"AI 泉城"赋能行动,制定《工赋泉城三年行动计划》,"双跨"等各类工业互联网平台数量达 70 余个,居全省首位。在全国全省率先启动企业数字化转型免费诊断服务,加大典型应用场景推介和供需对接力度,每年为 500 家以上企业提供诊断服务,着力破解中小企业数字化转型"不会转、不敢转和转不起"问题。

加快推进算网一体化。坚持适度超前布局、存算网融合发展,全力打造黄河流域信息通信枢纽中心城市。截至 2024 年 4 月,累计建设 5G 基站4.9 万余个,居全省首位。华为区域总部、人工智能计算中心等重点项目加速推进,算力规模达 1 900 PFlops,居全省首位。

(4) 优化发展生态,全力做好各方面政策要素保障

提升政策供给水平。制定了《关于加快建设工业强市的实施意见》《推进新型工业化加快建设工业强市三年行动计划》,加大政策配套力度,"1 +N"工业强市政策体系文件达 90 多个,政策含金量、覆盖面、精准性和竞争力有效提升。

加强重点要素保障。完善"要素跟着项目走"机制,划定 30% 的工业

用地保障红线,设立工业强市建设专项资金池,制定《加快建设工业强市政策清单》,通过直接奖补、配套奖补、贷款贴息、股权投资等多种政策工具,加大对企业培育、创新驱动、投资激励等方面的支持力度。

强化服务企业质效。始终秉持"有事必应、无事不扰"的服务企业理念,持续完善常态长效服务企业机制,隆重表彰为济南市高质量发展作出突出贡献的 55 家企业和 100 位优秀企业家,大力弘扬优秀企业家精神和工匠精神,营造崇尚实体经济、关心支持工业特别是制造业发展的浓厚氛围,持续有效激发市场活力和企业发展的内生动力。

三、晋江市

近年来,福建省晋江市对标新型工业化内涵和要求,聚焦产业创新、数字赋能、园区标准化等重点工作,不断推动产业升级、积极开辟新产业新赛道、优化产业结构,提升产业链供应链韧性和安全水平。

(1)聚焦强链补链攻坚

深入实施"重龙头、强品牌、铸链条"专项行动,建立 14 个产业发展小组,聚焦鞋服、纺织、建材、食品四大传统优势产业和新一代信息技术、医疗健康、智能装备等三大新兴产业,每个产业编制一张转型升级路线图。深化实施产业强链补链建链延链攻坚,推动传统产业高端化转型、新兴产业集群化发展,提升产业链供应链稳定性和竞争力。例如,鞋服产业聚焦小单快返、制服工装等定制赛道,推动实施产品、渠道差异创新,抢滩细分市场。纺织产业发力高性能纤维材料、功能性面料,加快布局无水染色面料后整理。食品产业加快布局功能性、健康型食品。集成电路围绕晋华、渠梁两大龙头培育了从设计、制造、封装测算到装备材料、终端应用的完整产业链。

(2)聚力创新动能释放

一是培育创新主体。实施"高精巨新"倍增行动,通过构建知识产权保护机制、落实研发费用加计扣除政策、支持开展人才自主认定等措施,鼓励企业加大研发投入,提升自主创新能力。累计培育省级以上技术中心 48 家、省级以上专精特新企业 93 家、高新技术企业 647 家、48 家省级以上企业技术中心。

二是推进智能制造。先后培育了 12 家国家级、34 家省级智能制造试点示范企业,并以此开展现场推广活动,引导企业通过技术改造提高市场竞争力。

三是聚焦工业设计。成立晋江运动时尚(全球)创新中心,打造全球运动时尚新高地。工业设计园引进企业 70 家,入驻人才 700 多人,为 5 000 家企业提供设计服务。先后举办了福建省"海峡杯"工业设计(晋江)大赛、海峡两岸大学生设计营以及行业专业设计等赛事,不断导入更多设计资源。培育了 3 家国家级、14 家省级、27 家泉州市级工业设计中心,提升了企业产品差异化创新能力,促进一大批创意设计人才、成果在晋江落地。

四是聚焦管理对标。实施"卓越企业—精益对标之旅"系列行动,组织企业走进安踏、恒安、利郎等精益企业进行对标学习,举办多场次管理创新现场会,引领企业树立精益理念,形成常态化企业管理升级机制。

(3)推动绿色制造发展

一是突出示范创建。举办"绿色创造・向新求质"企业创新发展大会,发布制造业绿色低碳转型扶持政策,引导企业减污、降碳、扩绿、增效。常态化开展绿色制造辅导公益培训会,累计获得国家、省级绿色制造示范单位 18 家次和 23 家次,绿色产品 20 种,储备绿色制造名单创建企业 109 家。

二是实施节能技改。对标国内外行业能效先进水平,组织节能服务进企业、节能技术改造现场交流推广活动,引导更多重点耗能企业对标节能改造"领跑者",实施节能降耗技术改造项目。2023 年,组织实施 23 个省、泉州市级节能循环经济项目,年总节能量达 3.5 万吨标准煤以上,节约 6 万吨鞋材废料。

三是紧抓动能转换。大力推进燃煤锅炉淘汰整治工作,推广集中供热,引进设立福能晋南热电、神华晋江热电,投产热电联产项目,解决纺织鞋服、食品等产业链企业供热需求,带动近百家纺织、印染、皮革、食品企业淘汰燃煤锅炉。

(4)优化产业空间布局

盘活低效用地,划定工业区块线,推行弹性用地出让等多种供地模式,按照"产业社区"理念推进园区标准化建设,建立亩均效益评价、建设用地全流程监管等机制。近两年,盘活低效用地 8 100 亩(约 5 399 460 平方米),新建标准化产业园区 400 多万平方米,规上企业入园率提高到 54%。

第七章

推动信息化与工业化深度融合

　　2007 年 10 月,党的十七大报告提出大力推进信息化与工业化融合(简称"两化融合"),促进工业由大变强。推动两化深度融合,对于转变经济发展方式,调整经济结构,促进工业转型升级,构建"两型社会",走中国特色新型工业化道路具有重要意义。我国经济发展受资源、能源和环境的制约问题日益突出,工业转型升级迫在眉睫。现实形势要求中国工业化不能再走发达国家先工业化后信息化的老路,必须根据国情推动两化融合。

第一节　信息化与工业化

一、两化融合

　　两化融合是指电子信息技术广泛应用到工业生产的各个环节,信息化成为工业企业经营管理的常规手段。信息化进程和工业化进程不再相互独立进行,不再是单方的带动和促进关系,而是两者在技术、产品、管理等各个层面相互交融,彼此不可分割,并催生工业电子、工业软件、工业信息服务业等新产业。

　　两化融合发展的特征是全方位、多层次、跨领域、一体化。信息化不只是与某个门类工业融合,而且是与所有工业门类都融合。信息化不只是与工业企业的某个环节融合,而且是与采购、设计、生产、销售、客服等多个环节融合。两化融合不仅体现在技术、产品层面，还体现在管理、产业层面。

推进信息化与工业化融合发展是走新型工业化道路的重要手段。实践证明，两化融合可以提高产品科技含量，提高企业经济效益，减少资源、能源消耗和污染物排放，提高劳动力素质。

信息化与工业化主要在技术、产品、业务、产业四个方面进行融合。也就是说，两化融合包括技术融合、产品融合、业务融合、产业衍生四个方面（图 7-1）。

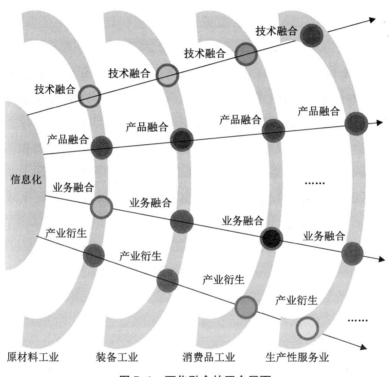

图 7-1　两化融合的四个层面

（1）技术融合

技术融合是指工业技术与信息技术的融合，产生新的技术，推动技术创新。例如，汽车制造技术和电子技术融合产生的汽车电子技术，工业和计算机控制技术融合产生的工业控制技术。

（2）产品融合

产品融合是指电子信息技术或产品渗透到产品中，增加产品的技术含量。例如,普通机床加上数控系统之后就变成了数控机床,传统家电采用了智能化技术之后就变成了智能家电,普通飞机模型增加控制芯片之后就成了遥控飞机。信息技术含量的提高使产品的附加值大大提高。例如,非遥控的普通飞机模型价格只有几十元,而遥控飞机模型价格往往是几百元,两者相差十多倍。

（3）业务融合

业务融合是指信息技术应用到企业研发设计、生产制造、经营管理、市场营销等各个环节,推动企业业务创新和管理升级。例如,计算机管理方式改变了传统手工台账,极大地提高了管理效率;信息技术应用提高了生产自动化、智能化程度,生产效率大大提高;网络营销成为一种新的市场营销方式,受众大量增加,营销成本大大降低。

（4）产业衍生

产业衍生是指两化融合可以催生出的新产业,形成一些新兴业态,如工业电子、工业软件、工业信息服务业。工业电子包括机械电子、汽车电子、船舶电子、航空电子等;工业软件包括工业设计软件、工业控制软件等;工业信息服务业包括工业企业 B2B 电子商务、工业原材料或产成品大宗交易、工业企业信息化咨询等。

推进两化融合要从宏观、中观、微观三个层次进行,即从区域、行业、企业三个层次来推进两化融合。

（1）区域层次

主要是各级地方工业和信息化主管部门制定两化融合政策,编制两化融合发展规划,组织开展两化融合试验区、示范区等建设,组织实施一批两化融合项目,开展两化融合培训和交流等。工业和信息化部批准了两批共16 个国家级两化融合试验区,其中第一批包括上海、重庆、广州、南京、青岛、珠江三角洲地区、呼包鄂乌地区(呼和浩特、包头、鄂尔多斯、乌海)、唐山暨曹妃甸,第二批包括沈阳、郑州、合肥、湖南长株潭(长沙、株洲、湘潭)、兰州、陕西西咸(西安、咸阳)、广西柳桂(柳州、桂林)、昆明。工业和信息化部制定了《国家级两化融合试验区工作管理办法》,编制了《国家级两化融合试验区建设重点工作指导意见》。

（2）行业层次

主要是各级地方工业和信息化主管部门推进信息化与本地支柱产业、

重点产业的融合发展,各大行业协会开展两化融合宣传、培训,发掘、总结、提升、推广两化融合典型经验,开展本行业两化融合评估工作,对本行业企业信息化进行指导。工业和信息化部先后批准两批共 128 个"国家新型工业化产业示范基地",其中第一批 62 个,第二批 66 个。这些基地涵盖电子信息、石油化工、汽车摩托车、船舶、航空航天、生物医药、装备制造、钢铁、有色金属、纺织、家电等行业。工业和信息化部信息化推进司与有关行业协会联合完成了钢铁、化肥、重型机械、轿车、造纸、棉纺织、肉制品加工等 7 个行业的两化融合发展水平评估工作,目前还在开展服装、水泥、建筑装饰、电解铝、纯碱、机床等行业的两化融合发展水平评估工作。

（3）企业层次

主要是围绕工业产品研发设计、生产过程控制、企业管理、市场营销、技术改造等环节推进两化融合。工业和信息化部组织实施了中小企业信息化工程,主要从应用的角度推进中小企业信息化。工业和信息化部开展了精益研发、管理升级、电子商务、信用融资等中小企业信息化服务平台试点工作,组织编制了《中国中小企业信息化服务市场调查和发展报告》。

二、两化深度融合

两化深度融合是指信息化与工业化在更大的范围、更细的行业、更广的领域、更高的层次、更深的应用、更多的智能方面实现彼此交融。

从范围来看,两化融合将向地市、区县、产业集群、园区等基层单位延伸。从行业来看,两化融合将从大类行业向各自细分行业扩展,并从工业扩展到生产性服务业。从领域来看,两化融合将从单个企业的信息化向产业链信息化延伸,从管理领域向研发设计、生产制造、节能减排、安全生产领域延伸。从层次来看,两化融合不只是停留在技术应用层面,还将引发商业模式创新甚至商业革命,催生更多新兴业态。从应用来看,物联网、云计算等新一代信息技术将在工业领域得到应用,企业信息化从单项应用向局部集成应用、全面集成应用发展。从智能来看,企业生产经营各个环节的智能化水平将更高,涌现出一批"智慧企业""智慧行业""智慧产业"。

如果说以前的两化融合只是把两种物质搅在一起,产生"混合物",那么两化深度融合将是两种物质起化学反应,产生"化合物"。

两化深度融合是信息化和工业化两个历史进程的交汇与创新,是中国特色新型工业化道路的集中体现,是新发展阶段制造业数字化、网络化、智能化发展的必由之路,是数字经济时代建设制造强国、网络强国和数字中国的扣合点。推动两化深度融合,是我国转变经济发展方式、走新型工业化道路的必然要求;是促进产业转型升级、构建现代产业体系的重要举措。

两化深度融合是两化融合的继承和发展,不是另起炉灶,而是在两化融合实践的基础上,在一些关键领域进行深化、提升。

大力发展智能制造、网络化协同制造、大规模定制和服务型制造,是推动两化深度融合的重要举措。例如,2006 年广东尚品宅配公司(原维尚集团)建立了家具企业大规模定制生产系统,日产能力增长 6～8 倍,材料利用率从 70%提升至 90%,出错率从 30%下降至 10%,交货周期从 30 天缩短至 10 天左右,解决了传统家具企业库存大、资金周转慢等问题,每年光是节省边角料就省出了 2 000 多万元。青岛酷特(原红领集团)通过建立面向 MTM(Made To Measure,量身定制)的服装数字化设计制造一体化系统,生产成本下降 30%,设计成本下降 40%,原材料库存减少 60%,生产周期缩短 40%。又如,总部地处浙江省温州市的报喜鸟控股股份有限公司也通过大规模定制方式生产西服和衬衫。

第二节　两化融合国家政策

2021 年 11 月,工业和信息化部印发了《"十四五"信息化和工业化深度融合发展规划》,提出五大主要任务。

1. 培育新产品新模式新业态

(1) 新型智能产品

支持制造企业与信息技术企业联合攻关,推动人工智能、5G、先进传感等技术的融合应用,培育工业级智能硬件、智能机器人、智能网联汽车、智能船舶、无人机、智能可穿戴设备、智能家居等新型智能产品。发展基于智能产品的场景化应用,加快智能产品在工业、交通、医疗、教育、国防科工、健康养老等重点行业领域应用推广,服务支撑产业转型升级和居民消费升级。

（2）数字化管理

打通企业数据链,通过智能传感、物联网等技术推动全业务链数据的实时采集和全面贯通,构建数字化供应链管理体系,引导企业打造数字化驾驶舱,实现经营管理的可视化和透明化。鼓励企业基于生产运营数据重构战略布局、运营管理和市场服务,形成数据驱动的高效运营管理模式,提升智能决策、精益制造和精准服务能力。

（3）平台化设计

依托工业互联网平台,实现高水平高效率的轻量化设计、并行设计、敏捷设计、交互设计和基于模型的设计,变革传统设计方式,提升研发质量和效率。发展平台化、虚拟化仿真设计工具,培育平台化设计新模式,推动设计和工艺、制造、运维的一体化,实现无实物样机生产,缩短新产品研发周期,提升产品竞争力。

（4）智能化制造

提升企业信息技术应用能力,加快生产制造全过程数字化改造,推动智能制造单元、智能产线、智能车间建设,实现全要素全环节的动态感知、互联互通、数据集成和智能管控。推动先进过程控制系统在企业的深化应用,加快制造执行系统的云化部署和优化升级,深化人工智能融合应用,通过全面感知、实时分析、科学决策和精准执行,提升生产效率、产品质量和安全水平,降低生产成本和能源资源消耗。

（5）网络化协同

促进企业间的数据互通和业务互联,推动供应链上下游企业与合作伙伴共享各类资源,实现网络化的协同设计、协同生产和协同服务。推广云化设计软件（CAX）、云化企业资源计划系统（ERP）、云化制造执行系统（MES）、云化供应链管理系统（SCM）等新型软件工具,共享设计模型、生产数据、用户使用信息、产品数据库等,基于工业互联网提升制造资源配置效率。

（6）个性化定制

面向消费者个性化需求,发展客户需求分析、敏捷产品开发设计、柔性智能生产、精准交付服务等系统,增强用户在产品全生命周期中的参与度,实现供需精准对接和高效匹配。鼓励具有成熟经验和服务模式的个性化定制企业,基于自身个性化定制平台及模型库,培育形成一批集用户需求获取、研发设计、柔性生产、交付服务于一体的系统解决方案,加快大规模个性化定制模式的示范推广。

(7)服务化延伸

推动工业企业产品供应和服务链条的数字化升级,从原有制造业务向价值链两端高附加值环节延伸,发展设备健康管理、产品远程运维、设备融资租赁、共享制造、供应链金融、总集成总承包等新型服务,实现从单纯出售产品向出售"产品 + 服务"转变。鼓励工业领域工程服务商深化数字仿真、制造信息建模(MIM)等新技术应用,提升工厂建设和运维的数字化水平,实现从交钥匙工程向"工程建设 + 运维服务"转变。

2. 推进行业领域数字化转型

(1)原材料

面向石化化工、钢铁、有色、建材、能源等行业,推进生产过程数字化监控及管理,加速业务系统互联互通和工业数据集成共享,实现生产管控一体化。支持构建行业生产全流程运行数据模型,基于数据分析实现工艺改进、运行优化和质量管控,提升全要素生产率。建设和推广行业工业互联网平台,推动关键设备上云上平台,聚焦能源管理、预测性维护、安环预警等重点环节,培育和推广一批流程管理工业 APP 和解决方案。

(2)装备制造

提升智能制造供给支撑能力,开展设计、工艺、试验、生产加工等过程中关键共性技术攻关和集成应用,加速工业技术软件化,攻克一批重大短板装备和重大技术装备。围绕机械、汽车、航空、航天、船舶、兵器、电子、电力等重点装备领域,建设数字化车间和智能工厂,构建面向装备全生命周期的数字孪生系统,推进基于模型的系统工程(MBSE)规模应用,依托工业互联网平台实现装备的预测性维护与健康管理。

(3)消费品

实施"超高清视频 + 5G + AI + VR"融合创新应用工程,推动新技术产品在工业可视化、缺陷检测、产品组装定位引导、机器人巡检等消费品行业典型场景的创新应用。推动纺织服装、家具、家电等行业建设自动化、连续化、柔性化生产系统,支持食品、药品等行业建设产品信息追溯系统,基于工业互联网平台实现消费品行业的柔性生产和产需对接。开展基于消费数据的用户需求挖掘、产品研发、智能生产和数据增值等服务创新,推广大规模个性化定制、共享制造等新模式新业态,满足多样化、个性化消费升级需求。

（4）电子信息

引导电子行业企业深化 5G、大数据、人工智能、边缘计算等技术的创新应用,提升软硬协同水平,加快发展人机协同装配、质量智能检测等新应用新模式。支持企业加强基于工业互联网平台的供应链协同管理,实现电子元器件采购、生产、库存、质量、物流等环节动态精准协同,优化全供应链资源配置效率,强化产业链上下游协同管控水平。面向电子信息产业集聚区,推动设计、制造、检测等设备和能力的平台化汇聚与共享,提升产业集群的协同发展和风险防范能力。

（5）绿色制造

实施"互联网＋"绿色制造行动,引导企业应用新一代信息技术建设污染物排放在线监测系统、地下管网漏水检测系统、工业废水循环利用智慧管理平台和能源管理中心,开展资源能源和污染物全过程动态监测、精准控制和优化管理,推动碳减排,助力实现碳达峰、碳中和。加快绿色制造体系数字化,推进绿色技术软件化封装,培育一批数字化、模块化的绿色制造解决方案,推动成熟绿色制造技术的创新应用。建立工业领域生态环境保护信息化工程平台,聚焦重点行业重点产品全生命周期,加强部门间数据共享共治,构建资源能源和污染物公共数据库,提升资源能源管理水平。

（6）安全生产

协同开展"工业互联网＋安全生产"行动,推动重点行业开展工业互联网改造,加快安全生产要素的网络化连接、平台化汇聚和智能化分析。建设国家工业互联网大数据中心安全生产行业分中心和数据支撑平台,分行业开发安全生产模型库、工具集,推进安全生产管理知识和经验的软件化沉淀。深化工业互联网融合应用,引导工业企业加快构建安全生产快速感知、全面监测、超前预警、联动处置、系统评估的新型能力体系。

3. 筑牢融合发展新基础

（1）建设新型信息基础设施

加快 5G 规模组网建设及应用，制定重点行业 5G 发展计划，加快建成覆盖全国、品质优良、高效运行、全球领先的 5G 基础网络。完善工业互联网标识解析体系，推动 5G、千兆光纤网络、IPv6、时间敏感网络（TSN）、软件定义网络（SDN）等新型网络技术在工业领域中的应用，加快工业企业内外网改造。构建工业互联网安全监测体系，实施工业互联网企业网络安全分类分级管理和贯标行动。建设国家工业互联网大数据中心体系，推动工业数据资源采集、传输、加工、存储和共享，构建跨区域、跨行业的工业大数据支撑服务体系。

（2）提升关键核心技术支撑能力

通过融合应用带动技术进步，建设产学研用一体化平台和共性技术公共服务平台，开展人工智能、区块链、数字孪生等前沿关键技术攻关，突破核心电子元器件、基础软件等核心技术瓶颈，加快数字产业化进程。通过产品试验、市场化和产业化引导，加快工业芯片、智能传感器、工业控制系统、工业软件等融合支撑产业培育和发展壮大，增强工业基础支撑能力。支持企业构建具有自主知识产权的基础产品体系，利用好首台（套）重大技术装备保险补偿政策促进创新产品的规模化应用，发挥好税收优惠政策作用，加大信息技术创新产品推广力度，迭代提升软硬件产品和系统的就绪度、成熟度，提高产业链完整性和竞争力。

（3）推动工业大数据创新发展

加快工业数据汇聚，开展工业数据资源调查，建立多级联动的国家工业基础大数据库和原材料、装备制造、消费品、电子信息等行业数据库。落实《工业数据分类分级指南（试行）》，开展企业数据管理能力成熟度评估国家标准贯标，提升企业数据管理水平。支持产业链上下游企业共建安全可信的工业数据共享空间，深化工业数据应用，激活数据要素潜能，发展数据驱动的新模式新业态，促进工业数据的价值提升。

（4）完善两化深度融合标准体系

建立健全两化深度融合标准体系，依托全国两化融合管理标委会

（TC573）、科研院所、联盟团体等各类专业技术组织，开展两化融合度、两化融合管理体系、数字化转型、工业互联网、信息物理系统（CPS）、数字孪生、数字化供应链、设备上云、数据字典、制造业数字化仿真、工业信息安全等重点领域国家标准、行业标准和团体标准制修订工作。加强两化融合度等关键标准的宣贯推广，组织开展两化融合度评估，明确不同融合度企业的发展重点和提升路径，引导企业逐级或跨级提升信息技术融合应用水平。

4. 激发企业主体新活力

（1）培育生态聚合型平台企业

培育具有竞争力的工业互联网平台企业，建设一批跨行业跨领域的综合型平台、面向重点行业和区域的特色型平台以及面向特定技术和场景的专业型平台，强化工业大数据开发、制造资源配置和解决方案汇聚能力，加快工业知识的沉淀、传播和复用，打造基于平台的制造业新生态。促进平台间互联互通，通过制定平台间数据迁移标准，探索工业机理模型、微服务、工业APP的跨平台部署和调用机制，实现平台间的数据互通、能力协同与服务共享。

（2）打造示范引领型骨干企业

支持企业利用新技术新应用进行全方位、全角度、全链条改造，培育一批创新能力强、品牌影响力突出的融合应用领军企业。充分发挥行业骨干企业的标杆引领作用，鼓励企业基于技术和产业优势，开展新技术新产品新模式先行先试，培育先进的行业系统解决方案，提升专业化服务能力。支持骨干企业建立技术开发与创新应用的紧密协作关系，推动行业系统解决方案复制推广，引领行业整体转型升级。

（3）壮大"专精特新"中小企业

实施中小企业创新能力和专业化水平提升工程，孵化百万家创新型中小企业，培育十万家省级"专精特新"中小企业、万家专精特新"小巨人"企业。开展中小企业数字化赋能专项行动，培育推广一批符合中小企业需求的数字化产品和服务，降低中小企业数字化转型成本。鼓励大型企业通过开放平台等多种形式与中小企业开展互利合作，聚焦产业优势领域和产业链关键环节精耕细作，推动产业链上中下游、大中小企业融通创新。

（4）发展专业化系统解决方案提供商

面向制造业数字化、网络化、智能化转型需求，培育系统解决方案提供商，提供规划设计、开发实施、集成应用、诊断咨询、运行维护等服务。聚焦新技术应用、特定场景优化、企业整体提升等需求，培育技术型、专业型、综合型等系统解决方案提供商。鼓励地方建设解决方案资源池，通过服务券等方式加速优质解决方案的应用推广，降低企业数字化转型门槛。

5. 培育跨界融合新生态

（1）推动产业链供应链升级

推动数据赋能全产业链协同转型，深化应用5G、互联网、大数据、区块链等新一代信息技术，重构产业链的结构、流程与模式，强化产业链全渠道智能管控和动态优化，促进产业链向产业网络转型，增强产业链的自适应、自修复能力，提升产业链稳定性和竞争力。推动供应链全链条云端协同，引导上下游企业加强供应链数字化管理和一体化协同，基于平台开展协同采购、协同制造和协同配送，推动企业健全供应链安全管理体系，打造敏捷高效、安全稳定的数字化供应链和供应链网络。深化互联网、区块链等新技术应用，推动国际产能合作，加快重点企业产业链国际化，助力我国企业深度融入全球产业体系。

（2）推进产业集群数字化转型

支持产业集群加快通信网络、数据中心、能源管控中心等数字化基础设施的建设完善和共建共享，实现资源在线化、产能柔性化和产业链协同化，提升产业集群综合竞争力。引导集群企业"上云上平台"，依托工业互联网平台实现制造能力的在线发布、协同和交易，优化制造资源配置效率，促进集群企业高端化、智能化、绿色化改造转型。创建一批工业互联网示范区，打造工业互联网产业示范基地和应用创新推广中心，加速工业互联网技术攻关和成果推广，打造工业互联网发展高地。

（3）深化产学研用合作

加强产学研用合作，健全以企业为主体、产学研用协同的创新体系，支持企业牵头建设国家制造业创新中心，培育一批具有原始创新能力的技术策源地，加速科技研发与科技成果应用的双向迭代。完善产业与金融合作机制，探索建立基于生产运营数据的征信机制和融资模式，引导资本市场加大对数字化转型、工业互联网等领域的投资力度。夯实产教融合基础，支持信息技术"新工科"建设，完善校企合作机制，鼓励通过开展联合办学、建设实训基地等方式加强两化深度融合领域人才培养，依托国家重大人才工程加大对融合发展领军人才支持力度。

（4）提升制造业"双创"水平

推进制造业"双创"与工业互联网协同发展，打造基于工业互联网平台的"双创"体系，加快研发、制造、管理、商务、物流、孵化等创业创新资源数字化改造、在线化汇聚和平台化共享，发展平台经济、零工经济等新业态，打造制造业"双创"升级版。坚持以人为本，鼓励企业建立以贡献为标准的薪酬制度和绩效考核机制，充分激发员工的积极性、主动性和创造性，增强企业创新活力。

《"十四五"信息化和工业化深度融合发展规划》提出实施五大重点工程：

（1）制造业数字化转型行动

制定制造业数字化转型行动计划。建立健全部际协同、部省联动的工作推进机制，推动形成市场主导、政府引导、行业参与、企业主体、产学研用协同推进的制造业数字化转型工作格局。制定重点行业领域数字化转型路线图。构建制造业数字化转型评估评价体系，制定推广企业数字化转型系列实施指南和工具集，推动原材料、装备制造、消费品、电子信息、绿色制造、安全生产等重点行业领域加快数字化转型。构建制造企业数字化转型能力体系。组织开展新一代信息技术与制造业融合发展试点示范，重点提升融合管理、数据贯通、软件开发、智能应用和安全防护等新型能力，引导企业发展数字化管理、平台化设计、智能化制造、网络化协同、个性化定制、服务化延伸等新模式（表7-1）。

表 7-1　重点行业数字化转型重点

行业名称	数字化转型重点领域
钢铁	聚焦设备维护低效化、生产过程黑箱化、下游需求碎片化、环保压力加剧化等痛点，以工艺优化为切入点，加速向设备运维智能化、生产工艺透明化、供应链协同全局化、环保管理清洁化等方向数字化转型

（续表）

行业名称	数字化转型重点领域
石化化工	聚焦设备管理不透明、工艺知识传承难、产业链上下游协同水平不高、安全生产压力大等痛点，以设备智能管控为切入点，在设备健康管理、智能炼化生产、供应链协同、安全监控等方向开展数字化转型
煤炭	聚焦环境污染大、生产风险高、设备管理难等痛点，以安全生产为切入点，围绕生产、管理、物流、维护等环节，推动产业向智能化、无人化、绿色化等方向加速数字化转型
航空航天	聚焦数据源差异大、模型适配性差、管理调整能力差、故障预测能力差等痛点，以网络化协同为切入点，从整合研发资源、重构生产范式、变革管理模式、提升维护效率等方向进行数字化转型
船舶	聚焦优化提升船舶设计、研发、生产、管理到服务的全链条质量效益，以网络化协同和服务化延伸为切入点，从设计协同化、制造智能化、管理精益化、融资在线化、产品服务化等方向进行数字化转型
汽车	聚焦设计周期长、下游需求个性化、售后服务低效化等痛点，以规模化定制生产为切入点，加速向研发协同化、生产柔性化、产供销协同化、制造服务化等方向数字化转型
工程机械	聚焦资源调配效率低下、机械设备运维困难、金融生态不完善等痛点，以设备健康管理为切入点，加速向设备运维智能化、经营管理精益化、生产制造服务化等方向数字化转型
家电	聚焦生产智能化水平低、供应链协同效率低、行业营收增速放缓等痛点，以个性化定制为切入点，加速向生产方式柔性化、经营管理平台化、产品服务生态化等方向数字化转型
电子	聚焦新产品生产周期长、设备管理精度不够、劳动力较为密集等痛点，以设备智能为切入点，在设备健康管理、智能化生产、产品质量检测、供应链协同等方面开展数字化转型

（2）两化融合标准引领行动

开展两化融合度标准制定与评估推广工作。组织制定两化融合度标准，明确企业在不同融合度等级下信息技术融合应用的准则和水平，组织开展企业两化融合度贯标，通过融合度对企业自动化、数字化、网络化、智能化水平进行评估，引领企业形成两化融合能力，拉动企业提高融合度等级。打造两化融合管理体系贯标升级版。引导地方政府、央企集团、行业组织等创新开展两化融合管理体系试点示范与分级贯标评定，加快两化融合管理体系在重点领域和优势产业全覆盖，以及在中小企业集群的规模化普及。健全标准应用推广的市场化服务体系。建设完善两化融合标准化公共服务平台,开发两化融合自动化贯标工具,提供贯标全流程服务,持续提升贯标的市场化服务能力与质量。

(3)工业互联网平台推广工程

完善工业互联网平台体系。培育综合型、特色型、专业型平台,引导跨行业跨领域平台汇聚更广范围生产要素资源,面向原材料、装备制造、消费品、电子信息等重点行业及产业集聚区建设行业和区域特色平台,建设云仿真、数字孪生、数据加工等技术专业型平台。加快工业互联网平台融合应用。围绕技术融合、集成应用、模式创新等重点方向,遴选优秀试点示范项目,组织开展工业互联网平台赋能深度行、"工业互联网 + 园区"等宣贯活动,培育和推广"平台 + 产品""平台 + 模式""平台 + 行业/区域"等创新解决方案。组织开展平台监测分析。完善平台数据字典,开展平台基础能力、运营服务、产业支撑等数据自动化采集,研发平台监测分析模型,编制发布工业互联网平台发展指数和工业互联网平台应用数据地图。加强对重点工业互联网平台、App 的安全检测评估,开展监测预警、信息共享和协同处置,提升工业互联网平台安全防护能力。

(4)系统解决方案能力提升行动

打造系统解决方案资源池。分行业、分环节培育形成设备监测预警、精益研发、精益生产、产业链协同等一批高价值行业解决方案,支持打造解决方案资源池,有效提升行业系统解决方案专业化、集成化水平。培育推广工业设备上云解决方案。聚焦高耗能设备、通用动力设备、新能源设备、智能化设备等重点设备,加快优质设备上云解决方案培育,持续完善设备上云标准体系和评估指标,探索发布设备上云绩效榜单和相关指数,引导企业有序规范推动设备上云。健全完善解决方案应用推广生态。围绕规划设计、开发实施、集成应用、诊断咨询、运行维护等综合服务需求,加快打造一批系统解决方案提供商,推动解决方案提供商与工业软件、智能装备企业融通发展,打造供需精准对接、各方协同共赢的良好生态。

(5)产业链供应链数字化升级行动

制定和推广供应链数字化管理标准。组织制定供应链数字化管理指南等关键急需标准,面向航空、电子、汽车等重点行业开展贯标试点,以标准引领企业导入供应链数字化工具和解决方案,提升供应链数字化管理能力。提升重点领域产业链供应链数字化水平。面向电子、医疗、工程机械等重点产业,引导行业组织、科研院所、龙头企业等深化大数据、区块链、工业互联网等技术应用,提升产业链供应链数字化水平,增强产业链供应链协同运作的精准性和敏捷性。加快发展工业电子商务。引导大型制造企业采购销售平台向行业电子商务平台转型,提高企业供应链协同水平。引导第三方工业电子商务平台向网上交易、支付结算、供应链金融、大数据分析等综合服务延伸,提升平台运营服务能力。

《"十四五"信息化和工业化深度融合发展规划》提出五项保障措施:

(1)健全组织实施机制

强化部际、部省、央地间协同合作,统筹推进工业互联网创新发展、制造业数字化转型、智能制造、工业大数据发展等重点工程和行动计划。各地要结合实际制定出台配套政策规划,落实规划总体要求、目标和任务,打好政策"组合拳"。发挥科研院所、行业组织、产业联盟等多元主体的桥梁作用,明确职责分工,强化协同联动。优化完善两化深度融合发展监测分析、绩效评估和监督考核机制,定期开展规划实施的跟踪评估工作,确保规划有效落实。

(2)加大财税资金支持

充分利用重大专项、制造业转型升级基金等机制,加大对数字"新基建"、工业互联网平台建设推广、两化深度融合共性技术研发及产业化等工作的财政支持。鼓励有条件的地方按照规定设立专项资金,探索建立多元化、多渠道社会投入机制,加强对中小企业数字化转型的资金扶持。落实好税收优惠政策,为制造企业创造良好发展环境。

(3)加快人才队伍培养

会同研究院所、行业组织协同推动两化深度融合、工业互联网、数字化转型等领域国家人才的培养,加快建立多层次、体系化、高水平的人才队伍。依托工业互联网平台工程实训基地、应用创新推广中心和创新合作中心等创新载体,打造产学研融合、区域协调联动和公益商业配合的人才培养模式。鼓励企业创新激励机制,建立适应两化深度融合发展需求的人事制度、薪酬制度和评价机制,完善技术入股、期权激励等人力资本收益分配机制,充分激发人力资本的创新潜能。

（4）优化融合发展环境

建立部门间高效联动机制，依托互联网平台、大数据平台等，推动跨部门、跨层级、跨区域的数据共享和流程互通，持续强化融合发展推进合力。放宽新产品、新模式、新业态的市场准入限制，清理制约人才、资本、技术、数据等要素自由流动的制度障碍，强化竞争政策的基础性地位。推动相关行业在技术、标准、政策等方面充分对接，强化知识产权保护，打造有利于两化深度融合的外部环境。多形式开展宣传推广和培训交流，提升政府、企业、行业组织、科研院所等各类参与主体对两化深度融合的认识水平，强化互联网思维、大数据思维，增强利用新一代信息技术创新各项工作的本领。

（5）加强国际交流合作

充分利用双多边国际交流合作机制，深化两化深度融合、工业互联网、开源软件、供应链金融等领域的国际合作，加强国际标准化工作，开展知识产权海外布局。扩大制造业对外开放，鼓励外资企业在境内设立研发机构。落实"一带一路"倡议，支持优秀企业、产品、技术全球化协作，加强融合发展"中国方案"的国际推广。

第三节　我国两化融合发展情况

党中央、国务院作出大力推进信息化与工业化融合的战略部署以来，各级工业和信息化主管部门做了大量工作，取得了显著成效。两化融合在转变经济发展方式、促进工业转型升级中的作用日益显现。

"十三五"期间，通过政策制定、标准推广、工程实施、试点示范等系列举措，两化深度融合既推动了信息技术在制造业的广泛应用，也带动了信息技术产业的系统创新和蓬勃发展。

两化融合发展基础设施不断夯实。我国已建成全球规模最大的信息通信网络，开通 5G 基站超过 70 万个，5G 商用部署初见成效，互联网协议第六版（IPv6）基础设施全面就绪，"蛟龙"下水、大飞机上天、北斗组网、高铁出海，关键领域核心技术、高端装备和重大短板攻关取得新进展。

两化融合发展政策体系不断健全。党中央、国务院先后出台《关于深化"互联网 + 先进制造业"发展工业互联网的指导意见》《关于深化新一代信息技术与制造业融合发展的指导意见》等一系列政策文件,融合发展顶层设计持续加强,推进机制日益完善。

基于工业互联网的两化融合发展生态加速构建。我国工业互联网发展水平与发达国家基本同步,网络基础设施持续升级,标识解析体系基本建成,注册总量突破 94 亿,平台资源配置能力显著增强,设备连接数量超过 7 000 万,行业赋能效果日益凸显,数字化管理、个性化定制、网络化协同、服务化延伸等融合发展新模式新业态蓬勃发展。

两化深度融合对传统产业提升作用显著。两化融合管理体系贯标持续推进,信息技术在制造业研发设计、生产制造、经营管理、运维服务等关键业务环节广泛应用,全国工业企业关键工序数控化率、经营管理数字化普及率和数字化研发设计工具普及率分别达 52.1%、68.1% 和 73.0%,五年内分别增加 6.7、13.2 和 11 个百分点,制造业数字化转型不断加速。

信息化与研发设计融合成为提升企业自主创新能力的重要手段。把信息技术"嵌入"产品中,提高了产品的信息技术含量和附加值,促进了产品升级和更新换代。信息技术融入研发设计的各个环节,缩短了研发设计周期,降低了研发设计成本。汽车制造行业已经普遍使用 CAD、PDM 等技术,在研发设计过程中基本实现了数字化设计与管理。飞机制造已经从无纸设计过渡到设计过程和设计数据的全面管理。部分机械制造企业已经实现了产品设计、工艺流程和 ERP 的集成应用。

信息化与生产制造的融合促进了工业的精益生产。我国应用信息技术进行重大设备研制和改造,开发出一批高档数控机床,打破了国外技术封锁。信息技术融入生产过程,实现生产过程的柔性制造和敏捷制造,有助于实现对生产控制的智能化和精准化,促进了精益化生产。制造执行系统(MES)已广泛应用到钢铁、石油、电子、烟草、机械、化工、汽车、电器等行业。

信息化与经营管理的融合成为企业管理升级的重要手段。通过应用企业资源规划(ERP)、供应链管理(SCM)、客户关系管理(CRM),可以实现信息流、物流、资金流"三流合一",在降低成本、减少库存、提高产品质量等方面发挥了重要作用。大型企业集团的管控能力大幅提升,中小企业管理的规范化程度也明显提高。

电子商务与市场营销的融合提高了企业的市场响应速度和客户服务水平,促进了商业模式创新。电子商务的发展,提升了企业原材料采购和产品营销的效率。目前,我国大部分骨干企业和重点行业开展了网上采购和网络营销活动,有些还实现了在线交易、支付及物流的一体化集成应用。电子商务成为工业企业购销的主要渠道。

两化融合进入综合集成应用阶段。钢铁、石化、航空等行业涌现出一批关键应用系统实现综合集成应用的企业,其中有些企业在业务集成、管控一体化、产销一体化等方面居于世界领先地位。汽车、船舶、机械、有色、纺织、家电等行业的骨干企业在研发设计、生产制造、经营管理、市场营销等关键环节的单项应用已经比较成熟,关键应用系统开始综合集成。

两化融合成为区域经济发展的新动力。信息化与地方支柱产业、优势产业和新兴产业的融合提高了区域经济增长速度,也提升了区域经济发展质量。许多地区都在积极利用信息技术加快改造传统产业,进一步增强了本地特色经济;通过培育、发展两化融合催生出的新兴产业,形成了新的经济增长点。

目前,我国两化深度融合发展仍处于走深向实的战略机遇期,正步入深化应用、加速创新、引领变革的快速发展轨道。

第四节　两化深度融合发展对策

推动两化深度融合要突出重点,找准突破口。地方工业和信息化主管部门可以把新一代信息技术应用、产品信息化、企业信息化集成应用和融合创新、产业集群两化融合、先进制造业和现代服务业融合(简称"两业融合")、培育新兴业态作为推动两化深度融合的切入点。

一、在工业领域推广新一代信息技术

应用物联网技术,发展工业物联网,提高工业生产自动化、智能化程度。开展物联网应用试点示范工作,将物联网技术应用到生产过程控制、

生产设备监控、产品质量溯源、物流管理等领域。通过进料设备、生产设备、包装设备等的联网,发展具有协作能力的工业机器人群,建设"无人工厂",提高企业产能和生产效率。

应用云计算技术,建设面向工业企业的云计算、云服务平台,发展云制造。通过云计算技术,解决企业进行数值模拟、虚拟仿真、工业设计等所需超大规模计算能力的问题。将 SaaS(软件运营服务)平台升级到云服务平台,把管理软件、工业软件等放在云服务平台,中小企业只需支付少量费用就可以按需使用,降低中小企业信息化的门槛。发展云制造,推动传统制造向智能制造方向发展。

二、推进产品信息化

推进产品信息化,提高产品的信息技术含量,提高产品的网络化、智能化水平,从而提高产品的附加值。

一是发展智能家电、智能家具等智能家居产品,如智能冰箱、智能电视、智能空调、扫地机器人等,为打造"智慧家庭"奠定基础。发展变频家电、物联网家电,推广家电能耗管理系统,降低家电能耗,实现家电联网和远程控制。应用电子信息和自动控制技术,发展满足人体工程学的智能家具。

二是发展智能化的生产设备、机械装备。重点发展具有远程控制、远程监测和故障诊断等功能的工程机械,发展工业机器人,构建网络化协同的工程机械群,打造数字化工厂、无人工厂。

三是发展智能化的交通工具,如无人机、无人船、无人驾驶汽车,增强汽车电子、船舶电子、航空电子自主创新和产业化能力,提高汽车、船舶、飞机的信息技术含量,提升安全性和舒适性,使之成为移动的信息终端。

三、促进企业信息化集成应用和融合创新

大力发展协同设计、协同制造、协同商务,促进企业内部各部门的信息共享和业务协同。建立企业数据目录和交换体系,实现产品、项目、服务等的全生命周期管理。推进管理信息系统之间的集成,如 ERP 与 PDM、PLM、MES 的集成。发展企业信息门户,实现企业多个信息系统的单一入口登录。鼓励企业通过信息化集成应用实现管理创新、商业模式创新。建

立供应链协作平台,提高产业链上下游企业的协作效率。

四、培育两化融合催生出的新兴业态

正如人类男性与女性结合可以孕育出新的生命,信息化与工业化融合也可以催生出新兴业态,如工业电子产业、工业软件产业、工业信息化服务业。

在工业电子产业领域,重点发展汽车电子、船舶电子、航空电子、机电一体化、消费电子、智能仪器仪表等。

在工业软件产业领域,重点发展工业设计软件、工业控制软件、工业仿真软件、工业装备或产品中的嵌入式软件等。

在工业信息化服务业领域,重点发展两化融合服务平台、全程电子商务平台、大宗工业原材料电子交易平台、第四方物流信息平台等。发展覆盖企业信息化规划、建设、管理、运维等环节的第三方咨询服务,发展两化融合领域的公共政策咨询服务。

要大力培育发展支撑两化融合的生产性服务业,促进工业电子、工业软件、工业信息化服务企业与工业企业的供需对接,实施一批两化融合新兴业态培育项目。整合研发资源,构建产学研合作体系,突破一批核心技术、关键技术。

五、推进产业集群两化融合

产业集群是在某一产业领域相互关联的企业及其支撑体系在一定领域内大量集聚发展,并形成具有持续竞争优势的经济群落。开展调查研究,立足产业集群的共性需求、瓶颈问题和关键环节,找准切入点,开展试点示范,循序渐进地推进产业集群两化融合。支持一批面向产业集群、市场化运作的两化融合服务平台,采用"政府补一点,平台让一点,企业出一点"的方式,降低集群内中小企业使用两化融合服务平台的门槛。地方各级信息化推进部门和中小企业、民营经济主管部门要加强协作,充分发挥各自优势,共同推进产业集群两化融合。

各级工业和信息化主管部门要把推动两化深度融合作为本部门的重点工作,作为促进当地工业转型升级的战略举措,加强政策引导,加大资金投入,完善标准规范,壮大人才队伍,营造良好氛围。

第八章

推进先进制造业和现代服务业融合

产业融合是现代产业发展的重要特征和必然趋势。先进制造业和现代服务业融合(简称"两业融合")是顺应新一轮科技革命和产业变革,增强制造业核心竞争力、培育现代产业体系、实现高质量发展的重要途径。党的二十大报告提出构建优质高效的服务业新体系,推动现代服务业同先进制造业、现代农业深度融合。

第一节　推动两业融合

一、两业融合概述

目前,两业融合已成为全球经济的重要趋势。两业融合的具体表现是制造业服务化和服务业产品化。随着新一轮科技革命发展,"制造业服务化、服务业制造化"趋势越来越明显。近年来,我国两业融合步伐不断加快,但也面临发展不平衡、协同性不强、深度不够和政策环境、体制机制存在制约等问题。

建议地方政府在服装、家具等行业推广基于信息化手段的大规模定制,满足个性化需求。利用信息化手段支撑业务流程外包,实现非核心业务外包,提高企业核心竞争力。推进现代物流、工业设计、售后服务等生产性服务业信息化。通过政策引导,鼓励企业信息化部门从原企业剥离出来,为本行业甚至其他行业提供信息化产品和服务。

二、两业融合国家政策

2019 年 11 月,国家发展改革委、工业和信息化部等 15 部门联合印发了《关于推动先进制造业和现代服务业深度融合发展的实施意见》,提出通过鼓励创新、加强合作、以点带面,深化业务关联、链条延伸、技术渗透,探索新业态、新模式、新路径,推动先进制造业和现代服务业相融相长、耦合共生。

1. 培育融合发展新业态新模式

(1)推进建设智能工厂

大力发展智能化解决方案服务,深化新一代信息技术、人工智能等应用,实现数据跨系统采集、传输、分析、应用,优化生产流程,提高效率和质量。

(2)加快工业互联网创新应用

以建设网络基础设施、发展应用平台体系、提升安全保障能力为支撑,推动制造业全要素、全产业链连接,完善协同应用生态,建设数字化、网络化、智能化制造和服务体系。

(3)推广柔性化定制

通过体验互动、在线设计等方式,增强定制设计能力,加强零件标准化、配件精细化、部件模块化管理,实现以用户为中心的定制和按需灵活生产。

(4)发展共享生产平台

鼓励资源富集企业面向社会开放产品开发、制造、物流配送等资源,提供研发设计、优化控制、设备管理、质量监控等服务,实现资源高效利用和价值共享。

(5)提升总集成总承包水平

支持设计、制造、施工等领域骨干企业整合资源、延伸链条,发展咨询设计、制造采购、施工安装、系统集成、运维管理等一揽子服务,提供整体解决方案。

(6)加强全生命周期管理

引导企业通过建立监测系统、应答中心、追溯体系等方式,提供远程运维、状态预警、故障诊断等在线服务，发展产品再制造、再利用，实现经济、社会生态价值最大化。

（7）优化供应链管理

提升信息、物料、资金、产品等配置流通效率，推动设计、采购、制造、销售、消费信息交互和流程再造，形成高效协同、弹性安全、绿色可持续的智慧供应链网络。

（8）发展服务衍生制造

鼓励电商、研发设计、文化旅游等服务企业，发挥大数据、技术、渠道、创意等要素优势，通过委托制造、品牌授权等方式向制造环节拓展。

（9）发展工业文化旅游

支持有条件的工业遗产和企业、园区、基地等，挖掘历史文化底蕴，开发集生产展示、观光体验、教育科普等于一体的旅游产品，厚植工业文化，弘扬工匠精神。

（10）培育其他新业态新模式

深化研发、生产、流通、消费等环节关联，加快业态模式创新升级，有效防范数据安全、道德风险，实现制造先进精准、服务丰富优质、流程灵活高效、模式互惠多元，提升全产业链价值。

2. 探索重点行业重点领域融合发展新路径

（1）加快原材料工业和服务业融合步伐

加快原材料企业向产品和专业服务解决方案提供商转型。加强早期研发介入合作，提供定向开发服务，缩短产品研发周期。鼓励有条件的企业提供社会化能源管理、安全环保、信息化等服务。推动具备区位、技术等优势的钢铁、水泥等企业发展废弃物协同处置、资源循环利用、污水处理、热力供应等服务。

（2）推动消费品工业和服务业深度融合

注重差异化、品质化、绿色化消费需求，推动消费品工业服务化升级。以服装、家居等为重点，发展规模化、个性化定制。以智能手机、家电、新型终端等为重点，发展"产品＋内容＋生态"全链式智能生态服务。以家电、消费电子等为重点，落实生产者责任延伸制度，健全废旧产品回收拆解体系，促进更新消费。

（3）提升装备制造业和服务业融合水平

推动装备制造企业向系统集成和整体解决方案提供商转型。支持市场化兼并重组，培育具有总承包能力的大型综合性装备企业。发展辅助设计、系统仿真、智能控制等高端工业软件，建设铸造、锻造、表面处理、热处理等基础工艺中心。用好强大国内市场资源，加快重大技术装备创新，突破关键核心技术，带动配套、专业服务等产业协同发展。

（4）完善汽车制造和服务全链条体系

加快汽车由传统出行工具向智能移动空间升级。推动汽车智能化发展，加快构建产业生态体系。加强车况、出行、充放电等数据挖掘应用，为汽车制造、城市建设、电网改造等提供支撑。加快充电设施建设布局，鼓励有条件的地方和领域探索发展换电和电池租赁服务，建立动力电池回收利用管理体系。规范发展汽车租赁、改装、二手车交易、维修保养等后市场。

（5）深化制造业服务业和互联网融合发展

大力发展"互联网＋"，激发发展活力和潜力，营造融合发展新生态。突破工业机理建模、数字孪生、信息物理系统等关键技术。深入实施工业互联网创新发展战略，加快构建标识解析、安全保障体系，发展面向重点行业和区域的工业互联网平台。推动重点行业数字化转型，推广一批行业系统解决方案，推动企业内外网升级改造。加快人工智能、5G等新一代信息技术在制造、服务企业的创新应用，逐步实现深度优化和智能决策。

（6）促进现代物流和制造业高效融合

鼓励物流、快递企业融入制造业采购、生产、仓储、分销、配送等环节，持续推进降本增效。优化节点布局，完善配套设施，加强物流资源配置共享。鼓励物流外包，发展零库存管理、生产线边物流等新型业务。推进智能化改造和上下游标准衔接，推广标准化装载单元，发展单元化物流。鼓励物流企业和制造企业协同"走出去"，提供安全可靠服务。

（7）强化研发设计服务和制造业有机融合

瞄准转型升级关键环节和突出短板，推动研发设计服务与制造业融合发展、互促共进。引导研发设计企业与制造企业嵌入式合作，提供需求分析、创新试验、原型开发等服务。开展制造业设计能力提升专项行动，促进工业设计向高端综合设计服务转型。完善知识产权交易和中介服务体系，推进创新成果转移转化。

（8）加强新能源生产使用和制造业绿色融合

顺应分布式、智能化发展趋势，推进新能源生产服务与设备制造协同发展。推广智能发电、智慧用能设备系统，推动能源高效管理和交易。发展分布式储能服务，实现储能设施混合配置、高效管理、友好并网。加强工业设备、智能家电等用电大数据分析，优化设计，降低能耗。推动氢能产业创新、集聚发展，完善氢能制备、储运、加注等设施和服务。

（9）推进消费服务重点领域和制造业创新融合

满足重点领域消费升级需求，推动智能设备产业创新发展。重点发展手术机器人、医学影像、远程诊疗等高端医疗设备，可穿戴监测、运动、婴幼儿监护、适老化健康养老等智能设备，开展健康管理、运动向导、精准照护等增值服务，逐步实现设备智能化、生活智慧化。鼓励增强/虚拟现实等技术在购物、广电等场景中的应用。

（10）提高金融服务制造业转型升级质效

坚持金融服务实体经济，创新产品和服务，有效防范风险，规范产融结合。依托产业链龙头企业资金、客户、数据、信用等优势，发展基于真实交易背景的票据、应收账款、存货、预付款项融资等供应链金融服务。鼓励发展装备融资租赁业务。

3. 发挥多元化融合发展主体作用

（1）强化产业链龙头企业引领作用

在产品集成度、生产协作度较高的领域，培育一批处于价值链顶部、具有全产业链号召力和国际影响力的龙头企业。发挥其产业链推动者作用，在技术、产品、服务等领域持续创新突破，深化与配套服务企业协同，引领产业链深度融合和高端跃升。

（2）发挥行业骨干企业示范效应

在技术相对成熟、市场竞争充分的领域，培育一批创新能力和品牌影响力突出的行业领军企业。鼓励其先行探索，发展专业化服务，提供行业系统解决方案。引导业内企业积极借鉴、优化创新，形成差异化的融合发展模式路径。

（3）激发专精特新中小微企业融合发展活力

发挥中小微企业贴近市场、机制灵活等优势，引导其加快业态模式创新，在细分领域培育一批专精特新"小巨人"和"单项冠军"企业。以国家级新区、产业园区等为重点，完善服务体系，提升服务效能，推动产业集群融合发展。

（4）提升平台型企业和机构综合服务效能

坚持包容审慎和规范监管，构建若干以平台型企业为主导的产业生态圈，发挥其整合资源、集聚企业的优势，促进产销精准连接、高效畅通。鼓励建立新型研发机构，适应技术攻关、成果转化等需求。加快培育高水平质量技术服务企业和机构，提供优质计量、标准、检验检测、认证认可等服务。

（5）释放其他各类主体融合发展潜力

引导高等院校、职业学校以及科研、咨询、金融、投资、知识产权等机构，发挥人才、资本、技术、数据等优势，积极创业创新，发展新产业新业态。发挥行业协会在协调服务等方面的重要作用，鼓励建立跨区域、跨行业、跨领域的新型产业联盟。

第二节　发展生产性服务业

生产性服务业涉及农业、工业等产业的多个环节，具有专业性强、创新活跃、产业融合度高、带动作用显著等特点，是全球产业竞争的战略制高点。加快发展生产性服务业，是向结构调整要动力、促进经济稳定增长的重大措施，既可以有效激发内需潜力、带动扩大社会就业、持续改善人民生活，也有利于引领产业向价值链高端提升。

2014年7月，国务院印发了《关于加快发展生产性服务业促进产业结构调整升级的指导意见》，明确了发展导向和发展重点。

1. 发展导向

以产业转型升级需求为导向，进一步加快生产性服务业发展，引导企业进一步打破"大而全""小而全"的格局，分离和外包非核心业务，向价值链高端延伸,促进我国产业逐步由生产制造型向生产服务型转变。

（1）鼓励企业向价值链高端发展

鼓励农业企业和涉农服务机构重点围绕提高科技创新和推广应用能力,加快推进现代种业发展,完善农副产品流通体系。鼓励有能力的工业企业重点围绕提高研发创新和系统集成能力,发展市场调研、产品设计、技术开发、工程总包和系统控制等业务。加快发展专业化设计及相关定制、加工服务,建立健全重大技术装备第三方认证制度。促进专利技术运用和创新成果转化,健全研发设计、试验验证、运行维护和技术产品标准等体系。重点围绕市场营销和品牌服务,发展现代销售体系,增强产业链上下游企业协同能力。强化期货、现货交易平台功能。鼓励分期付款等消费金融服务方式。推进仓储物流、维修维护和回收利用等专业服务的发展。

（2）推进农业生产和工业制造现代化

搭建各类农业生产服务平台,加强政策法律咨询、市场信息、病虫害防治、测土配方施肥、种养过程监控等服务。健全农业生产资料配送网络,鼓励开展农机跨区作业、承包作业、机具租赁和维修服务。推进面向产业集群和中小企业的基础工艺、基础材料、基础元器件研发和系统集成以及生产、检测、计量等专业化公共服务平台建设,鼓励开展工程项目、工业设计、产品技术研发和检验检测、工艺诊断、流程优化再造、技能培训等服务外包,整合优化生产服务系统。发展技术支持和设备监理、保养、维修、改造、备品备件等专业化服务,提高设备运行质量。鼓励制造业与相关产业协同处置工业"三废"及社会废弃物,发展节能减排投融资、清洁生产审核及咨询等节能环保服务。

（3）加快生产制造与信息技术服务融合

支持农业生产的信息技术服务创新和应用,发展农作物良种繁育、农业生产动态监测、环境监控等信息技术服务,建立健全农产品质量安全可追溯体系。鼓励将数字技术和智能制造技术广泛应用于产品设计和制造过程,丰富产品功能,提高产品性能。运用互联网、大数据等信息技术,积极发展定制生产,满足多样化、个性化消费需求。促进智能终端与应用服务相融合、数字产品与内容服务相结合,推动产品创新,拓展服务领域。发展服务于产业集群的电子商务、数字内容、数据托管、技术推广、管理咨询等服务平台,提高资源配置效率。

2. 发展重点

《国务院关于加快发展生产性服务业促进产业结构调整升级的指导意见》提出重点发展研发设计、第三方物流、融资租赁、信息技术服务、节能环保服务、检验检测认证、电子商务、商务咨询、服务外包、售后服务、人力资源服务和品牌建设等12个领域。

(1)研发设计

积极开展研发设计服务,加强新材料、新产品、新工艺的研发和推广应用。大力发展工业设计,培育企业品牌、丰富产品品种、提高附加值。促进工业设计向高端综合设计服务转变。支持研发体现中国文化要素的设计产品。整合现有资源,发挥企业创新主体作用,推进产学研用合作,加快创新成果产业化步伐。鼓励建立专业化、开放型的工业设计企业和工业设计服务中心,促进工业企业与工业设计企业合作。完善知识产权交易和中介服务体系,发展研发设计交易市场。开展面向生产性服务业企业的知识产权培训、专利运营、分析评议、专利代理和专利预警等服务。建立主要由市场评价创新成果的机制,加快研发设计创新转化为现实生产力。

(2)第三方物流

优化物流企业供应链管理服务,提高物流企业配送的信息化、智能化、精准化水平,推广企业零库存管理等现代企业管理模式。加强核心技术开发,发展连锁配送等现代经营方式,重点推进云计算、物联网、北斗导航及地理信息等技术在物流智能化管理方面的应用。引导企业剥离物流业务,积极发展专业化、社会化的大型物流企业。完善物流建设和服务标准,引导物流设施资源集聚集约发展,培育一批具有较强服务能力的生产服务型物流园区和配送中心。加强综合性、专业性物流公共信息平台和货物配载中心建设,衔接货物信息,匹配运载工具,提高物流企业运输工具利用效率,降低运输车辆空驶率。提高物流行业标准化设施、设备和器具应用水平以及托盘标准化水平。继续推进制造业与物流业联动发展示范工作和快递服务制造业工作,加强仓储、冷链物流服务。大力发展铁水联运、江海直达、滚装运输、道路货物甩挂运输等运输方式,推进货运汽车(挂车)、列车标准国际化。优化城市配送网络,鼓励统一配送和共同配送。推动城市配送车辆标准化、标识化,建立健全配送车辆运力调控机制,完善配送车辆便利通行措施。在关系民生的农产品、药品、快速消费品等重点领域开展标准化托盘循环共用示范试点。完善农村物流服务体系,加强产销衔接,扩大农超对接规模,加快农产品批发和零售市场改造升级,拓展农产品加工服务。

（3）融资租赁

建立完善融资租赁业运营服务和管理信息系统,丰富租赁方式,提升专业水平,形成融资渠道多样、集约发展、监管有效、法律体系健全的融资租赁服务体系。大力推广大型制造设备、施工设备、运输工具、生产线等融资租赁服务,鼓励融资租赁企业支持中小微企业发展。引导企业利用融资租赁方式,进行设备更新和技术改造。鼓励采用融资租赁方式开拓国际市场。紧密联系产业需求,积极开展租赁业务创新和制度创新,拓展厂商租赁的业务范围。引导租赁服务企业加强与商业银行、保险、信托等金融机构合作,充分利用境外资金,多渠道拓展融资空间,实现规模化经营。建设程序标准化、管理规范化、运转高效的租赁物与二手设备流通市场,建立和完善租赁物公示、查询系统和融资租赁资产退出机制。加快研究制定融资租赁行业的法律法规。充分发挥行业协会作用,加强信用体系建设和行业自律。建立系统性行业风险防范机制,以及融资租赁业统计制度和评价指标体系。

（4）信息技术服务

发展涉及网络新应用的信息技术服务,积极运用云计算、物联网等信息技术,推动制造业的智能化、柔性化和服务化,促进定制生产等模式创新发展。加快面向工业重点行业的知识库建设,创新面向专业领域的信息服务方式,提升服务能力。加强相关软件研发,提高信息技术咨询设计、集成实施、运行维护、测试评估和信息安全服务水平,面向工业行业应用提供系统解决方案,促进工业生产业务流程再造和优化。推动工业企业与软件提供商、信息服务提供商联合提升企业生产经营管理全过程的数字化水平。支持工业企业所属信息服务机构面向行业和社会提供专业化服务。加快农村互联网基础设施建设,推进信息进村入户。

（5）节能环保服务

健全节能环保法规和标准体系，增强节能环保指标的刚性约束，严格落实奖惩措施。大力发展节能减排投融资、能源审计、清洁生产审核、工程咨询、节能环保产品认证、节能评估等第三方节能环保服务体系。规范引导建材、冶金、能源企业协同开展城市及产业废弃物的资源化处理，建立交易市场。鼓励结合改善环境质量和治理污染的需要，开展环保服务活动。发展系统设计、成套设备、工程施工、调试运行和维护管理等环保服务总承包。鼓励大型重点用能单位依托自身技术优势和管理经验，开展专业化节能环保服务。推广合同能源管理，建设"一站式"合同能源管理综合服务平台，积极探索节能量市场化交易。建设再生资源回收体系和废弃物逆向物流交易平台。积极发展再制造专业技术服务，建立再制造旧件回收、产品营销、溯源等信息化管理系统。推行环境污染第三方治理。

（6）检验检测认证

加快发展第三方检验检测认证服务，鼓励不同所有制检验检测认证机构平等参与市场竞争，不断增强权威性和公信力，为提高产品质量提供有力的支持保障服务。加强计量、检测技术、检测装备研发等基础能力建设，发展面向设计开发、生产制造、售后服务全过程的分析、测试、计量、检验等服务。建设一批国家产业计量测试中心，构建国家产业计量测试服务体系。加强先进重大装备、新材料、新能源汽车等领域的第三方检验检测服务，加快发展药品检验检测、医疗器械检验、进出口检验检疫、农产品质量安全检验检测、食品安全检验检测等服务，发展在线检测，完善检验检测认证服务体系。开拓电子商务等服务认证领域。优化资源配置，引导检验检测认证机构集聚发展，推进整合业务相同或相近的检验检测认证机构。积极参与制定国际检验检测标准，开展检验检测认证结果和技术能力国际互认。培育一批技术能力强、服务水平高、规模效益好、具有一定国际影响力的检验检测认证集团。加大生产性服务业标准的推广应用力度，深化国家级服务业标准化试点。

（7）电子商务

深化大中型企业电子商务应用，促进大宗原材料网上交易、工业产品网上定制、上下游关联企业业务协同发展，创新组织结构和经营模式。引导小微企业依托第三方电子商务服务平台开展业务。抓紧研究制定鼓励电子商务创新发展的意见。深化电子商务服务集成创新。加快并规范集交易、电子认证、在线支付、物流、信用评估等服务于一体的第三方电子商务综合服务平台发展。加快推进适应电子合同、电子发票和电子签名发展的制度建设。建设开放式电子商务快递配送信息平台和社会化仓储设施网络,加快布局、规范建设快件处理中心和航空、陆运集散中心。鼓励对现有商业设施、邮政便民服务设施等的整合利用,加强共同配送末端网点建设,推动社区商业电子商务发展。深入推进国家电子商务示范城市、示范基地和示范企业建设,发展电子商务可信交易保障、交易纠纷处理等服务。建立健全促进电子商务发展的工作保障机制。加强网络基础设施建设和电子商务信用体系、统计监测体系建设,不断完善电子商务标准体系和快递服务质量评价体系。推进农村电子商务发展,积极培育农产品电子商务,鼓励网上购销对接等多种交易方式。支持面向跨境贸易的多语种电子商务平台建设、服务创新和应用推广。积极发展移动电子商务,推动移动电子商务应用向工业生产经营和生产性服务业领域延伸。

(8) 商务咨询

提升商务咨询服务专业化、规模化、网络化水平。引导商务咨询企业以促进产业转型升级为重点,大力发展战略规划、营销策划、市场调查、管理咨询等提升产业发展素质的咨询服务,积极发展资产评估、会计、审计、税务、勘察设计、工程咨询等专业咨询服务。发展信息技术咨询服务,开展咨询设计、集成实施、运行维护、测试评估、应用系统解决方案和信息安全服务。加强知识产权咨询服务,发展检索、分析、数据加工等基础服务,培育知识产权转化、投融资等市场化服务。重视培育品牌和商誉,发展无形资产、信用等评估服务。抓紧研究制定咨询服务业发展指导意见。依法健全商务咨询服务的职业评价制度和信用管理体系,加强执业培训和行业自律。开展多种形式的国际合作,推动商务咨询服务国际化发展。

(9) 服务外包

把握全球服务外包发展新趋势,积极承接国际离岸服务外包业务,大力培育在岸服务外包市场。抓紧研究制定在岸与离岸服务外包协调发展政策。适应生产性服务业社会化、专业化发展要求,鼓励服务外包,促进企业突出核心业务、优化生产流程、创新组织结构、提高质量和效率。引导社会资本积极发展信息技术外包、业务流程外包和知识流程外包服务业务,为产业转型升级提供支撑。鼓励政府机构和事业单位购买专业化服务,加强管理创新。支持企业购买专业化服务,构建数字化服务平台,实现包括产品设计、工艺流程、生产规划、生产制造和售后服务在内的全过程管理。

(10)售后服务

鼓励企业将售后服务作为开拓市场、提高竞争力的重要途径,增强服务功能,健全服务网络,提升服务质量,完善服务体系。完善产品"三包"制度,推动发展产品配送、安装调试、以旧换新等售后服务,积极运用互联网、物联网、大数据等信息技术,发展远程检测诊断、运营维护、技术支持等售后服务新业态。大力发展专业维护维修服务,加快技术研发与应用,促进维护维修服务业务和服务模式创新,鼓励开展设备监理、维护、修理和运行等全生命周期服务。积极发展专业化、社会化的第三方维护维修服务,支持具备条件的工业企业内设机构向专业维护维修公司转变。完善售后服务标准,加强售后服务专业队伍建设,健全售后服务认证制度和质量监测体系,不断提高用户满意度。

(11)人力资源服务和品牌建设

以产业引导、政策扶持和环境营造为重点,推进人力资源服务创新,大力开发能满足不同层次、不同群体需求的各类人力资源服务产品。提高人力资源服务水平,促进人力资源服务供求对接,引导各类企业通过专业化的人力资源服务提升人力资源管理开发和使用水平,提升劳动者素质和人力资源配置效率。加快形成一批具有国际竞争力的综合型、专业型人力资源服务机构。统筹利用高等院校、科研院所、职业院校、社会培训机构和企业等各种培训资源,强化生产性服务业所需的创新型、应用型、复合型、技术技能型人才开发培训。加快推广中关村科技园区股权激励试点经验,调动科研人员创新进取的积极性。营造尊重人才、有利于优秀人才脱颖而出和充分发挥作用的社会环境。鼓励具有自主知识产权的知识创新、技术创新和模式创新,积极创建知名品牌,增强独特文化特质,以品牌引领消费,带动生产制造,推动形成具有中国特色的品牌价值评价机制。

第三节　发展制造服务业

制造服务业是面向制造业的生产性服务业,是提升制造业产品竞争力和综合实力、促进制造业转型升级和高质量发展的重要支撑。当前,我国制造服务业供给质量不高,专业化、社会化程度不够,引领制造业价值链攀升的作用不明显,与建设现代化经济体系、实现经济高质量发展的要求还存在差距。

2021年3月,国家发展改革委、教育部等13个国家部门联合印发了《关于加快推动制造服务业高质量发展的意见》,明确了制造服务业发展的6个重点方向。

（1）提升制造业创新能力

发展研究开发、技术转移、创业孵化、知识产权、科技咨询等科技服务业,加强关键核心技术攻关,加速科技成果转化,夯实产学研协同创新基础,推动产业链与创新链精准对接、深度融合,提升制造业技术创新能力,提高制造业产业基础高级化、产业链供应链现代化水平。提升商务咨询专业化、数字化水平,助力制造业企业树立战略思维、创新管理模式、优化治理结构,推动提高经营效益。加快工业设计创新发展,提升制造业设计能力和水平,推动中国制造向中国创造转变。

（2）优化制造业供给质量

支持企业和专业机构提供质量管理、控制、评价等服务,扩大制造业优质产品和服务供给,提升供给体系对需求的适配性。加快检验检测认证服务业市场化、国际化、专业化、集约化、规范化改革和发展,提高服务水平和公信力,推进国家检验检测认证公共服务平台建设,推动提升制造业产品和服务质量。加强国家计量基准标准和标准物质建设,提升计量测试能力水平,优化计量测试服务业市场供给。发展面向制造业的研发、制造、交付、维护等产品全生命周期管理,实现制造业链条延伸和价值增值。鼓励专业服务机构积极参与制造业品牌建设和市场推广,加强品牌和营销管理服务,提升制造业品牌效应和市场竞争力。

（3）提高制造业生产效率

利用 5G、大数据、云计算、人工智能、区块链等新一代信息技术，大力发展智能制造，实现供需精准高效匹配，促进制造业发展模式和企业形态根本性变革。加快发展工业软件、工业互联网，培育共享制造、共享设计和共享数据平台，推动制造业实现资源高效利用和价值共享。发展现代物流服务体系，促进信息资源融合共享，推动实现采购、生产、流通等上下游环节信息实时采集、互联互通，提高生产制造和物流一体化运作水平。

（4）支撑制造业绿色发展

强化节能环保服务对制造业绿色发展的支撑作用，推进合同能源管理、节能诊断、节能评估、节能技术改造咨询服务、节能环保融资、第三方监测、环境污染第三方治理、环境综合治理托管服务等模式，推动节能环保服务由单一、短时效的技术服务，向咨询、管理、投融资等多领域、全周期的综合服务延伸拓展。发展回收与利用服务，完善再生资源回收利用体系，畅通汽车、纺织、家电等产品生产、消费、回收、处理、再利用全链条，实现产品经济价值和社会价值最大化。

（5）增强制造业发展活力

更好发挥资本市场的作用，充分利用多元化金融工具，不断创新服务模式，为制造业发展提供更高质量、更有效率的金融服务。发展人力资源管理服务，提升人才管理能力和水平，优化人才激励机制，推动稳定制造业就业，助力实现共同富裕。加大数据资源开发、开放和共享力度，促进知识、信息、数据等新生产要素合理流动、有效集聚和利用，促进制造业数字化转型。

（6）推动制造业供应链创新应用

健全制造业供应链服务体系，稳步推进制造业智慧供应链体系，创新网络和服务平台建设，推动制造业供应链向产业服务供应链转型。支持制造业企业发挥自身供应链优势赋能上下游企业，促进各环节高效衔接和全流程协同。巩固制造业供应链核心环节竞争力，补足制造业供应链短板。推动感知技术在制造业供应链关键节点的应用，推进重点行业供应链体系智能化，逐步实现供应链可视化。建立制造业供应链评价体系，逐步形成重要资源和产品全球供应链风险预警系统，完善全球供应链风险预警机制,提升我国制造业供应链全球影响力和竞争力。

《关于加快推动制造服务业高质量发展的意见》提出实施 9 大专项行动。

（1）制造服务业主体培育行动

围绕制造业共性服务需求,加快培育一批集战略咨询、管理优化、解决方案创新、数字能力建设于一体的综合性服务平台。支持制造业企业按照市场化原则,剥离非核心服务,为产业链上下游企业提供研发设计、创业孵化、计量测试、检验检测等社会化、专业化服务。鼓励制造服务业企业按照市场化原则开展并购重组,实现集约化和品牌化发展。培育一批制造服务业新型产业服务平台或社会组织,鼓励其开展协同研发、资源共享和成果推广应用等活动。

（2）融合发展试点示范行动

深入推进先进制造业和现代服务业融合发展试点,培育服务衍生制造、供应链管理、总集成总承包等新业态新模式,探索原材料、消费品、装备制造等重点行业领域与服务业融合发展新路径。进一步健全要素配置、市场监管、统计监测等方面工作机制,打造一批深度融合型企业和平台。遴选培育一批服务型制造示范企业、平台、项目和城市,推动服务型制造理念得到普遍认可、服务型制造主要模式深入发展。

（3）中国制造品牌培育行动

完善国家质量基础设施,加强标准、计量、专利等体系和能力建设,深入开展质量提升行动。充分调动企业作为品牌建设主体的主观能动性,建立以质量为基础的品牌发展战略,不断优化产品和服务供给,促进制造业企业提升质量管理水平。持续办好中国品牌日活动,讲好中国品牌故事,宣传推介国货精品,在全社会进一步传播品牌发展理念,增强品牌发展意识,凝聚品牌发展共识。

（4）制造业智能转型行动

制定重点行业领域数字化转型路线图。抓紧研制两化融合成熟度、供应链数字化等急需标准,加快工业设备和企业上云用云步伐。实施中小企业数字化赋能专项行动,集聚一批面向制造业中小企业的数字化服务商。推进"5G＋工业互联网"512 工程,打造 5 个内网建设改造公共服务平台,遴选 10 个重点行业,挖掘 20 个典型应用场景。在冶金、石化、汽车、家电等重点领域遴选一批实施成效突出、复制推广价值大的智能制造标杆工厂,加快制定分行业智能制造实施路线图,修订完善国家智能制造标准体系。开展联网制造企业网络安全能力贯标行动,遴选一批贯标示范企业。

(5) 制造业研发设计能力提升行动

推动新型研发机构健康有序发展,支持科技企业与高校、科研机构合作建立技术研发中心、产业研究院、中试基地等新型研发机构,盘活并整合创新资源,推动产学研协同创新。大力推进系统设计、绿色设计和创意设计的理念与方法普及,开展高端装备制造业及传统优势产业等领域重点设计突破工程,培育一批国家级和省级工业设计研究平台,突出设计创新创意园区对经济社会发展的综合拉动效应,探索建立以创新为核心的设计赋能机制,推动制造业设计能力全面提升。

(6) 制造业绿色化改造行动

开展绿色产业示范基地建设,搭建绿色发展促进平台,培育一批具有自主知识产权和专业化服务能力的市场主体,推动提高钢铁、石化、化工、有色、建材、纺织、造纸、皮革等行业绿色化水平。积极打造家电销售和废旧家电回收处理产业链,探索实施家电企业生产者责任延伸目标制度,研究开展废弃电器电子产品拆解企业资源环境绩效评价,促进家电更新消费。

(7) 制造业供应链创新发展行动

探索实施制造业供应链竞争力提升工程,逐步完善战略性新兴产业供应链关键配套体系,巩固制造业供应链核心环节竞争力。开展制造业供应链协同性、安全性、稳定性、竞争力等综合评估,研究绘制基于国内国际产业循环的制造业重点行业供应链全景图。鼓励企业积极参与全球供应链网络,建立重要资源和产品全球供应链风险预警系统。研究国家制造业供应链安全计划,建立全球供应链风险预警评价指标体系。

(8) 制造服务业标准体系建设行动

深入开展信息技术、科创服务、金融服务、服务外包、售后服务、人力资源服务、现代物流、现代供应链、设施管理等服务领域标准化建设行动,推动制造服务业标准体系逐步完善。持续完善工业互联网标识解析体系、网络互联、边缘计算、数据规范体系和工业 App 等共性标准,支持涉及安全健康环保的技术要求制定强制性国家标准。

（9）制造业计量能力提升行动

构建国家现代先进测量体系,加快国家产业计量测试中心和联盟建设,培育计量测试等高技术制造服务业,聚焦制造业"测不了、测不准"难题,加强计量测试技术研究和应用,加大专用计量测试装备研发和仪器仪表研制,提升制造业整体测量能力和水平,赋能制造业产业创新和高质量发展。·

第四节　地方政府推动两业融合发展实践

一、江苏省

1. 江苏两业融合发展现状

（1）融合试点稳步增加

2019 年 12 月,江苏在国内率先启动省级两业深度融合试点工作,首批评定 159 家两业融合试点单位;2022 年初,评选第二批省级两业深度融合试点,152 家单位入选全省两业深度融合试点单位。张家港市、常州天宁经济开发区 2 个区域和徐工机械、双良节能系统、波司登羽绒服装、康缘医药商业、中天科技等 6 家企业先后入选全国两业融合发展试点单位,入选数量位居全国前列。同时,各设区市也开展了两业融合试点示范,为梯度推进、持续开展试点工作做好准备。

（2）融合基础进一步夯实

近年来,江苏现代服务业规模不断扩大,2022 年全省服务业增加值 62 027.5 亿元,占 GDP 比重为 50.5%,服务业发展水平稳步提升。2022 年数字经济核心产业增加值占 GDP 比重达 11%;全年工业战略性新兴产业、高新技术产业产值占规模以上工业比重分别为 40.8%、48.5%,为江苏两业融合发展奠定了良好基础。试点城市和企业实现快速发展,2022 年,张家港市实现地区生产总值 3 302.39 亿元,作为唯一县级城市入选商务部等单位评选的全国供应链创新与应用示范试点城市；徐工机械2022年营业收入达到938.17亿元，连续3年跻身全球工程机械制造商前三。

（3）融合模式不断丰富

随着两业融合工作的深入推进，江苏初步形成了一批产业融合发展模式，获得国家发展改革委认可。江苏双良集团有限公司的节能整体解决方案、江苏中天科技股份有限公司光纤通信智能制造标杆工厂和总集成总承包服务、江苏康缘集团有限公司中医药数字化智能制造和惠民供应链、江苏鱼跃医疗设备股份有限公司的医疗器械智能产品和生命健康服务生态圈等融合典型模式示范作用凸显。

近年来，江苏省一些企业的业务从制造业拓展到服务业。例如，江苏鱼跃医疗设备股份有限公司在提供智能医疗器械的基础上，构建生命健康服务生态圈。一些企业的业务则从服务业拓展到制造业。例如，江苏奥洋健康产业股份有限公司依托康复医院、医药物流、居家养老等业务，向智能照护、辅助康复机器人等制造端延伸。

（4）体制机制不断突破

江苏全省各地坚持问题导向，优化营商环境，着力解决制约两业融合发展的体制机制障碍。张家港市作为全国唯一全县域开展国家级首批两业融合试点的城市，建立完善两业融合多部门联动机制，以部门服务融合带动促进产业融合发展，并进一步深化"放管服"改革，让更多制造业企业进入生产性服务领域拓展转型。常州天宁经济开发区推动土地集约利用，促进企业集聚融合，打造检验检测认证、智能驾驶、网络视听游戏等百亿元以上规模的"三新经济"产业集群。徐州经济技术开发区精准搭建高端工程机械等高层次创新平台，争创自贸区联动创新区，以两业融合提升自主可控、开放共享的产业核心竞争力。

2. 江苏两业融合发展模式

江苏在推进产业深度融合过程中，基于自身的产业基础、资源禀赋，大胆实践、争当表率，形成了具有江苏特点的新模式。

（1）"数字＋服务＋制造"的"全融合"模式

通过人工智能、云计算、大数据、工业物联网等新一代信息技术联结制造与服务,应用物联网、车联网、云平台等"互联网＋"制造业和服务业,实现现代服务业与先进制造业深度融合。例如,以徐工集团、富瑞特种装备等为代表的高端装备制造企业,紧扣制造业最为核心的研发、制造、服务、运营等环节,利用大数据管理系统,改良和提高生产流程效率和质量,通过实施工业互联网、智能工厂、智慧供应链等项目建设,实现制造过程自动化、精益化、高效化、数字化。

（2）嵌入全流程服务的"总集成总承包"模式

为满足客户个性化需求,整合资源、延伸链条,开展基于产品或研发能力的一揽子服务。例如,江苏永鼎股份有限公司通过服务模式创新和服务产品创新,整合上下游优势资源,向客户提供制造和服务相辅相成的总承包服务,从"单一线缆制造商"向"设计—供货—施工—运营服务"一体化的系统集成服务商转变。

（3）全供应链流程协同的"延伸再造"模式

推动研发、设计、采购、制造、销售、售后服务等全供应链流程再造,提升信息、物料、资金等要素配置效率,形成高效的智慧供应链网络,促进供应链服务与制造业融合。例如,中储南京智慧物流科技有限公司充分利用信息技术手段,构建新兴铸管智能调度、智能运输、智能配送一体化、智能化现代物流运作模式,使得新兴铸管物流成本降低比例超过10%。

（4）服务衍生先进制造的"需求联动"模式

伴随着人们对高品质生活的追求,旅游、文化、体育、健康、养老等传统生活性服务业领域带动大量的衍生制造需求,构成联动式两业融合产业链。例如,江苏盖睿健康科技有限公司利用自身在基层医疗全业务场景和数字大健康领域的服务优势,进一步向医疗终端制造产品衍生,从而构建起"软件硬件化、硬件服务化"的医疗产品和服务体系。

3. 江苏两业融合主要做法和经验

（1）育主体,塑造多元融合优势

一是推进企业融合,发挥两业融合的主力军作用。引导龙头企业、骨干企业及中小型企业基于各自优势,在两业融合中找准位置、发挥作用;鼓励制造企业主动剥离非核心业务环节,与专业服务机构分工协同、优势互补、上下衔接,在融合中创造价值;支持服务业企业主动嵌入制造环节,提供研发设计、检验检测、产品销售等服务。

二是推进产业链融合,构筑两业融合的着力点。江苏以全省 16 个省级重点先进制造业集群内的主导产业为先导,实施产业链融合工程,率先推进产业链、供应链、创新链、人才链、资金链深度融合。

三是推进产业园融合,围绕产业链集群提供专业化的融合方案。打破现有产业园区各种隐性壁垒,探索产业园区资源要素共享共用机制,以产业链需求为总牵引,构建需求牵引下的产业链、供应链、创新链、人才链、资金链"五链"响应机制,围绕产业链集群提供专业化的融合方案。

(2) 强示范,激发融合内生动力

发挥国家级、省级两业融合试点示范企业标杆引领作用,支持企业以不同方式实现对资源要素、技术研发和市场开发的有效整合,激发融合内生动力。

一是引导产业链龙头企业发挥引领作用,以技术、产品、服务等方面持续创新,带动配套服务企业协同发展,实现向产业链高端攀升。

二是发挥行业骨干企业示范作用,以先行探索提供系统解决方案,复制推广发展经验,为业内企业提供借鉴。

三是鼓励专精特新中小微企业发挥贴近市场、机制灵活等优势,探索发展新模式、新路径,培育形成一批"小巨人"和"单项冠军"企业。

(3) 补短板,建强融合薄弱环节

提升生产性服务业发展能级,夯实两业融合基础。一是优化要素供给结构,完善知识产权保护,创新人才激励机制,扩大人力资本、知识资本、信息资本等高端要素的供给能力。

二是优化行业结构,提升研发设计、供应链管理、商务咨询、人力资本服务、节能与环保服务等行业(业态)占比;推进平台经济、数字经济、创意经济等产业引领性强、技术含量高的行业(业态)发展。

三是优化主体结构,在保持生产性服务业比重一定的情况下,实施两业融合标杆引领工程,到 2025 年,培育 100 家左右的标杆引领典型示范。

(4) 搭平台,升级融合载体能级

一是引导高新技术园区、开发区(园)向"服务＋制造"综合园区转型升级,促进企业互联网化服务、双创孵化、公共技术平台、创业投资等服务机构聚集发展,搭建两业融合发展综合服务平台,提升全产业价值链竞争力,构建园区接递有序的产业生态,形成"制造+服务"产业链条。

二是支持生产性服务业集聚示范区依托创新技术、创新业态,由服务向制造环节延伸,推进服务产品化、标准化,提升服务型制造水平。

三是培育融合型平台型企业,引导优势企业和上下游企业、关联企业围绕核心业务和产品共建业务信息平台、交互研发设计平台、供应链管理平台、工业云平台等,形成协同共生的产业生态圈。

(5)拓链条,攀升融合价值链高端

一是以软件和信息服务、研发设计、供应链管理等行业发展为主攻方向,以骨干龙头企业、智能工厂和先进产业集群为重要载体,推动企业深化拓展业务关联、链条延伸、技术渗透,强化产业链双向互动耦合,以两业融合推动产业向价值链高端攀升。

二是以龙头企业、智能工厂和领军骨干企业等为重点,通过对技术、资源、业务、管理和市场等价值链环节进行分解、重组,找到最佳融合点,探索形成有效融合模式,推动嵌入高附加值服务环节。

(6)显个性,探索融合发展方向

鼓励企业依据行业特点和自身资源禀赋自主选择与探索融合方向。对于装备制造业与服务业,融合发展方向应是由提供设备向提供系统集成总承包服务转变,由提供产品向提供总体解决方案转变;对于消费品工业与服务业,融合发展方向应是如何更好地满足个性化、品质化需求,通过推进品牌化、发展个性化定制、全链式智能生态服务实现转型升级;对于现代物流和制造业,融合发展方向应是鼓励物流、快递企业融入制造业采购、生产、仓储、分销、配送等环节,推动制造业借助现代供应链开展资源整合和流程优化,实现供需精准匹配;研发设计服务与制造业融合发展主要方向,应是引导研发设计企业深度嵌入制造业转型升级的关键环节,提升产业创新水平和产业基础能力。

二、浙江省

1. 浙江省两业融合发展政策

2021年1月,浙江省发展改革委、浙江省委网信办、浙江省经济和信息化厅、浙江省教育厅、浙江省财政厅、浙江省人社厅、浙江省自然资源厅、浙江省商务厅、浙江省市场监督管理局、浙江省统计局、中国人民银行杭州中心支行、中国银保监浙江监管局、中国证监会浙江监管局等13个部门联合印发了《浙江省推动先进制造业和现代服务业深度融合发展的实施意见》,提出了"五化"融合路径。

(1)数字化

深化新一代信息技术与制造业融合发展,大力推进工业互联网、智能化改造、企业上云等,提升企业研发设计、生产销售、采购分销、物流配送等全流程全链条数字化水平,加快推进制造业数字化转型升级。

(2)柔性化

建设开放式个性化定制平台,通过线上线下多渠道采集对接用户个性化需求,推进设计研发、生产制造和供应链管理等关键环节的柔性化改造,加强零件标准化、配件精细化、部件模块化管理,实现以用户为中心的定制和按需灵活生产。

(3)集成化

支持设计、制造、施工等领域骨干企业整合资源、延伸链条,发展咨询设计、制造采购、供应链管理、施工安装、系统集成、运维管理等一揽子服务,鼓励面向重点工程与重大项目,承揽设备成套、工程总承包和交钥匙工程,提供整体解决方案。

(4)共享化

鼓励资源富集企业依托工业互联网平台开展生产设备、专用工具、生产线等制造资源的协作共享,打造网络化协同制造模式,提供研发设计、物流仓储、检验检测、设备维护、质量监控等专业化共性服务,实现生产能力、专业服务、创新资源和市场需求的柔性配置和高效协同。

(5)平台化

发挥龙头企业带动作用,运用新一代信息技术重构经营和商业模式,拓展平台功能和服务,实现对产业链上下游环节的整合;鼓励平台型服务企业通过委托制造、品牌授权等方式向制造环节拓展。

2022年8月底,浙江省政府印发了《关于高质量发展建设全球先进制造业基地的指导意见》,提出发展先进制造业与现代服务业深度融合新模式。发展个性化定制、共享制造、供应链管理等服务型制造新业态新模式。实施制造业设计能力提升专项行动,推动工业设计成果转化应用。加强制造服务业主体培育,推动检验检测认证服务、科技服务等生产性服务业融合化发展。

2. 宁波市两业融合发展情况

近年来,宁波市以市场化改革、高水平开放和集成化创新为根本动力,重点聚焦服务一流强港、服务制造强市、服务现代都市等功能,坚持“制造＋服务”双轮驱动,全市生产性服务业规模持续扩大,辐射面、支撑力、引领性不断增强。

（1）规模跨越发展,占比不断提高

宁波市生产性服务业增加值从 2016 年的 2 372.9 亿元增加到 2021 年的 4 212.4 亿元,增长近一倍,占服务业增加值比重从 2016 年的 56.3% 提高到 58.2%(2022 年上半年已达 60.8%),占 GDP 的比重从 26.4% 增加到 28.9%。全市生产性服务业从业人数从 161.73 万人增加到 171.47 万人,增长 18.2%,占全部行业从业人员总量的 1/3 左右,为扩大就业、降低失业率发挥了重要作用。

（2）结构特征鲜明,产业贡献领先

依托港口和开放优势,围绕工业品商贸流通需要,宁波作为门户型枢纽城市的生产性服务业结构门类特征较为鲜明。批发、交通运输、金融等传统优势生产性服务业持续保持主导地位,三大行业增加值占生产性服务业增加值比重达七成。宁波舟山港货物吞吐量连续 13 年位居全球第一,并于 2021 年首次跻身新华·波罗的海国际航运中心发展指数前 10;进出口总额跃居全国城市第 6,跨境电商进口单量连续四年全国第 1,成为全国首个跨境电商零售进口破千亿城市,海外仓数量和总面积分别占全国的 1/9 和 1/6;金融改革创新全国领先,首创“道德银行”“信用报告评估”等融资模式,为宁波市先进制造、新型贸易提供有力支撑。商务、科技、软件信息等新兴生产性服务业挖潜增效,取得新突破,占服务业比重从 2016 年的 14.7% 提升到 2021 年的 17.6%。企业效益不断增强,全市生产性服务业规上企业营收和利润占服务业规上企业营收和利润比重连续多年实现“两个 95%＋”。

（3）主体引培发力，头部企业显现

2021年全市规上生产性服务业企业共计9 932家，占规上服务业企业总数80.3%。其中百亿元级以上企业突破65家，宁波银行营收突破500亿元。积极培育雁阵型企业梯队，中基集团、前程股份、远大物产等15家高能级本土企业入围2021年"中国服务业企业500强"，"个转企""小升规"等企业数量两年内新增5 769家。招引高能级总部机构，瑞士通标、德国莱茵、阿里中心、极氪智能科技全球总部、马森集团国际能源贸易总部等一批国内外企业和机构纷纷落户宁波。2021年认定的首批418家总部企业以约0.1%的企业数量贡献近五分之一的税收，总部经济引领力不断彰显。

（4）平台载体叠加，集聚效应增强

生产性服务业产业空间布局不断优化，专业化集聚效应明显增强。总体上形成以三江口、东部新城、南部商务区三大总部经济集聚区为引领，东部临港和北部临湾两片协同的"3＋2"集聚发展格局，涌现出东部新城三大中心（航运、金融、会展）、国家级两大物流园区（镇海大宗货物海铁联运物流枢纽港、宁波开发区现代国际物流园）、省级八大现代服务业创新发展区（翠柏三市里数创产业创新发展区、北仑数字贸易创新发展区、北岸国际港航创新发展区等）一批特色服务业集聚区。累计培育形成高端亿元楼宇41幢，引进共建产业技术研究院23家，积极谋划打造西枢纽、翠屏山、丁家湾等一批高能级服务业产业平台。

（5）业态深度融合，改革示范引领

"两业融合"纵深推进，北仑、慈溪两地以及东方电缆等5家企业先后获批国家级"两业融合"试点，数量居副省级城市第2位。积极探索服务型制造模式，吉利、中基、太平鸟、贝发等一批高能级链主企业推动产业链、供应链、创新链协同发展。数字智造应用场景持续落地，先后印发《2022年度宁波市"5G＋工业互联网＋人工智能＋工控安全"工作方案》《宁波市区块链产业先导区建设实施方案》《"新材云创"新材料科创大脑场景应用改革实施方案》等各类方案，3个项目（三星、雅戈尔和爱柯迪）入选国家集成创新应用，12家企业（吉利、均胜、博威等）入选省级"未来工厂"，数字人民币开展"3＋2＋N"试点，在建区块链项目超90个，"甬金通"数智金融、"甬

e通"国际贸易一站式服务等场景应用有序推进。改革示范平台持续发力,中国—中东欧经贸合作示范区、浙江自贸区宁波片区等"两区"建设加速推进,浙江自贸区宁波片区在全省实现"五个最"。借助普惠金融改革试验区、保险创新综合试验区、区域性股权市场创新试点等 3 个国字号"金改"招牌,全市保险创新项目突破 200 项,并列为全省唯一"QFLP&QDLP"(合格境外有限合伙人和合格境内有限合伙人)双试点城市。

（6）机制不断健全,政策创新集成

建立"大服务业"工作体系,形成"一盘棋"工作格局,由市服务业局统筹、12 家行业主管部门主抓、属地及行业协会等协同推进的"1 + 12 + N"工作机制不断健全完善。推进服务业统计数字化改革,在全省率先探索建立生产性服务业统计指标体系,并首次将生产性服务业指标纳入市级考核。推出一批政策举措,印发实施《宁波市生产性服务业重点领域攻坚行动方案》《宁波市港航服务业补短板攻坚行动方案》《宁波市加快法律、会计、税务、资产评估等高端专业服务业发展攻坚行动方案（2022—2025 年)》,安排 1.5 亿元专项资金支持法律、会计、资产评估等高端专业服务业,统筹 2 亿元金融资金支持出口信保、招商引贸、扩大进口,助企纾困政策集成效应不断放大。

此外,杭州市滨江区、慈溪市、海宁市等多地推行基于"产业大脑 + 未来工厂"的智能制造模式。依托智库开展"四个一"精准服务:开展一次实地调研、总结一个主导模式、形成一张问题诊断表,出具一份发展建议书。杭州市滨江区探索"工业综合体"供地新模式。慈溪魔蛋智能家电共享平台整合了 2 000 多家整机生产企业、上百万个代理商,构建了智能家电"产品 + 内容 + 生态"全链条。海宁市围绕经编产业,打造集采购、生产、物流、研发和销售展示于一身的公共服务平台。

三、青岛市

近年来,山东省青岛市成立全国首个城市级的服务型制造联盟,创新"产品 + 服务""制造 + 服务"模式,不断增强产业发展新优势。2023 年,全市生产性服务业实现增加值 5 996.1 亿元,增长 7.7%。截至 2024 年 4 月,累计培育国家级服务型制造示范 26 家,居副省级城市首位,荣膺国家服务型制造示范城市,助力青岛市连续三年居全国先进制造业百强市第7位。

(1)强化制度赋能,抢抓政策"红利期"

一是搭建融合"主场景"。深化工业互联网创新赋能。制定了《青岛市工业互联网三年攻坚实施方案(2020—2022年)》《加快建设世界工业互联网之都　实施"工赋青岛"专项行动计划》,连续9年举办世界工业互联网产业大会,发布"工业赋能""未来城市"场景5 050个。通过海尔卡奥斯平台链接企业88万家,带动制造业产值新增110多亿元。

二是构建融合"母链条"。以智能家电、轨道交通等具有比较优势的24条产业链为主阵地,实施建群强链、招大引强、育苗培苗、创新赋能、要素保障等专项行动。支持重点产业领域探索两业融合发展新路径,推动原材料、消费品、装备、汽车等制造行业服务环节补短板、拓空间、提品质、增效益,促进互联网、物流、研发设计、金融等现代服务业发展衍生服务制造。

三是精准制定"微政策"。推动千余个制造场景和171个生产性服务业深度融合,聚焦5G电价优惠、打造新型汽车产业、强化人才支撑等8类重点场景,制定推动两业融合的42条政策,打通两业融合关键路径。定期发布青岛市创新产品推荐目录,大力推广模块定制、众创定制、专属定制等个性化定制,发展柔性定制和精益生产。

(2)注重生态牵引,释放融合"新活力"

一是构建融合"大平台"。深入实施"工赋青岛"行动,以关键环节智能化为主线,推动企业上云赋智,每年数字化改造1 000家企业。深化人工智能、5G、云计算、大数据、物联网等新一代信息技术在制造、服务企业的创新应用,高标准建设人工智能创新应用先导区,数字经济核心产业增加值占GDP比重提高到9.5%左右。

二是打造试点培育"新局面"。开展市级试点遴选和培育,重点围绕产业链龙头企业、行业骨干企业、专精特新企业、平台型企业等各类融合主体,有效整合资源、技术和市场要素,带动产业链上下游企业和平台协同发展,形成两业融合生态圈。

三是锚定创新"新路径"。深化产学研合作,鼓励头部企业联合科研院所共建实验室、技术试验示范基地、科技示范园区,搭建研发平台,推动关键技术攻关。培育一批工业设计中心和品牌设计企业,发展新型工业App、工业操作系统、工业防火墙等高端工业软件和信息服务,打造工业设计和软件信息服务高地。

（3）支持企业创新,打造产业增值"新赛道"

一是链条延伸释放空间。海尔集团中央空调工厂通过柔性化定制优化流程和丰富服务场景,发展方案设计、安装调试、后期运维三位一体的一站式解决方案服务,由传统装备制造企业向系统集成和整体解决方案提供商转型。易邦生物、海利尔药业等生物医药企业,自主开展配药制剂加工及研发原药生产,由衍生药品生产向研发设计、检验检测等环节延伸。

二是数智转型提升能效。青特集团提升汽车零部件智能制造水平,建设生产线设备联网智能管理系统,关键设备利用率提高 10%,产能提升 5%。自主研发数字化工艺管理系统,实现测量数据全过程可追溯。中车股份以大数据支持智能化管理和服务,优化异常处置流程,异常处置时间缩减 10%,通过产品部件二维码实现一车一档数字化管理。

三是全生命周期赋能管理。双星集团建设产品全生命周期的服务体系和服务网络,提供技术咨询、工程承包、系统集成、试验验证、设备租赁、增值培训等服务。特锐德开展新能源汽车智能充电、新能源微网业务,将数据、算法应用于运营、智能充电调度等全生命周期管理,构建亿辆电动汽车储能网,通过 AI 计算实现能源削峰填谷,平台用户超过 130 万。

（4）加强要素保障,撬动融合"新引擎"

一是瞄准高端产业注入"资金活水"。大力发展服务型制造、生产性服务业,对进入制造业服务业创新中心、技术创新中心等培育体系的企业给予最高不超过 1 000 万元奖励。

二是深化重点领域"资源开放"。推动通信管道共享开放,免收基站租赁、资源占用等费用。建设全市工业大数据平台,完善工业基础数据库,推动各类平台资源互联互通、数据开放共享。鼓励大型工业园区新建或改扩建铁路专用线、仓储、配送等基础设施,吸引第三方物流企业进驻并提供专业化服务。

三是推动关键要素"集成创新"。鼓励金融机构创新信贷产品,积极对接工业企业中长期融资需求,引导制造业供应链核心企业加入应收账款质押融资服务平台。发展数字金融,推广数字人民币。探索功能适度混合的产业用地模式,创新用地保障模式。拓展电价优惠政策,工业企业的服务业务用电、用水、用气等与一般工业用电同价。

第九章

发展数字经济

党的二十大报告提出加快发展数字经济，促进数字经济和实体经济深度融合，打造具有国际竞争力的数字产业集群。数字经济是继农业经济、工业经济之后的主要经济形态，将促进人类社会生产方式的变革、生产关系的再造、经济结构的重组、生活方式的巨变。

第一节　什么是数字经济

一、数字经济的内涵

1994 年，美国学者唐·泰普斯科特（Don Tapscott）在《数字经济：网络化智能时代的希望与危机》中正式提出了"数字经济"（Digital Economy）这一概念。

数字经济是以数据、信息、知识作为关键生产要素，以现代信息网络作为重要载体，以信息通信技术应用作为效率提升和结构优化重要推动力的一系列经济活动。数字经济与工业经济区别（表 9-1）。

表 9-1　工业经济和数字经济的区别

	工业经济	数字经济
生产要素	劳动力、土地、资本	技术、数据、信息、知识
劳动工具	普通机器	数字化设备、计算机、互联网

（续表）

	工业经济	数字经济
劳动者	工人	工人、工业机器人
生产方式	机器加工,以产定销	3D打印,以销定产
生产资料所有制	独享	共享
雇佣关系	1－1	1－N
产品形式	标准化	大规模定制
企业资产	厂房、设备、资金	厂房、设备、资金、数据
消费形态	有形(实物)	无形(数据、信息、知识)

数字经济的核心是数字产业化和产业数字化。推进数字产业化,就是要加快发展电子信息制造业、软件和信息服务业、互联网产业以及物联网、云计算、大数据、人工智能、3D打印、5G、区块链、虚拟现实、元宇宙等新一代信息技术产业,培育数字内容和数字创意产业、共享经济、平台经济、在线经济、智能经济等新业态新模式。推进产业数字化,就是推进工业、农业以及商贸流通、物流、金融、文化旅游等服务业的数字化转型,如发展智能制造、智慧农业、电子商务、网络货运、数字文化、智慧旅游等。

需要指出的是,对于数字经济,习近平总书记提出数字产业化和产业数字化,没有说过数字化治理和数据价值化。推进数字产业化,就是要培育和发展电子信息制造业、软件和信息服务业、互联网产业与物联网、云计算、大数据、人工智能、3D打印、5G、区块链、量子科技、虚拟现实、元宇宙等新一代信息技术产业,以及数字内容和数字创意产业、共享经济、平台经济、在线经济、智能经济等新业态新模式。推进产业数字化,就是推进农业、工业、服务业的数字化转型。数字化治理不属于数字经济范畴,而是属于数字政府的范畴。数据价值化可以归到大数据产业,属于数字产业化范畴。

二、发展数字经济的重要意义

数字经济正在成为全球新一轮产业变革的核心力量,世界各国对发展数字经济已经达成广泛共识。发展数字经济的重大意义如下:

1. 数字经济是人类社会发展新的历史阶段

随着人类从农业社会、工业社会步入信息社会,数字经济已经成为引领科技革命和产业变革的核心力量,世界经济发展正在进入以数字化生产力为主要标志的新阶段。数字经济不仅在生产力层面推动劳动工具数字化、劳动对象服务化、劳动机会大众化,而且在生产关系层面促进资源共享化、组织平台化等。

2. 数字经济是全球经济一体化的重大机遇

随着世界经济结构经历深刻调整,许多国家都在寻找新的经济增长点,以期在未来发展中继续保持竞争优势,更有效地提高资源利用效率和劳动生产率。在全球范围内,跨越发展新路径正逐步形成,新的产业和经济格局正在孕育,数字贸易成为国际贸易新方向,数字经济对全球经济增长的引领作用不断显现。发展数字经济已在国际社会凝聚了广泛共识,为促进加深世界各国合作,构建以合作共赢为核心的新型国际关系提供了重大机遇。

3. 数字经济是推动高质量发展的重要支撑

大力发展数字经济,是深化供给侧结构性改革、建设现代化经济体系、推动高质量发展的重要举措。数字经济以数据、信息、知识作为关键生产要素,将有效驱动劳动力、资本、土地、技术、管理等要素网络化共享、集约化整合、协作化开发和高效化利用。同时,促进新一代信息技术加速与经济社会各领域深度融合,孕育了新技术、新产业、新业态、新模式,成为驱动生产方式变革的新动力。发展数字经济将进一步减少信息流动障碍,提升经济运行效率和全要素生产率,提高供需匹配效率,有效推动高质量发展。

第二节　数字经济国家政策

一、综合性政策

2018 年 7 月,国务院制定了《数字经济发展战略纲要》。2018 年 9 月,国家发展改革委、教育部等 19 个部门联合出台了《关于发展数字经济稳定并扩大就业的指导意见》,提出加快培育数字经济新兴就业机会,持续提升劳动者数字技能,大力推进就业创业服务数字化转型。

2021年12月,国务院印发了《"十四五"数字经济发展规划》,提出优化升级数字基础设施,充分发挥数据要素作用,大力推进产业数字化转型,加快推动数字产业化,持续提升公共服务数字化水平,健全完善数字经济治理体系,着力强化数字经济安全体系,有效拓展数字经济国际合作。

《"十四五"数字经济发展规划》提出加快推动数字产业化,具体内容如下。

（1）增强关键技术创新能力

瞄准传感器、量子信息、网络通信、集成电路、关键软件、大数据、人工智能、区块链、新材料等战略性前瞻性领域,发挥我国社会主义制度优势、新型举国体制优势、超大规模市场优势,提高数字技术基础研发能力。以数字技术与各领域融合应用为导向,推动行业企业、平台企业和数字技术服务企业跨界创新,优化创新成果快速转化机制,加快创新技术的工程化、产业化。鼓励发展新型研发机构、企业创新联合体等新型创新主体,打造多元化参与、网络化协同、市场化运作的创新生态体系。支持具有自主核心技术的开源社区、开源平台、开源项目发展,推动创新资源共建共享,促进创新模式开放化演进。

（2）提升核心产业竞争力

着力提升基础软硬件、核心电子元器件、关键基础材料和生产装备的供给水平,强化关键产品自给保障能力。实施产业链强链补链行动,加强面向多元化应用场景的技术融合和产品创新,提升产业链关键环节竞争力,完善5G、集成电路、新能源汽车、人工智能、工业互联网等重点产业供应链体系。深化新一代信息技术集成创新和融合应用,加快平台化、定制化、轻量化服务模式创新,打造新兴数字产业新优势。协同推进信息技术软硬件产品产业化、规模化应用,加快集成适配和迭代优化,推动软件产业做大做强,提升关键软硬件技术创新和供给能力。

（3）加快培育新业态新模式

推动平台经济健康发展,引导支持平台企业加强数据、产品、内容等资源整合共享,扩大协同办公、互联网医疗等在线服务覆盖面。深化共享经济在生活服务领域的应用,拓展创新、生产、供应链等资源共享新空间。发展基于数字技术的智能经济,加快优化智能化产品和服务运营,培育智慧销售、无人配送、智能制造、反向定制等新增长点。完善多元价值传递和贡献分配体系,有序引导多样化社交、短视频、知识分享等新型就业创业平台发展。

（4）营造繁荣有序的产业创新生态

发挥数字经济领军企业的引领带动作用,加强资源共享和数据开放,推动线上线下相结合的创新协同、产能共享、供应链互通。鼓励开源社区、开发者平台等新型协作平台发展,培育大中小企业和社会开发者开放协作的数字产业创新生态,带动创新型企业快速壮大。以园区、行业、区域为整体推进产业创新服务平台建设,强化技术研发、标准制修订、测试评估、应用培训、创业孵化等优势资源汇聚,提升产业创新服务支撑水平。

《"十四五"数字经济发展规划》提出大力推进产业数字化转型,具体内容如下。

（1）加快企业数字化转型升级

引导企业强化数字化思维,提升员工数字技能和数据管理能力,全面系统推动企业研发设计、生产加工、经营管理、销售服务等业务数字化转型。支持有条件的大型企业打造一体化数字平台,全面整合企业内部信息系统,强化全流程数据贯通,加快全价值链业务协同,形成数据驱动的智能决策能力,提升企业整体运行效率和产业链上下游协同效率。实施中小企业数字化赋能专项行动,支持中小企业从数字化转型需求迫切的环节入手,加快推进线上营销、远程协作、数字化办公、智能生产线等应用,由点及面向全业务全流程数字化转型延伸拓展。鼓励和支持互联网平台、行业龙头企业等立足自身优势,开放数字化资源和能力,帮助传统企业和中小企业实现数字化转型。推行普惠性"上云用数赋智"服务,推动企业上云、上平台,降低技术和资金壁垒,加快企业数字化转型。

（2）全面深化重点产业数字化转型

立足不同产业特点和差异化需求,推动传统产业全方位、全链条数字化转型,提高全要素生产率。大力提升农业数字化水平,推进"三农"综合信息服务,创新发展智慧农业,提升农业生产、加工、销售、物流等各环节数字化水平。纵深推进工业数字化转型,加快推动研发设计、生产制造、经营管理、市场服务等全生命周期数字化转型,加快培育一批"专精特新"中小企业和制造业单项冠军企业。深入实施智能制造工程,大力推动装备数字化,开展智能制造试点示范专项行动,完善国家智能制造标准体系。培育推广个性化定制、网络化协同等新模式。大力发展数字商务,全面加快商贸、物流、金融等服务业数字化转型,优化管理体系和服务模式,提高服务业的品质与效益。促进数字技术在全过程工程咨询领域的深度应用,引领咨询服务和工程建设模式转型升级。加快推动智慧能源建设应用,促进能源生产、运输、消费等各环节智能化升级,推动能源行业低碳转型。加快推进国土空间基础信息平台建设应用。推动产业互联网融通应用,培育供应链金融、服务型制造等融通发展模式,以数字技术促进产业融合发展。

(3)推动产业园区和产业集群数字化转型

引导产业园区加快数字基础设施建设,利用数字技术提升园区管理和服务能力。积极探索平台企业与产业园区联合运营模式,丰富技术、数据、平台、供应链等服务供给,提升线上线下相结合的资源共享水平,引导各类要素加快向园区集聚。围绕共性转型需求,推动共享制造平台在产业集群落地和规模化发展。探索发展跨越物理边界的"虚拟"产业园区和产业集群,加快产业资源虚拟化集聚、平台化运营和网络化协同,构建虚实结合的产业数字化新生态。依托京津冀、长三角、粤港澳大湾区、成渝地区双城经济圈等重点区域,统筹推进数字基础设施建设,探索建立各类产业集群跨区域、跨平台协同新机制,促进创新要素整合共享,构建创新协同、错位互补、供需联动的区域数字化发展生态,提升产业链供应链协同配套能力。

(4)培育转型支撑服务生态

建立市场化服务与公共服务双轮驱动,技术、资本、人才、数据等多要素支撑的数字化转型服务生态,解决企业"不会转""不能转""不敢转"的难题。面向重点行业和企业转型需求,培育推广一批数字化解决方案。聚焦转型咨询、标准制定、测试评估等方向,培育一批第三方专业化服务机构,提升数字化转型服务市场规模和活力。支持高校、龙头企业、行业协会等加强协同,建设综合测试验证环境,加强产业共性解决方案供给。建设数字化转型促进中心,衔接集聚各类资源条件,提供数字化转型公共服务,打造区域产业数字化创新综合体,带动传统产业数字化转型。

二、新一代信息技术产业相关政策

近10多年来,党中央、国务院在物联网、云计算、大数据、人工智能、

3D打印、移动互联网、区块链、虚拟现实、元宇宙等新一代信息技术产业都出台了专项政策。例如,2013年2月,国务院印发了《关于推进物联网有序健康发展的指导意见》。2015年1月,国务院印发了《关于促进云计算创新发展培育信息产业新业态的意见》。2015年8月底,国务院印发了《促进大数据发展行动纲要》。2017年1月,中共中央办公厅、国务院办公厅印发了《关于促进移动互联网健康有序发展的意见》。2017年7月,国务院印发了《新一代人工智能发展规划》。2017年11月,工业和信息化部、国家发展改革委等12个部门联合印发了《增材制造产业发展行动计划(2017—2020年)》。2018年12月,工业和信息化部制定了《关于加快推进虚拟现实产业发展的指导意见》。2020年3月,工业和信息化部发出了《关于推动5G加快发展的通知》。2021年5月,工业和信息化部、中央网络安全和信息化委员会办公室联合印发了《关于加快推动区块链技术应用和产业发展的指导意见》。2023年8月,工业和信息化部、教育部、文化和旅游部、国务院国资委、国家广电总局等五部门联合印发了《元宇宙产业创新发展三年行动计划(2023—2025年)》。

三、互联网相关政策

近10年来,党中央、国务院在发展互联网产业方面出台了一系列政策。例如,2015年7月,国务院印发了《关于积极推进"互联网+"行动的指导意见》;2016年2月,国家发展改革委、能源局、工业和信息化部联合出台了《关于推进"互联网+"智慧能源发展的指导意见》;2016年4月,国务院办公厅印发了《关于深入实施"互联网+流通"行动计划的意见》;2016年5月,农业部、国家发展改革委等8部门联合印发了《"互联网+"现代农业三年行动实施方案》;2016年5月,国务院印发了《关于深化制造业与互联网融合发展的指导意见》;2017年11月,国务院印发了《关于深化"互联网+先进制造业"发展工业互联网的指导意见》;2018年4月,国务院办公厅印发了《关于促进"互联网+医疗健康"发展的意见》。

在电子商务方面,国务院出台了一系列政策。例如,2015年5月,国务院出台了《关于大力发展电子商务加快培育经济新动力的意见》;2015年6月,国务院办公厅印发了《关于促进跨境电子商务健康快速发展的指导意见》;2015 年 10 月底,国务院办公厅印发了《关于促进农村电子商务加快发展的指导意见》。2018 年 1 月,国务院办公厅印发了《关于推进电子商务与快递物流协同发展的意见》。

四、新业态新模式相关政策

2019 年 8 月,国务院办公厅印发了《关于促进平台经济规范健康发展的指导意见》。2020 年 7 月,国家发展改革委、中央网信办等 13 部门联合印发了《关于支持新业态新模式健康发展激活消费市场带动扩大就业的意见》。2020 年 9 月,国务院办公厅印发了《关于以新业态新模式引领新型消费加快发展的意见》。

此外,2020 年 7 月,国务院印发了《新时期促进集成电路产业和软件产业高质量发展若干政策》。

第三节　国内外数字经济发展情况

一、国外数字经济发展情况

数字经济成为全球经济增长的重要驱动力,世界各国对发展数字经济达成广泛共识。2016 年 9 月,G20 杭州峰会发布了《二十国集团数字经济发展与合作倡议》。

1. 美国

20 世纪 90 年代,互联网在美国的商业化应用催生了"新经济"现象。2011 年 6 月,美国政府制定了智慧制造优先行动计划。2018 年,美国政府发布了《美国国家网络战略》和《美国先进制造业领导力战略》,提出加强大数据专业技术人才培养,大力发展互联网产业和智能制造。2022 年 8 月,美国总统拜登签署了《芯片和科学法案》(2023 年 9 月,美国商务部发布了实施《芯片和科学法案》国家安全保护措施的最终规则),投资总额达 2 800 亿美元,试图重新掌握全球半导体产业主导权。目前,美国在信息技术领域基础研究、科技创新和成果转化能力、产品全球化程度等均处全球领先地位。在全球十大互联网公司中,有7个是美国公司。作为全球最发达的经济体,美国产业发展成熟、配套设施完善。美国传统行业巨头经过几十年持续的信息化建设,已经完成了数字化转型。

2. 德国

2013年4月,德国联邦政府提出实施"工业4.0"战略。通过大力发展智能制造,构建信息物理系统(Cyber-Physical System,CPS),进一步提高德国制造业的竞争力,在新一轮工业革命中占领先机。2016年3月,德国联邦政府发布了"数字战略2025",提出推进设备智能联网,支持中小企业创新商业模式,利用工业4.0推进德国工业现代化,将数字化技术的研发和创新带入全球顶尖水平。

3. 英国

2015年2月,英国政府发布了《2015—2018数字经济战略》,旨在帮助英国业界用数字化技术进行创新。2017年3月,英国政府发布了《英国数字化战略》,提出帮助每一家英国企业顺利转化为数字化企业,释放数据在英国经济中的重要力量。2017年5月,英国政府制定了《数字经济法案》。2018年,英国政府发布了《数字宪章》《国家计量战略实施计划》和《产业战略:人工智能领域行动》,制定了数字经济规则,提出大力发展云计算产业和人工智能产业。

4. 俄罗斯

2017年6月,俄罗斯总统普京指出,发展数字经济是俄罗斯经济领域第一要务。2017年7月,俄罗斯联邦政府发布了《俄罗斯联邦数字经济规划》,明确了规范性管理、人才和教育、培育研发能力和技术储备、信息基础设施、信息安全等五个基本方向。2017年8月,俄罗斯成立数字经济委员会。

5. 澳大利亚

2011年7月,澳大利亚政府发布了数字经济战略,确定了网上零售、智慧电网和智慧城市等16个方面的行动计划。2016年10月,澳大利亚工业、创新和科学部发布《澳大利亚数字经济升级报告》,从高速宽带网络、政府数字化转型、科技创新、网络安全、国际合作、市场监管等6个方面概述了澳大利亚近年来数字经济的相关政策和发展情况。2018年12月,澳大利亚工业、创新与科学部发布了题为《澳大利亚技术未来：实现强大、安全和包容的数字经济》的战略报告，从技能、包容性、数字政府、数字基础设施、数据、网络安全和监管等7个方面提出了澳大利亚发展数字经济的对策措施。

6. 日本

2001年，日本政府制定了《e-Japan战略》，集中力量开展宽带网络基础设施建设。2004年，日本政府制定了《u-Japan战略》，提出建设泛在网络社会。2009年，日本政府制定了《i-Japan战略2015》，提出面向数字经济新时代的战略政策。2019年12月日本发布了《推进ICT维新愿景2.0版》，提出打造强大的数字经济。2013年6月，日本政府制定了《日本复兴战略》，明确将通过发展数字经济来振兴日本经济。同年6月，日本政府发布了《创建最尖端IT国家宣言》，提出以公共数据资源开放和大数据应用为核心，把日本建设成为世界最高水准、信息技术广泛应用的社会。2016年1月，日本政府制定了超智能社会5.0战略。

二、国内数字经济发展情况

党的十八大以来，我国深入实施网络强国战略、国家大数据战略，先后印发数字经济发展战略、"十四五"数字经济发展规划，有关部门认真落实各项部署，加快推进数字产业化和产业数字化，推动数字经济蓬勃发展。十多年来，我国数字经济取得了举世瞩目的发展成就，总体规模连续多年位居世界第二，对经济社会发展的引领支撑作用日益凸显。

1. 数字基础设施实现跨越式发展

统筹谋划新型基础设施建设布局，加快推动高速泛在、天地一体、云网融合、智能敏捷、绿色低碳、安全可控的智能化综合性数字基础设施建设。

一是信息通信网络建设规模全球领先。深入实施"宽带中国"战略，建成了全球最大的光纤和移动宽带网络，光缆线路长度从2012年的1 479万千米增加到2023年的6 432万千米，增长4.3倍。截至2023年12月，累计建成开通5G基站达337.7万个。网络基础设施全面向IPv6演进升级，IPv6活跃用户数达6.97亿。深入实施工业互联网创新发展战略，网络、平台、安全体系以及工业互联网标识解析体系基本建成。

二是信息通信服务能力大幅提升。我国移动通信实现从"3G 突破"到"4G 同步"再到"5G 引领"的跨越，6G 领域的愿景需求研究、关键技术研发、国际交流合作加快。互联网普及率从 2012 年的 42.1%提高到 2023 年的 77.5%，上网人数达 10.92 亿人，移动电话用户总数达 17.27 亿户。面向中小企业连续 4 年推进宽带和专线降费，让利超过 7 000 亿元。相比 2012 年，宽带网络平均下载速率提高近 40 倍，移动网络单位流量平均资费降幅超 95%。

三是算力基础设施达到世界领先水平。全国一体化大数据中心体系基本构建，"东数西算"工程加快实施。截至 2022 年 6 月，我国数据中心机架总规模超过 590 万标准机架，建成 153 家国家绿色数据中心，行业内先进绿色中心电能使用效率降至 1.1 左右，达到世界领先水平。建成一批国家新一代人工智能公共算力开放创新平台，以低成本算力服务支撑中小企业发展需求。

2. 数字产业创新能力加快提升

深入实施创新驱动发展战略，推进关键核心技术攻关，加快锻造长板、补齐短板，构建自主可控产业生态。

一是关键核心技术取得突破。数字技术研发投入逐年上升，量子计算原型机、类脑计算芯片、碳基集成电路等基础前沿领域取得原创性突破，人工智能、区块链、物联网等新兴领域形成一批自主底层软硬件平台和开源社区，关键产品技术创新能力大幅提升，初步形成规模化应用效应。

二是产业创新活力不断提升。产业创新能力取得突破性进展，2021 年我国数字经济核心产业发明专利授权量达 27.6 万件，占同期全社会发明专利授权量的 39.6%。关键数字技术中人工智能、物联网、量子信息领域发明专利授权量居世界首位。不断发挥金融支持数字经济发展作用，深化股票发行注册制改革，2021 年至 2022 年 6 月，近 150 家数字经济相关企业在主板、科创板、创业板完成首发上市，募集资金近 3 000 亿元。持续扩大数字经济产业中长期贷款投放，截至 2022 年 6 月末，计算机、通信和其他电子设备制造业中长期贷款余额 1.48 万亿元。

三是数字产业快速成长。数字经济核心产业规模加快增长，全国软件业务收入从 2012 年 2.5 万亿元增长到 2021 年 9.6 万亿元，年均增速达

16.1%。截至 2021 年,我国工业互联网核心产业规模超过 1 万亿元,大数据产业规模达 1.3 万亿元,并成为全球增速最快的云计算市场之一,2012年以来年均增速超过 30%。

3. 产业数字化转型提档加速

深入推进企业"上云用数赋智",加快推动工业互联网、数字商务、智慧农业发展,促进传统产业全方位、全链条转型升级。

一是制造业数字化转型持续深化。信息化和工业化融合不断走深向实,企业数字技术应用水平显著提升。截至 2022 年 6 月底,我国工业企业关键工序数控化率、数字化研发设计工具普及率分别达 55.7%、75.1%,比 2012 年分别提升 31.1 个和 26.3 个百分点。截至 2022 年 7 月底,"5G＋工业互联网"建设项目超过 3 100 个,形成一系列新场景、新模式、新业态。全国具备行业、区域影响力的工业互联网平台超过 150 个,重点平台工业设备连接数超过 7 900 万台套,服务工业企业超过 160 万家,助力制造业降本增效。智能制造工程深入实施,通过智能化改造,110 家智能制造示范工厂的生产效率平均提升 32%,资源综合利用率平均提升 22%,产品研发周期平均缩短 28%,运营成本平均下降 19%,产品不良率平均下降 24%。

二是服务业数字化水平显著提高。全国网络零售市场规模连续 9 年居于世界首位,从 2012 年的 1.31 万亿元增长到 2021 年的 13.1 万亿元,年均增速达 29.15%。近年来,我国电子商务交易额保持快速增长,由 2012 年的 8 万亿元增长至 2021 年的 42.3 万亿元,年均增长 20.3%。电子商务、移动支付规模全球领先,网约车、网上外卖、数字文化、智慧旅游等市场规模不断扩大。

三是农业数字化转型稳步推进。2021 年,农作物耕种收综合机械化率超过 72%,农机应用北斗终端超过 60 万台套,产品溯源、智能灌溉、智能温室、精准施肥等智慧农业新模式得到广泛推广,大幅提高了农业生产效率。

4. 网络安全保障和数字经济治理水平持续提升

在全国人大的指导推动下,加快健全法律法规体系,强化网络安全机制、手段、能力建设,完善数字经济治理体系,提升网络风险防范能力,推动数字经济健康发展。

一是法律和政策制度体系逐步健全。相继颁布实施《网络安全法》《电子商务法》《数据安全法》《个人信息保护法》，修改《反垄断法》，制定新就业形态劳动者权益保障政策。中央全面深化改革委员会第二十六次会议审议通过了《关于构建数据基础制度　更好发挥数据要素作用的意见》，初步构建了数据基础制度体系的"四梁八柱"。

二是网络安全防护能力持续增强。建立网络安全监测预警和信息通报工作机制，持续加强网络安全态势感知、监测预警和应急处置能力。完善关键信息基础设施安全保护、数据安全保护和网络安全审查等制度，健全国家网络安全标准体系，完善数据安全和个人信息保护认证体系，确保国家网络安全、数据和个人隐私安全。基本建成国家、省、企业三级联动的工业互联网安全技术监测服务体系。

三是数字经济治理能力持续提升。建立数字经济部际联席会议等跨部门协调机制，强化部门间协同监管。提升税收征管、银行保险业监管、通关监管、国资监管、数字经济监测和知识产权保护、反垄断、反不正当竞争、网络交易监管等领域的信息化水平，推动"智慧监管"。有序推进金融科技创新监管工具试点、资本市场金融科技创新试点、网络市场监管与服务示范区等工作，探索新型监管机制。

5. 数字经济国际合作行稳致远

习近平总书记在第二届世界互联网大会上提出"构建网络空间命运共同体"理念，深入阐释全球互联网发展治理的"四项原则""五点主张"，得到国际社会积极响应和广泛认同。习近平总书记在二十国集团（G20）罗马峰会上宣布中方将申请加入《数字经济伙伴关系协定》（DEPA），彰显中国开放姿态。中方与各方以此为遵循，推进高质量共建"一带一路"，加强在网络基础设施、数字产业、网络安全等方面的合作，建设 21 世纪"数字丝绸之路"，与世界各国人民共享数字经济发展红利。

一是积极提出"中国倡议"。提出全球发展倡议，将数字经济作为倡议重点领域。发起《携手构建网络空间命运共同体行动倡议》《"一带一路"数字经济国际合作倡议》《金砖国家数字经济伙伴关系框架》《金砖国家制造业数字化转型合作倡议》等，共同构建和平、安全、开放、合作、有序的网络空间。目前已与 16 个国家签署"数字丝绸之路"合作谅解备忘录，与 24 个国家建立"丝路电商"双边合作机制,中国—中东欧国家、中国—中亚五国电子商务合作对话机制建设取得积极进展,中国—东盟信息港、中阿网上丝绸之路建设成效日益显著。

二是推动共享"中国红利"。主办"一带一路"国际合作高峰论坛、世界互联网大会等国际会议,搭建全球数字经济交流合作平台。累计建设 34 条跨境陆缆和多条国际海缆,推动网络基础设施互联互通。中国电商平台助力全球中小企业开拓中国市场,2023 年我国跨境电商进出口规模 16.85 万亿元。在非洲 20 多个国家实施"万村通"项目,共享数字经济发展红利。加强人才交流,举办系列研修研讨,实施学历学位项目,积极分享产业创新升级、数字经济等领域实践经验。

三是积极提供"中国方案"。深度参与数字经济国际治理,推进 G20、亚太经合组织机制下数字经济合作,推动构建开放、公平、非歧视的数字营商环境,促进数字创新、数字技能与素养、数字化转型等务实合作,引导包容性规则制定。

三、典型案例:浙江省舟山市大力发展数字海洋

数字海洋是数字经济和海洋经济的深度融合,是数字经济在海洋场景的具体实践。近年来,浙江省舟山市立足海洋资源禀赋,通过发展数字海洋来破解数字经济发展与海洋产业转型难题,重点建设海洋电子信息产业特色鲜明的"海洋数字产业发展高地"、海洋科创要素突出的"海洋数字技术创新中心"、海洋经济与数字经济融合场景全面的"海洋数字融合应用母港"、海洋信息资源集中的"海洋数字基础设施枢纽",形成了数字经济与海洋经济双向赋能的新格局。

(1)依托平台"取势",积聚创新发展动能

舟山市着力推进东海实验室建设,持续提高平台能级,推动海洋创新要素、应用场景、企业项目等向舟山集聚,为海洋科技提能升级和海洋经济高质量发展蓄势赋能。引进北京微芯院,建设国家区块链技术(海洋经济)创新中心,成立舟山市东海微芯海洋数字科学研究院,深化海洋区块链相关共性技术研发。深化新材料船舶、远洋云 + 等平台建设,加速船舶、化塑、海洋数据产业大脑迭代,加快定海海洋科学城二期、定海·宁波协同创

新中心等一批产业园区平台(数字楼宇)建设,带动形成行业发展新模式。

（2）场景挖掘"明道",聚焦海洋领域需求

舟山市着眼港口航运、海洋渔业、海岛文旅、海域治理等丰富涉海应用场景,全力挖掘数字化需求,牵引优势资源要素集聚,形成各类解决方案示范样板。期间围绕渔业数字化痛点问题,广泛征求基层部门、权威专家和渔民群众意见建议,最终梳理形成榜单开展揭榜挂帅,吸引了清华大学、航天五院、中交通信、华为等十余家国内知名企业报名参加,目前船舶 AR 航行一张屏等 18 个中榜项目已在应用和产业化方面取得一定进展,累计装船使(试)用量已达 13 900 艘次,9 个项目合计实现营收 11 220 万元,助力全船管控数字化和航行管理智能化。

（3）数字赋能"优术",推进数实深度融合

舟山市针对船舶修造、水产加工、机械制造、电子信息等临港工业领域,通过加快培育一批数字化改造试点示范企业、智能工厂(数字化车间)、未来工厂,强化工业互联网平台体系建设,推动行业级、区域级、企业级等特色专业型平台做精做优,扎实推进金塘螺杆行业省级细分行业中小企业数字化改造试点县建设。期间新增了省级未来工厂试点 1 家、省级智能工厂试点 3 家,国家级智能制造示范工厂 1 家,省级工业互联网平台 1 个,舟山江海联运平台写入《航运贸易数字化与"一带一路"合作创新白皮书》,并在"一带一路"国际合作高峰论坛数字经济高级别论坛发布。

（4）数据开发"求法",挖掘资源要素价值

舟山市在深化浙江省海洋大数据中心建设的基础上,推动自然资源、交通、农业农村等核心条线数据资源集聚,广泛挖掘航运、渔业、文旅、气象、应急等涉海行业数据要素价值,加快推进海洋大数据知识产权制度改革试点。目前已落地数据知识产权质押 4 500 万元和首单数据知识产权保险,数据存证数量达到 33 件,数据知识产权登记申请数 15 件。成立全国首个数据产业知识产权联盟,首批入盟企业 25 家并发布首批数据知识产权共享清单,同博科技、中船海洋、英特讯获省首批数据知识产权登记证书。

（5）推动交流"破圈",营造产业发展生态

舟山市举办了浙江省"十链百场万企"系列活动之"数字海洋"产业链合作大会,以重点项目签约为牵引,促进产业链上下游企业交流对接,营造

支持"数字海洋"产业发展的良好氛围,向全省、全国打响舟山"数字海洋"产业发展新名片。组织宁波舟山海洋电子信息产业交流合作对接会、东西部产业协作等活动,促进城市间资源优势共享,推动舟山积极融入长三角等区域数字经济发展圈层。谋划数字经济百人会、院士专家论坛等"数字海洋"高能级活动,固化行业与社会对"数字海洋"的品牌认知。召开光伏行业、智能绿色船舶行业、海洋电子信息行业等产业链对接会,助力重点行业企业匹配业务需求、形成实质合作,优化产业发展生态。

第四节　优化数字经济发展环境

发展数字经济要有一个良好的环境,建议各级地方政府加强组织管理,完善政策法规,加大资金投入,壮大人才队伍,强化项目推进,强化监督考核,营造良好氛围。

一、加强组织管理

国务院印发的《"十四五"数字经济发展规划》提出加强统筹协调和组织实施。建立数字经济发展部际协调机制,加强形势研判,协调解决重大问题,务实推进规划的贯彻实施。各地方要立足本地区实际,健全工作推进协调机制,增强发展数字经济本领,推动数字经济更好服务和融入新发展格局。进一步加强对数字经济发展政策的解读与宣传,深化数字经济理论和实践研究,完善统计测度和评价体系。各部门要充分整合现有资源,加强跨部门协调沟通,有效调动各方面的积极性。

2023年3月,中共中央、国务院印发了《党和国家机构改革方案》,提出组建国家数据局。负责协调推进数据基础制度建设,统筹数据资源整合共享和开发利用,统筹推进数字中国、数字经济、数字社会规划和建设等,由国家发展和改革委员会管理。将中央网络安全和信息化委员会办公室承担的研究拟订数字中国建设方案、协调推动公共服务和社会治理信息化、协调促进智慧城市建设、协调国家重要信息资源开发利用与共享、推动信息资源跨行业跨部门互联互通等职责,国家发展和改革委员会承担的统筹推进数字经济发展、组织实施国家大数据战略、推进数据要素基础制度建设、推进数字基础设施布局建设等职责划入国家数据局。省级政府数据管理机构结合实际组建。

2023 年 10 月 25 日,国家数据局正式挂牌,内设综合司、政策规划司、数据资源司、数字经济司、数字科技和基础设施建设司。目前,许多省(自治区、直辖市)都成立了数据局。

建议地方政府切实强化对数字经济工作的组织领导,精心谋划推进,狠抓工作落实。在区县(市)设立信息化主管部门,让大数据管理部门负责人兼任同级政府办副主任/副秘书长。充实人员配备,健全工作制度,创新推进机制,做好数字经济发展工作的统筹协调、组织推进和考核督导。建立数字经济联席会议制度,研究重大事项,解决重大问题。组织编制数字经济发展规划,制定数字经济专项政策。

二、完善政策法规

建议地方政府用足、用好上级部门支持数字经济发展的各项政策,制定数字经济专项扶持政策,从财税、金融、科技、用地、用人、用电等方面加大对数字经济的政策扶持力度。

有条件的地方可以设立数字经济引导基金,通过以奖代补、贴息贷款、政府采购、PPP(政府和社会资本合作模式)、政府购买服务等方式,支持数字技术企业做大做强。

落实高新技术企业和创业投资企业税收优惠、研发费用加计扣除、股权激励税收优惠以及科技企业孵化器、固定资产加速折旧等创新激励税收优惠政策。

对落户当地的全国电子信息百强、软件百强、互联网百强企业,在资金奖励、办公场所、人才公寓等方面给予优惠政策。

充分运用政府采购政策支持数字经济相关科技创新成果转化,推动数字经济新技术、新产品应用推广。

利用好老厂房、闲置写字楼以及“大拆大整”置换出来的新空间,建设数字经济孵化器、众创空间。对数字经济重点项目,优先保障其用地需求。加快发展楼宇经济,引导数字技术企业向楼宇集聚。

优先保障数字经济产业园区、数字技术企业和新型信息基础设施的用电。通过财政奖补等方式降低数字技术企业用电成本。

三、加大资金投入

国务院印发的《"十四五"数字经济发展规划》提出加大资金支持力度。加大对数字经济薄弱环节的投入,突破制约数字经济发展的短板与瓶颈,建立推动数字经济发展的长效机制。拓展多元投融资渠道,鼓励企业开展技术创新。鼓励引导社会资本设立市场化运作的数字经济细分领域基金,支持符合条件的数字经济企业进入多层次资本市场进行融资,鼓励银行业金融机构创新产品和服务,加大对数字经济核心产业的支持力度。加强对各类资金的统筹引导,提升投资质量和效益。

建议地方政府积极争取上级部门的有关资金,统筹技改、中小企业、服务业等相关专项资金,加大对数字经济重点项目、重点平台和重点企业的支持力度。对企业实施数字化改造项目、购买智能化装备给予一定的财政资金补助。对财政贡献突出、固定资产投资大的数字技术企业进行奖励。

建立和完善适应数字经济发展的多元化投融资体系,发展科技金融。积极引进国内外战略投资、风险投资、私募股权投资等机构到当地设立法人机构,促进技术和资本对接。鼓励金融机构针对数字技术企业特点,创新金融产品和服务。积极探索知识产权、股权、应收账款、数据资产等质押融资,拓宽数字技术企业融资渠道。鼓励社会资本建设数字经济孵化器、众创空间、产业园区等。支持符合条件的数字技术企业到境内外资本市场上市融资,借助资本市场做大做强。

四、壮大人才队伍

2024年4月,人力资源社会保障部、中共中央组织部、中央网信办、国家发展改革委、教育部、科技部、工业和信息化部、财政部、国家数据局等9部门联合印发了《加快数字人才培育支撑数字经济发展行动方案(2024—2026年)》提出如下六大重点任务。

(1)实施数字技术工程师培育项目

重点围绕大数据、人工智能、智能制造、集成电路、数据安全等数字领域新职业,以技术创新为核心,以数据赋能为关键,制定颁布国家职业标准,开发培训教程,分职业、分专业、分等级开展规范化培训、社会化评价,取得专业技术等级证书的可衔接认定相应职称。在项目实施基础上,构建科学规范培训体系,开辟数字人才自主培养新赛道。

（2）推进数字技能提升行动

适应数字产业发展和企业转型升级需求,大力培养数字技能人才。加快开发一批数字职业（工种）的国家职业标准、基本职业培训包、教材课程等,依托互联网平台加大数字培训资源开放共享力度。全面推行工学一体化技能人才培养模式,深入推进产教融合,支持行业企业、职业院校（含技工院校,下同）、职业培训机构、公共实训基地、技能大师工作室等,加强创新型、实用型数字技能人才培养培训。推进"新八级工"职业技能等级制度,依托龙头企业、职业院校、行业协会、社会培训评价组织等开展数字职业技能等级认定。

（3）开展数字人才国际交流活动

加大对数字人才倾斜力度,引进一批海外高层次数字人才,支持一批留学回国数字人才创新创业,组织一批海外高层次数字人才回国服务。加强留学人员创业园建设,支持数字人才在园内创新创业。推进引才引智工作,支持开展高层次数字人才出国（境）培训交流,加强与共建"一带一路"国家数字人才国际交流,培养一批具有国际视野的骨干人才。

（4）开展数字人才创新创业行动

支持建设一批数字经济创业载体、创业学院,深度融合创新、产业、资金、人才等资源链条,加大数字人才创业培训力度,促进数字人才在人工智能、信息技术、智能制造、电子商务等数字经济领域创新创业。积极培育数字经济细分领域专业投资机构,投成一批数字经济专精特新"小巨人"企业,重点支持数字经济"硬科技"和未来产业领域发展。加快建设一批数字经济领域专业性国家级人才市场,支持北京、上海、粤港澳大湾区等科学中心和创新高地建设数字人才孵化器、产业园、人力资源服务园,培育发展一批数字化人力资源服务企业,为数字人才流动、求职、就业提供人事档案基本公共服务。

（5）开展数字人才赋能产业发展行动

紧贴企业发展需求开设订单、订制、定向培训班,培养一批既懂产业技术又懂数字技术的复合型人才,不断提升从业人员数字素养和专业水平,助力产业数字化转型和高质量发展。发挥专业技术人员继续教育基地、数字卓越工程师实践基地、高技能人才培训基地、产教融合实训基地、国家软件与集成电路人才国际培训基地作用,利用国内外优质培训资源,开展高层次数字人才高级研修和学术技术交流活动,加快产学合作协同育人。专业技术人才知识更新工程、高技能领军人才培育计划等人才工程向数字领域倾斜。加强数字领域博士后科研流动站、工作站建设,加大博士后人才培养力度。

(6)举办数字职业技术技能竞赛活动

在全国技能大赛专设智能制造、集成电路、人工智能、数据安全等数字职业竞赛项目,以赛促学、以赛促训,以赛选拔培养数字人才。在全国博士后创新创业大赛中突出新一代信息技术、高端装备制造等数字领域,促进高水平数字人才与项目产业对接。支持各地和有关行业举办数字职业技术技能竞赛。

《加快数字人才培育支撑数字经济发展行动方案(2024—2026年)》提出如下六项保障措施。

(1)优化培养政策

结合数字人才需求,深化数字领域新工科研究与实践,加强高等院校数字领域相关学科专业建设,加大交叉学科人才培养力度。充分发挥职业院校作用,推进职业教育专业升级和数字化改造,新增一批数字领域新专业。推进数字技术相关课程、教材教程和教学团队建设。深化产学研融合,支持高校、科研院所与企业联合培养复合型数字人才。

(2)健全评价体系

持续发布数字职业,动态调整数字职称专业设置。支持各地根据行业发展需要增设人工智能、集成电路、大数据、工业互联网、数据安全等数字领域职称专业。健全数字职业标准和评价标准体系,完善数字经济相关职业资格制度。规范数字技能人才评价,落实高技能人才与专业技术人才职业发展贯通政策。开展数字领域卓越工程师能力评价,推动数字技术工程师国际互认。

(3)完善分配制度

完善数字科技成果转化、增加数字知识价值为导向的收入分配政策,完善高层次人才工资分配激励机制,落实科研人员职务科技成果转化现金奖励政策。制定数字经济从业人员薪酬分配指引,引导企业建立健全符合数字人才特点的企业薪酬分配制度。强化薪酬信息服务,指导有条件的地区结合实际发布数字职业从业人员工资价位信息。

（4）提高投入水平

探索建立通过社会力量筹资的数字人才培养专项基金。企业应按规定提取和使用职工教育经费,不断加大数字人才培养培训投入力度。各地应将符合本地需求的数字职业(工种)培养培训纳入职业技能培训需求指导目录、培训机构目录、实名制信息管理系统。对符合条件人员可按规定落实职业培训补贴、职业技能评价补贴、失业保险技能提升补贴等政策。对跨地区就业创业的允许在常住地或就业地按规定享受相关就业创业扶持政策。

（5）畅通流动渠道

畅通企业数字人才向高校流动渠道,支持高校设立流动岗位,吸引符合条件的企业高层次数字人才按规定兼职,支持和鼓励高校、科研院所数字领域符合条件的科研人员按照国家规定兼职创新、在职和离岗创办企业。

（6）强化激励引导

通过国情研修、休假疗养,开展咨询服务、走访慰问等方式,加强对高层次数字人才的政治引领。将高层次数字人才纳入地方高级专家库,鼓励有条件的地方结合实际在住房、落户、就医服务、子女入学、配偶就业、创业投资、职称评审等方面给予支持或提供便利。加大政策宣传力度,大力弘扬和培育科学家精神、工匠精神,营造数字人才成长成才良好环境。

建议地方政府结合当地人才计划,引进一批数字经济领域的高层次人才和急需紧缺人才。支持国内外知名高校、科研院所来当地设立分院(所)、新型研发机构,探索产学研合作新模式,培养数字经济专业技术人才。鼓励校企合作共建实习实训基地,采取订单制、现代学徒制等方式培养应用型、技术技能型人才。组织开展针对领导干部、企业负责人的数字经济专题培训,把数字经济纳入专业技术人员公需科目。鼓励企业加强数字经济方面的内部培训,提升员工业务水平。

五、强化项目推进

建议地方政府建立数字经济重大项目库,形成"谋划一批、开工一批、在建一批、投产一批"项目滚动发展机制。完善项目论证、评审、验收、后评估等机制。围绕当地主导产业和特色优势产业,谋划、遴选一批引领作用强、技术含量高、市场前景好、行业影响大的数字经济重大项目。对数字经济重大项目,定期召开重点项目调度会,强化跟踪服务和督导考核,建立绿色通道,确保早开工、早达效。坚持多措并举,破解资金、土地等要素瓶颈,保障数字经济重大项目顺利推进。引进金融投资机构,加大数字经济重大项目融资力度。盘活低效闲置用地,优先满足数字经济重大项目的用地需求。

六、强化监督考核

国务院印发的《"十四五"数字经济发展规划》提出强化监测评估。各地区、各部门要结合本地区、本行业实际,抓紧制定出台相关配套政策并推动落地。要加强对规划落实情况的跟踪监测和成效分析,抓好重大任务推进实施,及时总结工作进展。

建议地方政府开展数字经济发展水平评估,编制数字经济发展年度报告。把数字经济发展列入重点督导内容,对发现的问题及时督促整改。完善考核内容、考核方式和考核程序,强化考核结果的运用,充分调动各级干部的积极性。健全问责机制,对不作为、慢作为、乱作为的领导干部,根据情节严重程度,给予警告、调离岗位、降职、免职等处分。建立容错机制,鼓励领导干部大胆创新,先行先试。完善激励机制,大力提拔重用那些真抓实干、成效突出的领导干部。

七、营造良好氛围

建议地方政府加大对数字经济的宣传力度,提高社会各界对数字经济的认识。通过广播、电视、报刊等传统媒体和网站、"两微一端"等网络新媒体,广泛宣传报道数字经济相关政策、工作动态、典型案例等。组织召开数字经济发展大会,及时总结推广各部门、各地区的发展数字经济的做法、成效和经验。组织举办数字经济专题培训班,邀请专家学者为领导干部和企业家授课。

组织举办数字经济领域的展会、赛事等,鼓励数字技术企业参加在浙江乌镇举办的世界互联网大会、在贵阳举办的中国国际大数据产业博览会(简称"数博会")、在重庆举办的中国国际智能产业博览会(简称"智能博会")、在福州举办的数字中国建设峰会以及中国国际软件博览会(简称"软博会")等展会。

第五节　数字经济发展的地方实践

一、济南市

近年来,山东省济南市以打造数字先锋城市为牵引,坚定不移实施数字经济引领战略,大力发展以新一代信息技术产业为核心的数字经济,发挥数字赋能优势,推动数字产业化、产业数字化、算网一体化协同创新发展,全面建强数字经济发展引领区,引领数字"变量"成为高质量发展强大"增量"。数字经济发展水平跃升全国第 6 位,入选国务院督查激励"建设信息基础设施、推进产业数字化转型成效明显市"和全国首批中小企业数字化转型试点城市。

(1)聚焦数字产业化,加力提升核心产业能级

坚持以新一代信息技术产业为主攻方向,统筹实施高端软件"铸魂"、集成电路"强芯"、先进计算"固链"、工业互联网"赋能"、人工智能"赋智"、新兴产业"跃升"工程等六大工程,持续提升数字经济核心产业发展能级。深入开展《济南市加快软件名城提档升级三年行动计划(2023—2025年)》,扎实推动名城、名园、名企、名品、名人、名院、名展"七名"工程,持续拓展软件产业规模厚度、创新深度、应用力度、空间广度,争创中国软件名园。2023 年,济南市软件业务收入突破 5 300 亿元,软件名城评估位列全国第 7。深入实施集成电路专项行动,推动第三代半导体材料、芯片设计、制造封测、下游应用等产业串珠成链,加快建设特色鲜明、优势突出的集成

电路产业基地,天岳碳化硅支持集成电路关键装备、高端芯片载板关键材料研发制造、比亚迪半导体、岱微电子等重点企业、重点项目快速发展。以部省市共建"中国算谷"产业生态项目为依托,聚焦整机制造的关键环节,加大双招双引力度,完善服务器制造配套体系,浪潮服务器市场占有率蝉联中国市场第一,AI服务器市场占有率全球第一。加力工业互联网和人工智能赋智增效。深化国家工业互联网示范区和国家人工智能先导区试验区"三区"同建,"双跨"等各类工业互联网数量居全省首位,工业互联网发展水平居全国第8位;人工智能计算中心投入运营,人工智能岛加快建设,应用场景数量居全省首位,人工智能发展潜力跻身全国前三。扎实推动优势产业扩规提质。坚持专班推进、专项扶持,鼓励支持新一代信息技术装备、人工智能、元宇宙等新兴产业做强做优做大。

（2）聚焦产业数字化,加速推动数实深度融合

聚焦制造业数字化转型中的痛点和难点,深入实施"工赋泉城"和"AI泉城"行动,大力推动新一代信息技术和实体经济深度融合。通过做好"点、线、面"系统优化,推动质量变革、效率变革、动力变革。"点"上发挥龙头骨干企业和平台的引领带动作用,开展数字技术应用创新、全流程数字场景建设,打造试点示范项目,带动同类需求企业提升数字化水平,浪潮信息成功入选国家首批数字领航企业。发挥70余个"双跨"平台、国家特色平台和省级工业互联网平台作用,引导企业上平台提效能,打造了一批晨星工厂、工业互联网标杆和5G全连接工厂。章丘区化工新材料产业大脑、高新区高端软件产业大脑入选省首批"产业大脑"揭榜挂帅项目。"线"上推动行业数字化转型,发挥产业大脑、工业互联网平台等协同带动作用,构建一批典型应用场景。"一链一策"推动10条标志性产业链群加快数字化转型,带动上下游企业数字化应用,打造一批产业生态类、智造应用类、共性技术类应用。"面"上推动中小企业数字化转型,深入推进"上云用数赋智",在全省率先出台两化融合贯标分级奖励政策,率先开展工业企业数据管理成熟度(DCMM)评估认证,大力实施"技改双千"工程,成立济南市数字化技改服务联盟,加快推动企业数字化、网络化、智能化转型。

（3）聚焦算网一体化,加快布局新型基础设施

一是提升算力基础支撑。持续提升济南超算中心建设运营水平,加快

推进济南人工智能计算中心、浪潮一体化大数据中心等重大项目建设。全市拥有在用超大型数据中心 4 个,大中型数据中心 9 个,边缘型数据中心 20 个,建有 8 个省级行业节点。

二是加强网络建设水平。推进重点区域 5G 网络和千兆光网深度覆盖,入选全国首批"千兆城市"和 5G 商用城市,建成开通济南国家级互联网骨干直联点和 80G 国际互联网数据专用通道,高速、泛在、融合、安全的网络基础设施加速形成。

三是推动算网融合发展。发挥全球首张确定性网络作用,依托大规模算力优势,打造一批"确定性网络＋"应用场景,加快布局量子信息、空天技术、卫星导航等前沿产业;强化需求牵引,创新出台"算力券",推动算力、算法和数据协同创新和应用,打造一体化算力网络发展格局。

二、晋江市

近年来,福建省晋江市把"数智转型"作为城市核心发展战略之一,把数智赋能作为产业转型升级的主攻方向,全面推进数字化转型工作。2021—2023 年,晋江市数字经济规模分别为 1 630.75 亿元、1 821.87 亿元、2 123.88 亿元,占 GDP 比重分别为 54.6%、56.8%、63.14%,获评工业互联网发展十强县、工业互联网推动数字化创新领先县(市)。

(1)强化政策引导

为了破解数字经济发展瓶颈、产业数字化难点痛点以及软件和信息技术服务业规模小、水平低、人才少等一系列问题,制定了《晋江市数字经济发展三年行动(2022—2024)》《晋江市制造产业数字化转型实施意见》《2023 年晋江市实施数智转型攻坚行动方案》《晋江市纵深推进数字经济产业发展行动方案(2024 年)》《晋江市支持产业数字化转型升级十二条措施》《晋江市加快软件和信息技术服务业发展十六条措施》。

(2)打造示范标杆

一是数智转型示范样板项目。面向纺织、鞋服、食品、建材、机械、医疗器械、电子信息、晴雨伞、包装印刷等行业,鼓励龙头企业带头打造一批数字产线、智慧车间、无人工厂。培育了 46 个国家、省级智能制造试点示范、优秀场景项目、示范工厂,32 个国家级、省级工业互联网应用标杆,智能化、数字化转型示范样板居泉州市各县(市、区)首位。

二是数智转型制式套餐项目。聚焦中小企业在研发设计、生产制造、经营管理、市场营销等关键环节的数字化转型需求,联合工业互联网平台、系统服务商推出了 10 多个数智转型制式套餐。截至 2024 年 4 月,全市有 2 000 多家中小企业上云上平台。

(3)聚集平台支撑,赋能企业发展

依托传统产业集群优势,按照"以需求换项目、以市场换产业"的思路,先后引进华为、北理数智、兵装 58 所、中海创等数智服务平台,赋能晋江企业数智转型升级。截至 2024 年 4 月,华为等数智服务平台对接服务企业 1 500 多家,达成实质合作项目 200 多个,引进环思、维尔思、乐石科技、东软联创等 9 家信息系统服务商。支持有条件的企业剥离信息化业务,输出数智转型服务。例如,推动信泰公司建立万物智联物联网平台、海纳公司建立 5G 卫品工业互联网平台、新建兴公司建立陶瓷云 5G 智能设备平台。

(4)聚合链条资源,构建服务生态

2023 年 4 月,成立晋江市产业数字化服务协作联盟,整合管理咨询机构、平台服务商、电信运营商、软件提供商、智能装备商、金融机构、数字经济科研机构等多方资源,为企业数智转型提供一站式、全链条服务。建成投用线上数字商超,从数字化基础服务、行业数字化应用、企业数字化咨询等方面在线提供首期 12 项数智转型服务商品供企业自主选购。面向联盟成员,征集筛选了 128 位国内资深数智转型专家,建立了晋江市数智转型专家库,为企业数字转型提供咨询服务。

(5)聚智破解难题,启迪数字思维

为了破解企业"不敢转、不愿转、不能转、不会转"的难题,联合数智服务平台、电信运营商组织开展沙龙、培训活动。召开数字经济发展三年行动启动大会,承办全省产业数字化转型工作现场会,泉州市 2023 年第二、三季度产业数字化转型工作现场会。依托鞋体博会、科洽会设立晋江市数字经济馆,多渠道展示数智转型标杆案例、前沿技术。2023 年 6 月,启动产业数字化转型咨询诊断服务专项行动,择优筛选专家深入 200 多家企业实地调研考察,为企业提供痛点诊断、转型路径规划、应用场景设计等服务。

第十章

推进数字产业化

做大做强电子信息制造业、软件和信息服务业,大力发展互联网产业以及物联网、云计算、大数据、人工智能、3D 打印、5G、区块链、虚拟现实等新一代信息技术产业,加快发展数字内容和数字创意产业以及共享经济和平台经济等新业态新模式。

第一节　发展电子信息制造业

坚持龙头带动、生态培育、需求牵引,做大做强电子信息制造业,提升产业链水平。积极引进穿戴式设备等智能终端制造企业。支持电子信息制造企业开展技术改造,提升自主创新能力。

一、芯片产业

党的十二大报告提出确保重要产业链供应链安全。芯片是许多产品的核心元器件,芯片产业是数字经济的核心产业,在目前复杂的国际局势下,保障芯片产业链供应链安全对于推进中国式现代化具有重要意义。

1. 我国芯片供应链安全风险分析

（1）我国芯片严重依赖进口

我国是芯片消费大国。从 2011 年起,我国就成为全球最大的芯片市场。从 2014 年起,芯片超过石油成为我国第一大进口商品。根据海关总署发布的数据,2021 年我国芯片进口量达到 6 355 亿片,金额高达 4 400 亿美元,约占 GDP 的 2.45%,是石油进口额的两倍以上,高于原油、铁矿石和粮食三者进口总额,远超军费。目前,国产芯片自给率不足 30%,绝大部分高端芯片依赖进口。

(2) 我国芯片产业面临"卡脖子"

我国芯片产业在高端半导体材料、高端芯片生产设备、芯片设计软件等方面存在短板。硅晶片、光刻胶、CMP 抛光液、溅射靶材、电子气体等高端半导体材料主要被欧美、日韩等国垄断,我国自给率均不足 30%。我国自主生产的晶片以 6 英寸和 8 英寸为主,12 英寸的大尺寸晶片严重依赖进口。用于芯片设计的 EDA 软件由 Cadence、Synopsys、Mentor 三家公司垄断,占据 95% 的市场份额。2022 年 8 月 14 日,美国禁止向中国出口用于设计 3 nm 芯片的 EDA 软件。生产芯片所需的光刻机、离子注入机、薄膜沉积设备、热处理成膜设备等关键设备由荷兰 ASML 公司、美国应用材料公司和日本东京电子公司等企业垄断。美国不允许 ASML 等光刻机制造商向中国出售用于生产 3~10 nm 芯片的极紫外线光刻机。

(3) 美国对我国芯片进行封锁

晋华、杭州中科微电子、湖南国科微电子、新华三半导体、西安航天华迅科技、苏州云芯、中芯国际等国产芯片企业相继被美国商务部列入实体清单。2022 年 8 月 31 日,美国政府要求英伟达公司停止向中国出口两款 GPU 芯片 A100 和 H100。10 月 7 日,美国商务部发布了芯片出口管制措施,我国最大的存储芯片制造商长江存储及其日本子公司被列入未经核实清单。

(4) 美国进行芯片科技脱钩

一些美国芯片研发机构陆续离开中国。2022 年 1 月,美国芯片公司美光科技解散了约 150 人规模的上海研发中心旗下的 DRAM 设计团队,并将产品的设计和研发移出中国,挑选部分核心研发人员提供技术移民美国资格。

(5) 美国扶持本土芯片产业

20 年前,美国生产了全球近 40% 的芯片,而如今仅占全球产量的 12%。为了夺回全球芯片产业霸主地位,美国政府积极扶持本土芯片产业发展。2022 年 8 月 10 日,美国总统拜登签署了投资总额达 2 800 亿美元的《芯片和科学法案》,为美国半导体产业提供 527 亿美元的补贴,并要求任何接受美方补贴的芯片企业必须在美国本土建厂。英特尔投资 200 亿美元在俄亥俄州建立芯片中心,在亚利桑那州建两个新工厂。此外,美国要求台积电和三星在美国设厂。台积电投资 120 亿美元在亚利桑那州建厂,计划在 2024 年生产 5 nm 芯片;三星投资 170 亿美元在得克萨斯州建厂,计划两年后开始量产。

(6)美国成立半导体联盟

2021 年 5 月,包括美国、欧洲、日本、韩国、中国台湾地区等地的 64 家企业宣布成立美国半导体联盟(SIAC),成员包括英特尔、高通、AMD、英伟达、台积电、三星、ARM、阿斯麦等全球知名半导体企业。2022 年 3 月,美国提出组建"芯片四方联盟"(Chip4),包括美国、日本、韩国和中国台湾地区。全球芯片产量,韩国和中国台湾地区各占 22% 左右,日本占 15%。2021 年全球十大半导体企业都在这四个国家和地区,全球几乎所有高端芯片都由美国、韩国、中国台湾地区企业生产。美国试图牢牢控制全球高端芯片供应链,实施"芯片霸权",对中国大陆芯片产业进行遏制、打压。

2. 我国芯片产业发展面临的问题

(1)研发投入少

我国每年用于集成电路研发投入约 45 亿美元,仅占全行业销售额的 6.7%,不到美国英特尔公司年研发投入的一半。2021 年,美国半导体公司研发投入占全球的 55%,而中国仅占 3.1%。

(2)专业人才缺

根据中国电子信息产业发展研究院等单位发布的《中国集成电路产业人才白皮书》,我国芯片人才缺口超过 30 万。在现有从业人员中,具有研究生学历的芯片人才仅占 6.5%。2020 年全国 21 万的集成电路专业毕业生,仅有 13.77% 选择进入该行业。

(3)创新能力弱

我国芯片领域的光刻机等核心设备、光刻胶等关键原料、EDA 等工具软件依赖进口,面临"卡脖子"的窘境。我国芯片产业发展起步晚,不重视基础研究和技术创新。与国外芯片企业相比,我国芯片企业技术积累少。

目前,全球芯片市场格局已经固化。很多芯片企业考虑到产品很难抢占市场,很难盈利,不愿意冒险涉足新领域、投资研发新技术,导致技术越来越落后,形成恶性循环。我国计算机、服务器芯片 95% 依赖进口,智能终端芯片 70% 依赖进口,严重威胁云计算、5G、数据中心等新基建安全。

（4）产业生态差

我国芯片领域腐败案件多发,产业发展比较浮躁。2006 年,上海交通大学微电子学院院长陈进伪造"汉芯一号"芯片被网友揭发,但没有受到应有的惩罚。2019 年底,德淮半导体公司董事董淮陈接受组织调查。国家集成电路产业投资基金股份有限公司总经理丁文武、华芯投资管理有限责任公司原总裁路军、副总裁高松涛、投资三部副总经理杨征帆、紫光集团董事长赵伟国和前总裁刁石京等人被查。此外,一些地方芯片项目"一哄而上",武汉弘芯、成都格芯、德科玛等所谓的芯片企业一没自有资金、二没技术产品,但骗取了地方政府巨额投资。

3. 我国芯片产业发展对策

（1）加快核心技术攻关

借鉴"两弹一星"成功经验,充分发挥"集中力量办大事"的社会主义制度优势,建立新型举国体制。从全国各地选拔芯片设计、制造、封装、代工以及相关材料、设备、软件、零部件等领域的优秀人才,组建国家半导体研究院,集中精力开展核心技术攻关,解决芯片产业的"卡脖子"问题。实行"揭榜挂帅"制度,加快研制 EDA 等工具软件、光刻机、涂胶机等核心设备以及硅晶圆、光刻胶、抛光液、溅射靶材等关键材料,提高芯片工艺制程水平。通过"政产学研金服用"协作,实现基础研究、技术创新、工程应用与产业化的无缝衔接。组建中国半导体联盟,支持国产芯片领域的行业龙头企业牵头组建创新联合体,打造自主可控的芯片供应链体系。推进进口芯片国产化替代,通过政府采购等方式支持国产芯片企业发展,使其有更多的资金投入研发。改变国家集成电路产业投资基金运作方式,从企业并购转变为研发投入,支持相关企业、高校和科研机构在芯片领域开展基础研究和技术创新。

（2）实施换道超车战略

把握"超越摩尔定律"的历史机遇,鼓励芯片领域的颠覆性创新,开展下一代集成电路基础理论、技术路线、关键核心技术研究,在 AI 芯片、碳基芯片、光电芯片、量子芯片、生物芯片等领域开辟新赛道。例如,上海微电子设备系统有限公司有量产 90 nm 的光刻机,而 90 nm 的碳基芯片能达到 28 nm 硅基芯片水平,可以绕开美国对高端光刻机的封锁。研发量子器件、单电子器件、自旋器件、磁通量器件、石墨烯器件、碳纳米管线等新器件,发展集成微纳系统和系统封装,拓展和超越摩尔定律。采取"平台 + 资本 + 赋能"科技创新模式,瞄准下一代 AIoT 终端的"算法 + 芯片"需求进行研发,重点发展 AI 芯片、光电子芯片、汽车芯片等。

（3）壮大专业人才队伍

鼓励有关高校开设集成电路专业,对相关专业研究生设置芯片设计、芯片制造、芯片封测、半导体材料、芯片工艺制程等研究方向。鼓励"双一流"高校成立"集成电路学院",支持国家示范性微电子学院和南京集成电路大学发展。支持中芯国际等国内芯片行业龙头企业创办大学,或与高校合作建立联合研发机构、实训基地和产教融合中心。支持国产芯片企业在海外设立研发机构,聘用外籍高端人才。建立集成电路人才数据库,完善集成电路人才服务体系,鼓励相关专业留学生回国从事芯片领域的创业创新,吸引全球芯片人才到中国工作,给予芯片领军人才更大的技术路线决定权和经费使用权。坚决"破四唯",把已授权发明专利作为芯片人才职称、奖项、头衔评定的重要条件。

（4）构建产业生态系统

加快构建芯片设计、制造、封装、测试、应用、服务体系,建设一批芯片中试基地、代工厂、公共技术平台和工艺验证平台,通过建链、强链、补链和延链,完善芯片产业链,构建芯片生态圈,打造自主可控的芯片产业体系。推动产业链、创新链、金融链"三链融合",提升我国芯片产业链、供应链现代化水平,提高芯片自给率。推广集成设计制造（IDM）模式,鼓励国产芯片企业与新一代信息技术产业中的优势企业强强联合,实现整机—芯片联动、设计—制造联动。统筹发改、工信、科技、教育等部门的各类专项资金,加大对芯片共性基础技术研发、芯片人才培养、国产芯片试用的补助力度。集中扶持资金,给予特殊政策,对被美国商务部列入实体清单的国产芯片企业进行重点支持。建立芯片研发保险制度。结合混改,鼓励社会资本进

入芯片产业。加大芯片领域反腐败、反间谍力度。深入推进芯片领域社会
信用体系建设,提高企业和个人的违法成本。

二、汽车电子产业

汽车电子是车体汽车电子控制装置和车载汽车电子控制装置的总称,
其作用是提高汽车的安全性、舒适性、经济性和娱乐性。汽车电子化的程
度是衡量汽车技术水平的重要标志。从历史上看,每一次汽车技术的进
步,都离不开汽车电子技术的应用。电子技术在一定意义上主导着汽车技
术进步的方向和步伐,未来汽车技术的竞争,也将越来越多地体现在汽车
电子技术的竞争上。在一些豪华轿车上电子产品占到整车成本的70%以
上。国内汽车市场潜力巨大,为我国汽车电子产业快速发展提供了坚实基
础。而加快发展汽车电子产业,对于促进我国汽车工业转型升级意义
重大。

1. 汽车电子产业发展现状

汽车电子产品可以划分为两大类:一类是汽车电子控制装置。这类
装置需要与车上机械系统进行配合使用,即所谓机电一体化的汽车电子装
置,包括发动机、底盘、车身电子控制。例如电子燃油喷射系统、制动防抱
死控制、防滑控制、牵引力控制、电子控制悬架、电子控制自动变速器、电子
动力转向等,另一类是车载汽车电子装置。这是在汽车环境下能够独立使
用的电子装置,包括汽车信息系统(车载计算机)、车辆导航系统、汽车音响
及电视娱乐系统、车载通信系统、上网设备等。

近年来,中国汽车产销两旺,汽车进入大众化时代。随着我国汽车工
业的快速发展,汽车电子产品的应用也越来越广泛,带动了我国汽车电子
产业规模的不断扩大。总的来说,我国汽车电子产业呈现出如下一些
特点。

(1) 主动安全成为汽车电子市场的主要增长点

在底盘控制和安全领域,主动安全系统的普及成为市场的主要增长
点。在防抱死系统(ABS)普及的基础上,基本完成了电子制动力分配
(EBD)和弯道制动力控制(CBC)功能的升级;刹车辅助系统(EBA)、急速
防滑系统(ASR)、电子稳定程序(ESP)和定速巡航等主动安全系统市场的

不断扩大以及安全气囊产品的升级换代,共同推动了底盘控制和安全系统市场的增长。

（2）高端汽车电子产品由高端车型不断向低端车型渗透普及

ESP之前主要装备宝马等高端车型。随着市场的发展和价格的下降,ESP开始在凯美瑞等中级车中普及,并已出现在奔腾等紧凑车型中。由于紧凑型车和中级车是我国轿车市场的主要车型,ESP市场规模快速增长。此外,中低端车型的倒车可视系统、车载导航系统的装备率不断提高。

（3）汽车电子产品的国产化率不断提高

国外企业和合资企业一直是中国汽车电子市场的主力,占据了大部分市场份额。但由于中国汽车厂商快速发展,技术水平不断提高,在成本优势的推动下,本土企业的市场份额大大提升。国内企业在安全气囊、汽车防盗系统、汽车导航系统中快速地发展。在本土汽车厂商的带动下,本土汽车电子企业在发动机管理（EMS）等领域也实现了市场突破。

2. 汽车电子产业发展存在的主要问题

虽然近年来我国汽车电子产业快速发展,但仍然存在一些不容忽视的问题。

（1）技术创新水平低

我国缺少具有自主知识产权的汽车电子产品,并面临国外汽车零部件企业的专利围攻。每年德国、美国和日本等各大汽车制造企业在我国申请大量的专利,在汽车电子这一领域形成了专利壁垒。国产汽车电子后装产品具备一定的竞争优势,但普遍技术含量低、利润少、竞争激烈,低价格成为主要竞争手段。在技术含量和价值更高的动力控制系统、安全控制系统、车身电子等前装市场,核心技术掌握在国外企业手中。国内企业面临重重专利和技术壁垒,短期内难以被整车厂家认可。

（2）市场进入门槛高

作为整车配套产品,必须适应整车对可靠性、稳定性、安全性的要求,从设计到生产定型需经过2～3年的严格测试认证以及数百万千米以上路测检验。我国汽车电子研发和制造水平与国外差距较大,汽车电子技术成熟度及产品的可靠性、安全性和稳定性不够。目前我国汽车电子生产工艺的控制仍处于初级阶段,生产管理体系不健全,很难生产出性能稳定的汽车电子产品。在国内合资整车厂中,产品设计和零部件选型采购由外方决定,国产汽车电子产品难以进入国外品牌汽车的前装配套体系。

（3）产业链不很完善

整车厂、汽车电子厂商及相关科研院所根据整车产品配套需求开展项目合作的商业模式没有完全建立起来,产业链协同程度低,上下游企业无法相互带动。由于缺乏整车的需求牵引,汽车电子制造商不得不自行研发产品的功能性样机,然后送到整车厂接受测试,通过测试之后才寻求配套厂家。这一研究与实践的过程复杂烦琐,而且存在不同车型、不同汽车制造厂的标准不统一的问题,因此,做出的产品在稳定性、安全性和一致性上难以达到国际标准的要求。

（4）专业人才很缺乏

国内汽车电子企业科研人员主要以汽车工程专业或电子工程专业为主,缺少既懂汽车又懂电子的复合型人才。在汽车机械技术和电子技术相结合这一环节上,本土企业与国外企业存在较大差距。国内高校缺乏培养复合型人才的机制,学科专业之间相互分割,企业难以招聘到合格的汽车电子人才。

由于没有掌握核心技术、专业人才缺失、研发投入不足、技术壁垒难以突破、产业链协同程度低等原因,使我国汽车电子产业仍处于产业链低端。多数国内汽车电子企业只能生产车载导航系统、汽车影音系统、门锁及行李箱遥控系统、防盗报警系统等技术含量较低的中低端产品。在汽车电子控制装置等高端领域,与发达国家存在很大差距。

3. 汽车电子产业发展对策

（1）提升创新能力

加大对汽车电子产业自主发展的政策支持力度,鼓励整车企业和汽车电子企业研发新技术、新产品。通过产学研相结合等多种途径提高汽车电子企业的自主创新能力,并处理好消化吸收与自主创新的关系,积极寻求获得技术溢出的途径。组建汽车电子产业技术创新联盟,针对产业发展的共性技术和关键技术,有效整合研发资源,进行联合攻关,并实现成果转化。加强汽车电子产业的知识产权保护和知识产权服务,开展针对汽车电子产业的专利信息服务,提高汽车电子企业专利信息利用水平。

（2）选准发展重点

目前，我国汽车电子产业面临诸多历史机遇，如物联网、云计算、移动互联网等新一代信息技术的出现，国内汽车消费需求旺盛，电动汽车的兴起，智慧交通建设的推进，国家发展战略性新兴产业的发展等。本土汽车电子企业要抢抓历史机遇，选准发展的重点和突破口。把拥有自主知识产权的载货车、客车、中低档轿车作为国产汽车电子产品应用的突破口。大力研发车联网、智能汽车、电动汽车所需的汽车电子产品，不断满足消费者对汽车安全性、娱乐性的要求，满足政府有关部门对汽车的节能环保的要求。

（3）完善产业链条

提高汽车电子化水平是整车企业夺取未来汽车市场的重要手段。组织供需对接会、专题研讨会等，促进整车企业与汽车电子企业之间的交流与合作。鼓励整车企业与汽车电子企业合作开发汽车电子产品。对于双方合作项目，在申报电子发展基金等政府财政资金时予以优先考虑。鼓励有条件的地区组建汽车电子产业联盟，加快汽车电子产业集聚，推进汽车电子产业协同。

（4）加强人才培养

把汽车电子专业人才培养纳入装备制造和信息领域国家专业技术人才知识更新工程、信息领域高技能领军人才培养工程等人才计划。鼓励有条件的大学设置汽车电子专业，开设汽车电子类课程，邀请汽车企业相关骨干技术人员充实师资力量。鼓励有关高校的汽车工程专业学生选修电子工程专业课程，电子工程专业学生选修汽车工程专业课程。鼓励整车企业、汽车电子企业与高校联合培养汽车电子专业人才。鼓励高校在整车企业、汽车电子企业成立汽车电子专业学生实习基地。

三、船舶电子产业

船舶电子是船体电子控制装置和船载电子控制装置的总称。据统计，船舶电子产品价值约占整船价值的15%。虽然船舶电子产品总体市场规模不是很大，但对船舶工业的影响却不小，特别对我国船舶工业来说，船舶电子产业落后仍是船舶工业发展的一大瓶颈。目前，我国船舶电子产品本土化率还不到 10%。加快发展船舶电子产业,提升中国船舶电子产业的规模与水平,已成为我国船舶工业转型升级的当务之急。

1. 船舶电子产业现状分析

船舶电子产品的高端市场主要由欧美国家掌控。目前,船舶电子产品的生产主要集中在德国、英国、丹麦、挪威、美国、加拿大、日本和韩国等发达国家。我国虽然在柴油机、发电机组、螺旋桨等船用配套设备的研发制造水平上有了很大提高,但船舶导航设备、通信设备、操舵系统、控制系统等船舶电子产品还多采用国外的产品。

由于没有掌握核心技术、专业人才缺失、研发投入不足、技术壁垒难以突破、产业链协同程度低等原因,使我国船舶电子产业仍处于产业链低端。虽然我国已进入国际造船大国行列,但国内船舶配套产业却非常弱小。国内造船企业普遍从发达国家进口船舶电子设备,致使采购成本居高不下。一些关键的高技术、高附加值的船用设备和部件国内没有能力生产,只能依赖进口。这与我国船舶工业的迅猛发展形成了强烈反差。

国产船舶电子设备存在缺乏核心技术、没有品牌、没有国际性的市场营销和售后服务网络,存在产品单一、技术水平低、工艺落后、可靠性差等突出问题,基本上还处于学习跟进阶段。国内船舶电子企业以代理国外产品为主,自主研发的产品很少。国内能自主研制的产品仅有磁罗经、陀螺罗经、计程仪、测深仪等,且只能在部分国内船舶上使用。国内船舶电子企业一般只能提供单个零星产品,而且在产品技术性能、质量、品种和规格方面与国外同类产品比较存在着很大差距。江苏、上海、辽宁、山东等地的船舶电子企业陆续引进了一些国外厂商或进行合资合作,但大多是一些非核心的技术和产品。在雷达、GMDSS 设备、自动舵等方面,国外船舶电子企业一般不愿意签署专利转让协议,使我国难以引进先进的船舶电子技术。

是否提供全球性的维修服务保障,是国际大型船舶修造企业选择船舶电子产品的重要因素。国内大多数船舶电子企业没有能力建立全球市场营销和售后服务网络,影响了自有品牌提升和国际市场拓展。国内船舶电子产品要想进入国际市场,必须经国际著名船级社的认证。即便产品质量过硬,通过了国际著名船级社的认证,但没有完善的全球服务网络,也难以打开国际市场,进入大型船舶修造企业。

2. 船舶电子产业发展对策

（1）提升创新能力

加大对船舶电子产业自主发展的政策支持力度,鼓励整车企业和船舶电子企业研发新技术、新产品。通过产学研相结合等多种途径提高船舶电子企业的自主创新能力,并处理好消化吸收与自主创新的关系,积极寻求获得技术溢出的途径。组建船舶电子产业技术创新联盟,针对产业发展的共性技术和关键技术,有效整合研发资源,进行联合攻关,并实现成果转化。加强船舶电子产业的知识产权保护和知识产权服务,开展针对船舶电子产业的专利信息服务,提高船舶电子企业专利信息利用水平。

（2）选准发展重点

目前,我国船舶电子产业面临诸多历史机遇,如物联网、云计算、移动互联网等新一代信息技术的出现,国际航运业对船舶需求旺盛,智慧海事建设的推进,国家发展战略性新兴产业的发展等。本土船舶电子企业要抢抓历史机遇,选准发展的重点和突破口。把拥有自主知识产权的载货轮、客轮、中低档游艇作为国产船舶电子产品应用的突破口。大力研发船联网、智能船舶、智慧海事所需的船舶电子产品,不断满足航运公司和海事部门对船舶航行的安全性的要求。

（3）完善产业链条

提高船舶电子化水平是造船企业夺取未来船舶市场的重要手段。组织供需对接会、专题研讨会等,促进造船企业与船舶电子企业之间的交流与合作。鼓励造船企业与船舶电子企业合作开发船舶电子产品。对于双方合作项目,在申报电子发展基金等政府财政资金时予以优先考虑。鼓励有条件的地区组建船舶电子产业联盟,加快船舶电子产业集聚,推进船舶电子产业链协同。支持国内大型船舶电子产品制造企业建立全球市场营销和售后服务网络。

（4）加强人才培养

把船舶电子专业人才培养纳入装备制造和信息领域国家专业技术人才知识更新工程、信息领域高技能领军人才培养工程等人才计划。鼓励有条件的大学设置船舶电子专业,开设船舶电子类课程,邀请船舶企业相关骨干技术人员充实师资力量。鼓励有关高校的船舶工程专业学生选修电子工程专业课程,电子工程专业学生选修船舶工程专业课程。鼓励造船企业、船舶电子企业与高校联合培养船舶电子专业人才。鼓励高校在造船企业、船舶电子企业成立船舶电子专业学生实习基地。

第二节　发展软件和信息服务业

2023 年,我国软件产品收入 29 030 亿元,同比增长 11.1%;信息技术服务收入 81 226 亿元,同比增长 14.7%,均远高于 GDP 增速。建议发展工业软件、嵌入式软件、手机应用程序等行业应用软件以及系统集成、IT咨询、电商服务等信息服务业。培育一批双软企业,支持软件企业取得ITSS、CMMI 等方面的更高资质,增强软件供给能力。实施"互联网+"行动计划,大力发展互联网产业。

一、工业软件产业

工业软件是指专用于或主要用于工业领域,为提高工业企业研发、制造、生产管理水平和工业装备性能的软件,一般包括工业设计软件、工业仿真软件、生产设备和产品中的嵌入式软件、工业控制软件、数控机床的数控系统等。

2021 年 5 月 28 日,习近平总书记在中国科学院第二十次院士大会、中国工程院第十五次院士大会、中国科协第十次全国代表大会上指出:"要从国家急迫需要和长远需求出发,在石油天然气、基础原材料、高端芯片、工业软件、农作物种子、科学试验用仪器设备、化学制剂等方面关键核心技术上全力攻坚。"工业软件被列为当前科技攻关最紧急、最迫切的领域之一,体现了巨大的战略价值。

工业软件是工业的"DNA",是制造强国之重器。EDA(电子设计自动化)等高端国产工业软件的缺失,严重威胁中国经济安全。为此,要正视差距,自力更生,做大做强工业软件产业,推动中国从工业大国走向工业强国,保障工业安全。

1. 工业软件关系国家安全

国家安全包括政治安全、国土安全、军事安全、经济安全、文化安全、社会安全、科技安全、信息安全、生态安全、资源安全、核安全等。

（1）工业软件关系军事安全

武器装备研发设计和生产制造离不开特定的工业软件。如果关键环节的工业软件受制于人，后留有后门，就会严重危险中国军事安全。例如，美国曾通过"授权合格最终用户（VEU）"名单把中国军工企业拒之门外，禁止中国军工企业购买一些细分行业的专用工业软件。例如，汽车电控细分领域的计算机辅助工程（CAE）专用软件 DSPACE 在业内处于垄断地位，但早在 10 多年前就对中国军工企业实施全面禁运。STK 是由美国 Analytical Graphics 公司开发的一款在航天领域处于领先地位的商业分析软件，可以支持航天任务的全部过程，包括设计、测试、发射、运行和任务应用等。中国航天工业曾长期使用 STK 软件，但美国政府从 STK7.0 版本起就对中国实施禁运。

（2）工业软件关系经济安全

电子设计自动化（EDA）软件是芯片设计的基础工具。2019 年 6 月，根据美国商务部的要求，Cadence、Mentor、Synopsys 三大 EDA 软件公司暂停对华为的授权和更新。这三个公司垄断了全球 90% 的 EDA 软件市场份额，芯片设计公司和代工厂几乎都必须跟他们合作。没有 EDA 软件，国内芯片设计企业就无法有效设计芯片。

工业软件在使用过程中会产生大量的工业数据和商业信息，一旦丢失或被窃取，将使企业蒙受严重经济损失，甚至危及国家产业安全。例如，法国达索系统公司的研发设计类软件被我国航空航天、汽车等行业广泛应用。2011 年，达索系统公司的 Solidworks 软件被曝存在后门。

工业软件的有效运行离不开底层操作系统和辅助其进行信息传输的网络和协议，而操作系统、网络、数据库都可能存在隐通道。黑客可能利用工业软件自身或其所处操作系统、网络的安全漏洞，通过在系统外建立隐蔽信道的方式，绕过访问控制策略，获取工业软件产生的数据。由于隐通道采用非正常通信手段，一般的网络安全机制无法对其有效检测，对工业安全造成严重威胁。

（3）工业软件关系核安全

核武器、核电站等核设施都包含一定数量的工业软件。一旦出现网络安全问题,后果不堪设想。例如,2010年7月,伊朗纳坦兹铀浓缩工厂的8 000台离心机突然出现故障,电脑数据大面积丢失,其中上千台离心机被物理性损毁。造成事故的元凶是"震网"(Stuxnet)病毒。这种病毒可以悄无声息地潜伏和传播,并对特定的西门子工业电脑进行破坏。此次"震网病毒事件"导致伊朗纳坦兹铀浓缩工厂大约1/5的离心机报废。

2. 我国工业软件产业发展现状

近年来,我国工业软件产业规模快速增长,工业软件企业不断涌现,工业企业催生行业软件提供商,工业技术软件化程度逐步提高。

(1)工业软件产业规模快速增长

近年来,我国工业软件产业规模占全球比重小,但增长率远高于全球水平。2012—2019年,全球工业软件市场规模复合增长率为5.4%,我国工业软件市场规模复合增长率达到13%。工业和信息化部的数据显示,2016—2019年中国工业软件产业发展增速保持在15%～20%。2023年,我国工业软件产品实现收入2 824亿元,同比增长12.3%。目前,嵌入式系统软件已成为产品和装备数字化改造、各领域智能化增值的关键性带动技术。2023年,我国嵌入式系统软件收入10 770亿元,同比增长10.6%,增速较上年同期回落0.7个百分点。

(2)工业软件企业不断涌现

在计算机辅助设计(CAD)软件领域,涌现出北京数码大方、广州中望软件、苏州浩辰软件等企业。面对欧特克(AutoCAD)等国外软件巨头大幅降价,它们依然保持高速增长,市场份额不断扩大。在工业仿真软件方面,涌现出苏州同元软件等企业。在工业控制软件方面,涌现出浙江中控、福大自动化等企业。在企业管理软件方面,浪潮、用友、东软占据信息管理类软件市场前三位,占比分别为16.0%、11.4%、9.5%。

(3)工业企业催生行业软件提供商

随着企业信息化建设的深入和IT服务外包的发展,一些工业软件企业从传统工业企业的信息化部门独立出来,成为优秀的行业软件提供商。例如,脱胎于宝钢的宝信软件,成为钢铁和有色金属行业的优秀软件提供商;脱胎于一汽的一汽启明,成为汽车行业的优秀软件提供商;脱胎于中石化的石化盈科,成为石化行业的优秀软件提供商。

（4）工业技术软件化程度逐步提高

根据中国工业技术软件化产业联盟发布的统计数据，截至 2020 年 12 月底，我国工业技术软件化率达到 50%，面向特定行业、特定场景的工业互联网 App 培育数量超过 30 万个。近年来，我国工业互联网快速发展。根据中国工业互联网研究院发布的《中国工业互联网产业经济发展白皮书（2021）》，2020 年，我国工业互联网产业增加值规模达到 3.57 万亿元，名义增速达到 11.66%。

3. 我国工业软件产业面临的主要问题

虽然中国工业软件产业规模不断增长，但与欧美、日本等发达国家相比，中国工业软件产业整体发展水平较低，不能满足推动制造业高质量发展的实际需求。

（1）工业软件核心技术缺乏

核心技术受制于人是我国工业软件发展面临的最大问题。2017 年，德国墨卡托研究院对中国面向工业 4.0 的工业机器人、工业软件和 3D 打印三大技术发展情况进行了评估，认为工业软件与国外技术差距最大，追赶和进步速度最慢。近年来，美国从贸易、科技、金融等领域对中国进行遏制。2021 年 5 月，哈尔滨工业大学、哈尔滨工程大学被美国列入实体清单，被禁用 Matlab 等工业软件。虽然中国工业软件产业快速发展，但依然是"卡脖子"领域。例如，国产 CAD 软件在复杂曲面构建与处理上还面临一些技术障碍，核心建模操作可靠性还不够。航空航天、汽车、船舶等装备行业装配复杂，建模精度要求高，产品安全责任大。目前，这些行业中采用的设计、仿真和流体计算类软件几乎全部依赖进口。国产 EDA 软件对先进工艺支撑能力弱，缺乏全流程设计平台。国产生产制造类软件提供商对于特定行业的生产工艺和控制机理缺乏深入研究，产品技术水平偏低，无法为用户提供从基础控制、优化控制、生产管理到仿真测试的一站式解决方案。

（2）工业软件产业有待培育

目前，国产工业软件企业数量少、规模小，市场份额低。工业软件品种不全、功能和性能不强，缺乏高端工业软件，缺少有国际竞争力的大型工业软件企业。根据工业和信息化部发布的《2021 年软件和信息技术服务业统计公报》,2021 年,中国工业软件产品收入占软件产品收入的 9.88%,不足 10%。而在工业软件产品收入中,国产工业软件收入占比不足 30%。工业软件企业主业不突出。例如,2019 年浙江中控技术股份有限公司(以下简称"浙江中控")收入为 25.22 亿元,其中工业软件收入为 1.88 亿元,约占 7.45%。我国 80% 的工业设计软件市场、60% 的工业控制软件市场被国外厂商占据。其中在高端装备制造领域,超过 90% 的工业设计软件市场份额被美国 Autodesk 公司、法国达索公司等国外厂商占据。在工业仿真软件领域,美国 ANSYS、ALTAIR、NASTRAN 等公司占据了 95% 以上的市场份额。与国外同类工业软件产品相比,国产工业软件产品在成熟度、适用度、稳定性、兼容性等方面差距较大,算法模型不精确、人机交互不友好。相比国外工业软件厂商全系统、全流程、全生命周期的服务能力,大多数国内工业软件厂商仅能满足个别阶段、个别层级的简单业务场景需求,没有形成体系化、层次化的产品和服务能力,影响了国内用户对国产工业软件产品的接受度。

(3) 工业软件产业有待扶持

国产工业软件企业多为科技人员个人筹资建立,资金有限,必须依靠承接项目维持运营。工业软件企业高投入、高风险,社会资本更愿意投资"短平快"项目,工业软件少人问津。中国工业软件厂商多为中小企业,研发资金投入有限,研发能力有待提高,缺乏国际竞争力。以 CAD 软件为例,2018 年法国达索公司研发投入达 6.31 亿美元(折合 41.3 亿元人民币),而 2019 年广州中望软件研发投入只有约 1 亿元人民币。在工业软件领域,国家发展改革委、科技部、工业和信息化部存在职能交叉。近十多年来,中国工业软件产业面临"三不管"的尴尬境地,有关国家部委几乎没有资金支持过国产工业软件研发。从"十二五"开始,即 2011 年以后,工业软件被纳入工业和信息化部"两化融合"范畴,科技部不再分管,此前科技部对工业软件的扶持政策没有延续。

(4) 工业软件人才严重匮乏

目前,中国工业软件人才不仅存在较大缺口,而且结构性矛盾突出。工业软件研发,需要既懂信息技术又懂工业的复合型人才。而中国大学学科相互割裂,专业设置落后,对交叉学科建设、复合型人才培养不重视。我国绝大部分高校没有工业软件专业,即便是工科院校也很少开设工业软件方面的专业、研究方向和课程,每年培养的工业软件人才屈指可数。许多大学重应用不重基础研究,工业工程、计算力学等课程主要讲授国外知名工业软件的操作方法,导致中国在工业软件基础理论、模型、算法、程序设计等方面研发能力弱化。工业软件师资力量弱,缺乏校企合作,难以培养实用型的工业软件人才。许多大学计算机专业教师"从学校到学校",没有从事过软件开发工作,只能"照本宣科"。我国工业软件研发人员严重短缺。国内从事电子设计自动化(EDA)软件研发的人员只有1 500多人,其中真正为国产软件企业服务的仅约300人。此外,许多优秀的工业软件人才被阿里巴巴等互联网行业巨头的高薪吸引或挖走,导致工业软件人才流失严重。

(5)知识产权保护有待加强

由于知识产权保护力度不足,我国盗版软件挤压正版软件市场,出现了"制锁的比不过撬锁的"的奇葩现象。工业软件的主要用户是企业,一些中小企业为了节省成本而选择盗版软件或是放任员工使用盗版软件。由于工业软件与生产制造过程密切相关,盗版软件带来的安全风险可能会使企业遭受严重损失。对工业软件的知识产权缺乏保护,使得国内工业软件企业投入巨额研发费用难以得到较好的回报,挫伤了工业软件企业科技创新的积极性。例如,北京数码大方公司研发的CAXA软件深受盗版之害,市面上大部分的CAXA教材、光盘是盗版的。盗版软件扰乱了正常的软件市场机制,淡化了用户的知识付费意识。企业使用盗版软件貌似省掉了一些软件购置费,但盗版软件造成我国自主工业软件难以发展,其他企业不得不为购买国外工业软件付出高昂的成本,而使用盗版软件的企业不仅需要付出平摊成本,而且还随时面临因侵犯他人知识产权而面临高额罚款的风险。

(6)企业思想观念有待转变

工业软件看不见、摸不着,许多企业在信息化建设过程中存在"重硬轻软"的问题。根据著名IT咨询公司Gartner发表的数据,2019年全球3.8万亿美元的IT支出中有4 310亿美元为软件支出,占比约为11%;而中国2019年2.9万亿元的IT支出中只有878亿元为软件支出,占比仅为3%,

远低于全球平均水平。我国许多工业企业的设备数字化程度较低,生产数据采集困难,抑制了国内工业软件需求。以数据采集与监控(Supervisory Control and Data Acquisition,SCADA)软件为例,此类软件是工业互联网和智能制造的基础性软件,但由于国内厂商设备数字化程度低,许多企业的生产线由"万国"牌设备组装而成,导致车间数据采集难,维护保养难度大,导致国内工业软件需求没有得到充分释放。

综上所述,我国工业软件的发展与制造业大国地位不相匹配,与建设制造业强国的要求差距更大,成为我国获得工业发展主动权的掣肘,也对我国工业安全构成了威胁。

4. 工业软件产业发展对策

今后要推进制造业与软件业的融合发展,转变思想观念,强化问题意识,从政策、园区、平台、人才、产业链、生态圈等方面大力发展工业软件产业,解决我国工业的"卡脖子"问题。

(1)聚焦行业短板,确定发展重点

不同于一般的计算机软件,工业软件具有明显的行业特征和特定的功能、性能需求。为此,要加强需求牵引,结合重点产业的实际需求来发展工业软件,逐步提高国产工业软件的比重。对于汽车工业,重点发展汽车设计和仿真软件、汽车控制系统软件等。对于船舶工业,重点发展船舶设计软件、船舶分析软件、船舶建造管理软件等。对于航空工业,重点发展飞行控制系统、座舱显示系统等。对于轨道交通装备行业,重点发展车载自动控制系统(ATC)、轨道交通运行控制系统等。对于机械装备行业,重点发展 CAM 软件、高端数控系统、工业机器人中的嵌入式软件、齿轮传动软件、大型装备智能运维系统等。对于石化行业,重点发展流程模拟和优化软件、产品质量检测软件等。对于电力行业,重点发展电力仿真软件、智能电网系统等。对于电子信息产业,重点发展电子设计自动化软件等。

(2)加强统筹协调,加大政策扶持

要从国家安全的战略高度重视工业软件产业的发展,优化发展环境,支持国产工业软件企业做大做强。国家发展改革委、科技部、工业和信息化部等要加强协作,建立工业软件部际联席会议制度。加快制定工业软件产业扶持政策,从财税、金融、科技、土地、人才等方面对工业软件产业进行精准扶持。把工业软件产业作为数字经济的重点内容,支持工业软件关键核心技术攻关,支持国产工业软件的推广应用。国家自然科学基金重点支持工业软件基础理论研究。把三维几何引擎、约束求解器等工业软件"卡脖子"技术攻关列入国家科技重大专项、国家重点研发计划。技术创新引导专项基金重点支持国产工业软件企业。科技部基地和人才专项重点支持工业软件新型研发机构和工业软件高端人才。把购买和使用国产工业软件纳入工业企业技改项目支持范围。实施"工业软件国产化替代工程"。通过政府购买服务等方式,引导国有工业企业和政府部门财政出资建设的工业领域公共服务平台优先使用国产工业软件。通过发放"国产软件券"等方式,引导民营企业采用国产工业软件。坚持"扶优扶强",对工业软件的重点平台、重点企业、重点项目,统筹相关财政资金给予重点支持。

（3）推进学科融合,强化人才培养

把工业软件作为"新工科"建设的重点内容,鼓励国家示范性软件学院把工业软件作为发展重点。支持工科院校在现有工业工程、软件工程等相关研究生专业设置"工业软件"研究方向,开设工业软件方面的课程。打破学科藩篱,优化知识结构。鼓励工业类专业学生选修程序设计、软件工程等计算机课程,鼓励计算机专业学生选修工业类课程。加强校企合作,深化产教融合,建立一批工业软件实训基地。实施"国产工业软件进课堂"行动,讲授国产工业软件操作方法,培养用户习惯。鼓励大学与企业合作建立工业软件实训基地,联合培养工业软件专业人才。支持有关高校和职业院校与企业合作组建工业软件方面的产教融合中心、现代产业学院,加强课程开发、产品培训、协同育人等方面的校企融合。注重从 IT 企业中招聘计算机专业教师,壮大工业软件方面的师资力量。工业软件的背后是数学、物理、化学和工程等学科,要加强工业软件基础理论研究,建立"机理研究＋工程应用＋行业推广"的工业软件发展模式。

（4）积极发展工业互联网

不断壮大工业互联网平台,整体推进垂直行业的数字化转型。实施工业互联网创新发展工程。面向重点行业、重点领域,开展工业互联网集成创新应用试点示范。推动规模以上工业企业运用工业互联网实施软硬一体的数字化改造,提高企业生产经营效率。建设一批行业性的工业互联网平台,整合产品设计、生产工艺、设备运行、运营管理等数据资源,汇聚共享设计能力、生产能力、软件资源、科研仪器设备、技术人才等资源,完善工业互联网服务体系。推动工业互联网创新应用和节点标准建设,支持行业龙头企业开展工业互联网标杆应用项目建设。大力开展工业大数据,打造数据驱动的制造业新模式。通过工业 App 将工业技术结构化、数字化和模型化,建立各种工业技术之间的有序关联,形成工业知识图谱。举办工业互联网 App 创新大赛,丰富工业互联网服务资源池。推动工业互联网与物联网、云计算等新一代信息技术融合发展,打造以云研发、云设计、云制造为重点的工业互联网产业集群。

(5)完善产业链,构建生态圈

建立"政产学研用"相结合的工业软件科技创新体系。鼓励软件公司针对工业企业在研发设计、生产制造等领域的痛点和难点开展产品研发,建设工业软件云平台,提供行业解决方案。坚持"软件是用出来的",支持工业企业为软件公司提供实际应用场景、试错机会和成长空间,通过不断打磨、迭代升级提高软件成熟度。实施工业软件"建链、强链、补链、延链"工程,不断完善工业软件产业链。重点支持工业设计、工业仿真等方面的工业软件发展,破解"卡脖子"问题。推进产业链、创新链、资本链、人才链、价值链"五链协同",打造工业软件生态圈。促进技术和资本对接,支持国产工业软件企业融资。坚持"软硬结合",鼓励大型工业企业收购软件公司,研制所需工业软件,提升"知识软件化"能力。支持大型工业企业剥离信息化部门成立软件公司,推出行业解决方案。加大对工业软件的宣传力度,加强工业软件领域的交流与合作。组织开展工业软件方面的专题培训,举办工业软件展会。结合"一带一路"倡议,紧盯发展中国家制造业对工业软件的巨大需求,支持国产工业软件企业"走出去",开拓国际市场,并购国外工业软件企业。

二、互联网产业

"互联网+"是把互联网的创新成果与经济社会各领域深度融合,推动技术进步、效率提升和组织变革,提升实体经济创新力和生产力,形成更广泛的以互联网为基础设施和创新要素的经济社会发展新形态。在全球新一轮科技革命和产业变革中,互联网与各领域的融合发展具有广阔前景和无限潜力,已成为不可阻挡的时代潮流,正对各国经济社会发展产生着战略性和全局性的影响。积极发挥我国互联网已经形成的比较优势,把握机遇,增强信心,加快推进"互联网+"发展,有利于重塑创新体系、激发创新活力、培育新兴业态和创新公共服务模式,对打造大众创业、万众创新和增加公共产品、公共服务"双引擎",主动适应和引领经济发展新常态,形成经济发展新动能,实现中国经济提质增效升级具有重要意义。

2015年7月,国务院印发了《关于积极推进"互联网+"行动的指导意见》,确定了11个重点行动,具体内容如下。

(1)"互联网+"创业创新

充分发挥互联网的创新驱动作用,以促进创业创新为重点,推动各类要素资源聚集、开放和共享,大力发展众创空间、开放式创新等,引导和推动全社会形成大众创业、万众创新的浓厚氛围,打造经济发展新引擎。

强化创业创新支撑。鼓励大型互联网企业和基础电信企业利用技术优势和产业整合能力,向小微企业和创业团队开放平台入口、数据信息、计算能力等资源,提供研发工具、经营管理和市场营销等方面的支持和服务,提高小微企业信息化应用水平,培育和孵化具有良好商业模式的创业企业。充分利用互联网基础条件,完善小微企业公共服务平台网络,集聚创业创新资源,为小微企业提供找得着、用得起、有保障的服务。

积极发展众创空间。充分发挥互联网开放创新优势,调动全社会力量,支持创新工场、创客空间、社会实验室、智慧小企业创业基地等新型众创空间发展。充分利用国家自主创新示范区、科技企业孵化器、大学科技园、商贸企业集聚区、小微企业创业示范基地等现有条件,通过市场化方式构建一批创新与创业相结合、线上与线下相结合、孵化与投资相结合的众创空间,为创业者提供低成本、便利化、全要素的工作空间、网络空间、社交空间和资源共享空间。实施新兴产业"双创"行动,建立一批新兴产业"双创"示范基地,加快发展"互联网+"创业网络体系。

发展开放式创新。鼓励各类创新主体充分利用互联网,把握市场需求导向,加强创新资源共享与合作,促进前沿技术和创新成果及时转化,构建开放式创新体系。推动各类创业创新扶持政策与互联网开放平台联动协作,为创业团队和个人开发者提供绿色通道服务。加快发展创业服务业,积极推广众包、用户参与设计、云设计等新型研发组织模式,引导建立社会各界交流合作的平台,推动跨区域、跨领域的技术成果转移和协同创新。

(2)"互联网+"协同制造

推动互联网与制造业融合,提升制造业数字化、网络化、智能化水平,加强产业链协作,发展基于互联网的协同制造新模式。在重点领域推进智能制造、大规模个性化定制、网络化协同制造和服务型制造,打造一批网络化协同制造公共服务平台,加快形成制造业网络化产业生态体系。

大力发展智能制造。以智能工厂为发展方向,开展智能制造试点示范,加快推动云计算、物联网、智能工业机器人、增材制造等技术在生产过程中的应用,推进生产装备智能化升级、工艺流程改造和基础数据共享。着力在工控系统、智能感知元器件、工业云平台、操作系统和工业软件等核心环节取得突破,加强工业大数据的开发与利用,有效支撑制造业智能化转型,构建开放、共享、协作的智能制造产业生态。

发展大规模个性化定制。支持企业利用互联网采集并对接用户个性化需求,推进设计研发、生产制造和供应链管理等关键环节的柔性化改造,开展基于个性化产品的服务模式和商业模式创新。鼓励互联网企业整合市场信息,挖掘细分市场需求与发展趋势,为制造企业开展个性化定制提供决策支撑。

提升网络化协同制造水平。鼓励制造业骨干企业通过互联网与产业链各环节紧密协同,促进生产、质量控制和运营管理系统全面互联,推行众包设计研发和网络化制造等新模式。鼓励有实力的互联网企业构建网络化协同制造公共服务平台,面向细分行业提供云制造服务,促进创新资源、生产能力、市场需求的集聚与对接,提升服务中小微企业能力,加快全社会多元化制造资源的有效协同,提高产业链资源整合能力。

加速制造业服务化转型。鼓励制造企业利用物联网、云计算、大数据等技术,整合产品全生命周期数据,形成面向生产组织全过程的决策服务信息,为产品优化升级提供数据支撑。鼓励企业基于互联网开展故障预警、远程维护、质量诊断、远程过程优化等在线增值服务,拓展产品价值空间,实现从制造向"制造+服务"的转型升级。

（3）"互联网＋"现代农业

利用互联网提升农业生产、经营、管理和服务水平，培育一批网络化、智能化、精细化的现代"种养加"生态农业新模式，形成示范带动效应，加快完善新型农业生产经营体系，培育多样化农业互联网管理服务模式，逐步建立农副产品、农资质量安全追溯体系，促进农业现代化水平明显提升。

构建新型农业生产经营体系。鼓励互联网企业建立农业服务平台，支撑专业大户、家庭农场、农民合作社、农业产业化龙头企业等新型农业生产经营主体，加强产销衔接，实现农业生产由生产导向向消费导向转变。提高农业生产经营的科技化、组织化和精细化水平，推进农业生产流通销售方式变革和农业发展方式转变，提升农业生产效率和增值空间。规范用好农村土地流转公共服务平台，提升土地流转透明度，保障农民权益。

发展精准化生产方式。推广成熟可复制的农业物联网应用模式。在基础较好的领域和地区，普及基于环境感知、实时监测、自动控制的网络化农业环境监测系统。在大宗农产品规模生产区域，构建天地一体的农业物联网测控体系，实施智能节水灌溉、测土配方施肥、农机定位耕种等精准化作业。在畜禽标准化规模养殖基地和水产健康养殖示范基地，推动饲料精准投放、疾病自动诊断、废弃物自动回收等智能设备的应用普及和互联互通。

提升网络化服务水平。深入推进信息进村入户试点，鼓励通过移动互联网为农民提供政策、市场、科技、保险等生产生活信息服务。支持互联网企业与农业生产经营主体合作，综合利用大数据、云计算等技术，建立农业信息监测体系，为灾害预警、耕地质量监测、重大动植物疫情防控、市场波动预测、经营科学决策等提供服务。

完善农副产品质量安全追溯体系。充分利用现有互联网资源，构建农副产品质量安全追溯公共服务平台，推进制度标准建设，建立产地准出与市场准入衔接机制。支持新型农业生产经营主体利用互联网技术，对生产经营过程进行精细化信息化管理，加快推动移动互联网、物联网、二维码、无线射频识别等信息技术在生产加工和流通销售各环节的推广应用，强化上下游追溯体系对接和信息互通共享，不断扩大追溯体系覆盖面，实现农副产品"从农田到餐桌"全过程可追溯，保障"舌尖上的安全"。

（4）"互联网＋"智慧能源

通过互联网促进能源系统扁平化，推进能源生产与消费模式革命，提高能源利用效率，推动节能减排。加强分布式能源网络建设，提高可再生能源占比，促进能源利用结构优化。加快发电设施、用电设施和电网智能化改造，提高电力系统的安全性、稳定性和可靠性。

推进能源生产智能化。建立能源生产运行的监测、管理和调度信息公共服务网络，加强能源产业链上下游企业的信息对接和生产消费智能化，支撑电厂和电网协调运行，促进非化石能源与化石能源协同发电。鼓励能源企业运用大数据技术对设备状态、电能负载等数据进行分析挖掘与预测，开展精准调度、故障判断和预测性维护，提高能源利用效率和安全稳定运行水平。

建设分布式能源网络。建设以太阳能、风能等可再生能源为主体的多能源协调互补的能源互联网。突破分布式发电、储能、智能微网、主动配电网等关键技术，构建智能化电力运行监测、管理技术平台，使电力设备和用电终端基于互联网进行双向通信和智能调控，实现分布式电源的及时有效接入，逐步建成开放共享的能源网络。

探索能源消费新模式。开展绿色电力交易服务区域试点，推进以智能电网为配送平台，以电子商务为交易平台，融合储能设施、物联网、智能用电设施等硬件以及碳交易、互联网金融等衍生服务于一体的绿色能源网络发展，实现绿色电力的点到点交易及实时配送和补贴结算。进一步加强能源生产和消费协调匹配，推进电动汽车、港口岸电等电能替代技术的应用，推广电力需求侧管理，提高能源利用效率。基于分布式能源网络，发展用户端智能化用能、能源共享经济和能源自由交易，促进能源消费生态体系建设。

发展基于电网的通信设施和新型业务。推进电力光纤到户工程，完善能源互联网信息通信系统。统筹部署电网和通信网深度融合的网络基础设施，实现同缆传输、共建共享，避免重复建设。鼓励依托智能电网发展家庭能效管理等新型业务。

（5）"互联网＋"普惠金融

促进互联网金融健康发展，全面提升互联网金融服务能力和普惠水平,鼓励互联网与银行、证券、保险、基金的融合创新,为大众提供丰富、安全、便捷的金融产品和服务,更好满足不同层次实体经济的投融资需求,培育一批具有行业影响力的互联网金融创新型企业。

探索推进互联网金融云服务平台建设。探索互联网企业构建互联网金融云服务平台。在保证技术成熟和业务安全的基础上,支持金融企业与云计算技术提供商合作开展金融公共云服务,提供多样化、个性化、精准化的金融产品。支持银行、证券、保险企业稳妥实施系统架构转型,鼓励探索利用云服务平台开展金融核心业务,提供基于金融云服务平台的信用、认证、接口等公共服务。

鼓励金融机构利用互联网拓宽服务覆盖面。鼓励各金融机构利用云计算、移动互联网、大数据等技术手段,加快金融产品和服务创新,在更广泛地区提供便利的存贷款、支付结算、信用中介平台等金融服务,拓宽普惠金融服务范围,为实体经济发展提供有效支撑。支持金融机构和互联网企业依法合规开展网络借贷、网络证券、网络保险、互联网基金销售等业务。扩大专业互联网保险公司试点,充分发挥保险业在防范互联网金融风险中的作用。推动金融集成电路卡(IC卡)全面应用,提升电子现金的使用率和便捷性。发挥移动金融安全可信公共服务平台(MTPS)的作用,积极推动商业银行开展移动金融创新应用,促进移动金融在电子商务、公共服务等领域的规模应用。支持银行业金融机构借助互联网技术发展消费信贷业务,支持金融租赁公司利用互联网技术开展金融租赁业务。

积极拓展互联网金融服务创新的深度和广度。鼓励互联网企业依法合规提供创新金融产品和服务,更好满足中小微企业、创新型企业和个人的投融资需求。规范发展网络借贷和互联网消费信贷业务,探索互联网金融服务创新。积极引导风险投资基金、私募股权投资基金和产业投资基金投资于互联网金融企业。利用大数据发展市场化个人征信业务,加快网络征信和信用评价体系建设。加强互联网金融消费权益保护和投资者保护,建立多元化金融消费纠纷解决机制。改进和完善互联网金融监管,提高金融服务安全性,有效防范互联网金融风险及其外溢效应。

(6)“互联网＋”益民服务

充分发挥互联网的高效、便捷优势,提高资源利用效率,降低服务消费成本。大力发展以互联网为载体、线上线下互动的新兴消费,加快发展基于互联网的医疗、健康、养老、教育、旅游、社会保障等新兴服务,创新政府服务模式,提升政府科学决策能力和管理水平。

创新政府网络化管理和服务。加快互联网与政府公共服务体系的深度融合,推动公共数据资源开放,促进公共服务创新供给和服务资源整合,构建面向公众的一体化在线公共服务体系。积极探索公众参与的网络化社会管理服务新模式,充分利用互联网、移动互联网应用平台等,加快推进政务新媒体发展建设,加强政府与公众的沟通交流,提高政府公共管理、公共服务和公共政策制定的响应速度,提升政府科学决策能力和社会治理水平,促进政府职能转变和简政放权。深入推进网上信访,提高信访工作质量、效率和公信力。鼓励政府和互联网企业合作建立信用信息共享平台,探索开展一批社会治理互联网应用试点,打通政府部门、企事业单位之间的数据壁垒,利用大数据分析手段,提升各级政府的社会治理能力。加强对"互联网+"行动的宣传,提高公众参与度。

发展便民服务新业态。发展体验经济,支持实体零售商综合利用网上商店、移动支付、智能试衣等新技术,打造体验式购物模式。发展社区经济,在餐饮、娱乐、家政等领域培育线上线下结合的社区服务新模式。发展共享经济,规范发展网络约租车,积极推广在线租房等新业态,着力破除准入门槛高、服务规范难、个人征信缺失等瓶颈制约。发展基于互联网的文化、媒体和旅游等服务,培育形式多样的新型业态。积极推广基于移动互联网入口的城市服务,开展网上社保办理、个人社保权益查询、跨地区医保结算等互联网应用,让老百姓足不出户享受便捷高效的服务。

推广在线医疗卫生新模式。发展基于互联网的医疗卫生服务,支持第三方机构构建医学影像、健康档案、检验报告、电子病历等医疗信息共享服务平台,逐步建立跨医院的医疗数据共享交换标准体系。积极利用移动互联网提供在线预约诊疗、候诊提醒、划价缴费、诊疗报告查询、药品配送等便捷服务。引导医疗机构面向中小城市和农村地区开展基层检查、上级诊断等远程医疗服务。鼓励互联网企业与医疗机构合作建立医疗网络信息平台,加强区域医疗卫生服务资源整合,充分利用互联网、大数据等手段,提高重大疾病和突发公共卫生事件防控能力。积极探索互联网延伸医嘱、电子处方等网络医疗健康服务应用。鼓励有资质的医学检验机构、医疗服务机构联合互联网企业,发展基因检测、疾病预防等健康服务模式。

促进智慧健康养老产业发展。支持智能健康产品创新和应用,推广全面量化健康生活新方式。鼓励健康服务机构利用云计算、大数据等技术搭建公共信息平台,提供长期跟踪、预测预警的个性化健康管理服务。发展第三方在线健康市场调查、咨询评价、预防管理等应用服务,提升规范化和专业化运营水平。依托现有互联网资源和社会力量,以社区为基础,搭建养老信息服务网络平台,提供护理看护、健康管理、康复照料等居家养老服务。鼓励养老服务机构应用基于移动互联网的便携式体检、紧急呼叫监控等设备,提高养老服务水平。

探索新型教育服务供给方式。鼓励互联网企业与社会教育机构根据市场需求开发数字教育资源,提供网络化教育服务。鼓励学校利用数字教育资源及教育服务平台,逐步探索网络化教育新模式,扩大优质教育资源覆盖面,促进教育公平。鼓励学校通过与互联网企业合作等方式,对接线上线下教育资源,探索基础教育、职业教育等教育公共服务提供新方式。推动开展学历教育在线课程资源共享,推广大规模在线开放课程等网络学习模式,探索建立网络学习学分认定与学分转换等制度,加快推动高等教育服务模式变革。

(7)"互联网+"高效物流

加快建设跨行业、跨区域的物流信息服务平台,提高物流供需信息对接和使用效率。鼓励大数据、云计算在物流领域的应用,建设智能仓储体系,优化物流运作流程,提升物流仓储的自动化、智能化水平和运转效率,降低物流成本。

构建物流信息共享互通体系。发挥互联网信息集聚优势,聚合各类物流信息资源,鼓励骨干物流企业和第三方机构搭建面向社会的物流信息服务平台,整合仓储、运输和配送信息,开展物流全程监测、预警,提高物流安全、环保和诚信水平,统筹优化社会物流资源配置。构建互通省际、下达市县、兼顾乡村的物流信息互联网络,建立各类可开放数据的对接机制,加快完善物流信息交换开放标准体系,在更广范围促进物流信息充分共享与互联互通。

建设深度感知智能仓储系统。在各级仓储单元积极推广应用二维码、无线射频识别等物联网感知技术和大数据技术,实现仓储设施与货物的实时跟踪、网络化管理以及库存信息的高度共享,提高货物调度效率。鼓励应用智能化物流装备提升仓储、运输、分拣、包装等作业效率,提高各类复杂订单的出货处理能力,缓解货物囤积停滞瓶颈制约,提升仓储运管水平和效率。

完善智能物流配送调配体系。加快推进货运车联网与物流园区、仓储设施、配送网点等信息互联,促进人员、货源、车源等信息高效匹配,有效降低货车空驶率,提高配送效率。鼓励发展社区自提柜、冷链储藏柜、代收服务点等新型社区化配送模式,结合构建物流信息互联网络,加快推进县到村的物流配送网络和村级配送网点建设,解决物流配送"最后一公里"问题。

(8)"互联网+"电子商务

巩固和增强我国电子商务发展领先优势,大力发展农村电商、行业电商和跨境电商,进一步扩大电子商务发展空间。电子商务与其他产业的融合不断深化,网络化生产、流通、消费更加普及,标准规范、公共服务等支撑环境基本完善。

积极发展农村电子商务。开展电子商务进农村综合示范,支持新型农业经营主体和农产品、农资批发市场对接电商平台,积极发展以销定产模式。完善农村电子商务配送及综合服务网络,着力解决农副产品标准化、物流标准化、冷链仓储建设等关键问题,发展农产品个性化定制服务。开展生鲜农产品和农业生产资料电子商务试点,促进农业大宗商品电子商务发展。

大力发展行业电子商务。鼓励能源、化工、钢铁、电子、轻纺、医药等行业企业,积极利用电子商务平台优化采购、分销体系,提升企业经营效率。推动各类专业市场线上转型,引导传统商贸流通企业与电子商务企业整合资源,积极向供应链协同平台转型。鼓励生产制造企业面向个性化、定制化消费需求深化电子商务应用,支持设备制造企业利用电子商务平台开展融资租赁服务,鼓励中小微企业扩大电子商务应用。按照市场化、专业化方向,大力推广电子招标投标。

推动电子商务应用创新。鼓励企业利用电子商务平台的大数据资源，提升企业精准营销能力，激发市场消费需求。建立电子商务产品质量追溯机制，建设电子商务售后服务质量检测云平台，完善互联网质量信息公共服务体系，解决消费者维权难、退货难、产品责任追溯难等问题。加强互联网食品药品市场监测监管体系建设，积极探索处方药电子商务销售和监管模式创新。鼓励企业利用移动社交、新媒体等新渠道，发展社交电商、"粉丝"经济等网络营销新模式。

加强电子商务国际合作。鼓励各类跨境电子商务服务商发展，完善跨境物流体系，拓展全球经贸合作。推进跨境电子商务通关、检验检疫、结汇等关键环节单一窗口综合服务体系建设。创新跨境权益保障机制，利用合格评定手段，推进国际互认。创新跨境电子商务管理，促进信息网络畅通、跨境物流便捷、支付及结汇无障碍、税收规范便利、市场及贸易规则互认互通。

（9）"互联网＋"便捷交通

加快互联网与交通运输领域的深度融合，通过基础设施、运输工具、运行信息等互联网化，推进基于互联网平台的便捷化交通运输服务发展，显著提高交通运输资源利用效率和管理精细化水平，全面提升交通运输行业服务品质和科学治理能力。

提升交通运输服务品质。推动交通运输主管部门和企业将服务性数据资源向社会开放，鼓励互联网平台为社会公众提供实时交通运行状态查询、出行路线规划、网上购票、智能停车等服务，推进基于互联网平台的多种出行方式信息服务对接和一站式服务。加快完善汽车健康档案、维修诊断和服务质量信息服务平台建设。

推进交通运输资源在线集成。利用物联网、移动互联网等技术，进一步加强对公路、铁路、民航、港口等交通运输网络关键设施运行状态与通行信息的采集。推动跨地域、跨类型交通运输信息互联互通，推广船联网、车联网等智能化技术应用，形成更加完善的交通运输感知体系，提高基础设施、运输工具、运行信息等要素资源的在线化水平，全面支撑故障预警、运行维护以及调度智能化。

增强交通运输科学治理能力。强化交通运输信息共享，利用大数据平台挖掘分析人口迁徙规律、公众出行需求、枢纽客流规模、车辆船舶行驶特征等,为优化交通运输设施规划与建设、安全运行控制、交通运输管理决策提供支撑。利用互联网加强对交通运输违章违规行为的智能化监管,不断提高交通运输治理能力。

(10)"互联网+"绿色生态

推动互联网与生态文明建设深度融合,完善污染物监测及信息发布系统,形成覆盖主要生态要素的资源环境承载能力动态监测网络,实现生态环境数据互联互通和开放共享。充分发挥互联网在逆向物流回收体系中的平台作用,促进再生资源交易利用便捷化、互动化、透明化,促进生产生活方式绿色化。

加强资源环境动态监测。针对能源、矿产资源、水、大气、森林、草原、湿地、海洋等各类生态要素,充分利用多维地理信息系统、智慧地图等技术,结合互联网大数据分析,优化监测站点布局,扩大动态监控范围,构建资源环境承载能力立体监控系统。依托现有互联网、云计算平台,逐步实现各级政府资源环境动态监测信息互联共享。加强重点用能单位能耗在线监测和大数据分析。

大力发展智慧环保。利用智能监测设备和移动互联网,完善污染物排放在线监测系统,增加监测污染物种类,扩大监测范围,形成全天候、多层次的智能多源感知体系。建立环境信息数据共享机制,统一数据交换标准,推进区域污染物排放、空气环境质量、水环境质量等信息公开,通过互联网实现面向公众的在线查询和定制推送。加强对企业环保信用数据的采集整理,将企业环保信用记录纳入全国统一的信用信息共享交换平台。完善环境预警和风险监测信息网络,提升重金属、危险废物、危险化学品等重点风险防范水平和应急处理能力。

完善废旧资源回收利用体系。利用物联网、大数据开展信息采集、数据分析、流向监测,优化逆向物流网点布局。支持利用电子标签、二维码等物联网技术跟踪电子废物流向,鼓励互联网企业参与搭建城市废弃物回收平台,创新再生资源回收模式。加快推进汽车保险信息系统、"以旧换再"管理系统和报废车管理系统的标准化、规范化和互联互通,加强废旧汽车及零部件的回收利用信息管理,为互联网企业开展业务创新和便民服务提供数据支撑。

建立废弃物在线交易系统。鼓励互联网企业积极参与各类产业园区废弃物信息平台建设,推动现有骨干再生资源交易市场向线上线下结合转型升级,逐步形成行业性、区域性、全国性的产业废弃物和再生资源在线交易系统,完善线上信用评价和供应链融资体系,开展在线竞价,发布价格交易指数,提高稳定供给能力,增强主要再生资源品种的定价权。

(11)“互联网+”人工智能

依托互联网平台提供人工智能公共创新服务,加快人工智能核心技术突破,促进人工智能在智能家居、智能终端、智能汽车、机器人等领域的推广应用,培育若干引领全球人工智能发展的骨干企业和创新团队,形成创新活跃、开放合作、协同发展的产业生态。

培育发展人工智能新兴产业。建设支撑超大规模深度学习的新型计算集群,构建包括语音、图像、视频、地图等数据的海量训练资源库,加强人工智能基础资源和公共服务等创新平台建设。进一步推进计算机视觉、智能语音处理、生物特征识别、自然语言理解、智能决策控制以及新型人机交互等关键技术的研发和产业化,推动人工智能在智能产品、工业制造等领域规模商用,为产业智能化升级夯实基础。

推进重点领域智能产品创新。鼓励传统家居企业与互联网企业开展集成创新,不断提升家居产品的智能化水平和服务能力,创造新的消费市场空间。推动汽车企业与互联网企业设立跨界交叉的创新平台,加快智能辅助驾驶、复杂环境感知、车载智能设备等技术产品的研发与应用。支持安防企业与互联网企业开展合作,发展和推广图像精准识别等大数据分析技术,提升安防产品的智能化服务水平。

提升终端产品智能化水平。着力做大高端移动智能终端产品和服务的市场规模,提高移动智能终端核心技术研发及产业化能力。鼓励企业积极开展差异化细分市场需求分析,大力丰富可穿戴设备的应用服务,提升用户体验。推动互联网技术以及智能感知、模式识别、智能分析、智能控制等智能技术在机器人领域的深入应用,大力提升机器人产品在传感、交互、控制等方面的性能和智能化水平,提高核心竞争力。

根据中国互联网络信息中心发布的第53次《中国互联网络发展状况

统计报告》,2023 年,我国各类互联网应用不断深化,用户规模持续增长,推动使用互联网的个人比例达 90.6%。其中网约车、在线旅行预订、网络购物、网络直播、互联网医疗的用户规模较 2022 年分别增长 20.7%、20.4%、8.2%、8.7% 和 14.2%。

我国基本形成综合型、特色型、专业型的多层次工业互联网平台体系。具有一定影响力的工业互联网平台超过了 240 家,有力促进了产品全流程、生产各环节、供应链上下游的数据互通、资源协同,加速企业数字化转型。

第三节　发展数字内容和数字创意产业

一、数字内容产业

近年来,我国数字内容产业在市场规模增长、产业结构调整、业态模式创新、文化出海探索、协同文旅转型、实体产业升级、科技互动融合、助力共同富裕、稳定社会就业、强化未成年人保护等方面都取得了显著成就。

数字内容产业市场规模保持快速稳定增长。2013—2021 年,我国数字内容产业市场规模从 2 157.8 亿元增长到 14 009.6 亿元,年复合增长率近 25%。

数字内容产业内在结构持续调整更加多元。以网络短视频、网络直播为代表的新型视频业态迅速发展,二者市场规模占比从 2017 的 7% 增长到 2021 年的 23.1%,超过了网络游戏的市场规模。

数字内容产业不断推动业态模式迭代创新。数字内容产业在内容生产模式、内容传播模式和内容消费模式三个方面不断推动业态模式的创新。

(1) 内容消费模式从"静态图文模式"向"动态视频化模式"演进

移动互联网的 4G、5G 技术日益成熟并大规模商用,使得带宽成本大幅度降低且速度大幅度提升,网络游戏、网络直播、短视频等视频化的内容传播模式得以快速崛起。

(2) 内容生产模式经历了从"PGC 专业创作"到"UGC 全民生产"繁荣

的发展

移动互联网时代,视频设备、云端存储、剪辑软件等内容生产工具的多样化、便捷化,解决了创作和表达的门槛问题,使得每个人都可以成为内容生产者。

(3)内容传播模式从被动接收的"人找信息"向个性化主动推送的"信息找人"转变

算法推荐作为一种信息过滤分发系统,通过获取人们的使用数据,分析用户的行为习惯和喜爱偏好,进而实现了海量热点内容更高效、更大覆盖群体的传播。近年来,快手、抖音、B站、视频号等短视频应用的迅速崛起都与算法推荐息息相关。

数字内容产业加强出海力度布局全球市场。2021年经中国出海网文平台在当地的深耕细作,超万部优质网文作品被翻译输出到海外,海外用户规模达1.45亿人,市场规模达30.7亿元。中国网络文学的海外影响力可以比肩日本动漫、韩国电视剧和美国好莱坞电影。

数字内容产业带动传统文旅产业转型发展。借助数字媒介传播,融合VR、AR等创新科技手段,呈现传统文化魅力的新型艺术创作形式不断取得成功。以数字技术为支撑的线上文旅消费体验模式不断崛起。数字文旅带给游客更多层次的体验,使游客从旁观者向参与者转变。近年来,一些博物馆实现了陈列展览、精品馆藏、相关知识图谱等内容的数字化,打破了博物馆展览时空与实物限制。通过数字技术扫描,将文物转变为数字资产,由此衍生出NFT等文化消费新场景、新业态。

数字内容产业推动上游硬件行业迭代升级。通过持续提供高品质的用户内容消费需求,反向拉动实体设备制造业的迭代升级。影视、游戏等领域中高品质内容的不断迭代创新,不仅激励上游硬件厂商不断研发更加强大的硬件设备以满足用户的体验需求,而且极大地刺激了用户更新硬件设备的需求,进而增加了智能设备的出货量。

数字内容产业强化与科技创新的双向互动。人工智能、数字孪生、元宇宙等新兴技术在数字内容产业中大规模应用,使得网络版权内容成为新技术的实验场,而数字内容产业海量的用户需求和旺盛的产业实践又反向对科技创新形成助推效应。

数字内容产业灵活吸纳人才稳定社会就业。以网络文学、短视频、网络直播等为代表的自媒体创作、共享平台不断涌现。普通大众可以成为优质内容的生产者和传播者。2021 年,微信视频号在视频拍摄、直播带货等方面创造了 1 341 万个就业机会。

建议地方政府加强数字内容产品开发利用,构建便捷、安全、低成本的数字内容服务体系。促进数字内容和信息通信技术融合创新,拓展网络新闻、网络音乐、网络文学、网络游戏、网络视频、网络直播、自媒体等数字内容服务。完善数字内容策划、制作、传播、交易、消费等产业链,加强数字内容版权保护。鼓励企业研制数字内容视听设备,建立数字内容商店。

二、数字创意产业

数字创意产业是现代信息技术与文化创意产业融合产生的一种新经济形态,和传统文化创意产业以实体为载体进行艺术创作不同,数字创意是以计算机图形等现代数字技术为主要工具,强调依靠团队或个人通过技术、创意和产业化的方式进行数字内容开发、视觉设计、策划和创意服务等。数字创意产业是《"十三五"国家战略性新兴产业发展规划》确定的八大战略性新兴产业之一。

2017 年 4 月,原文化部印发了《关于推动数字文化产业创新发展的指导意见》,确定了五大重点产业领域。

(1)动漫产业

发挥好动漫独特的艺术魅力和传播优势,创作生产优质动漫产品。坚持品牌化发展战略,促进动漫"全产业链"和"全年龄段"发展。运用信息技术手段和各种新兴媒体,创新表现形式、拓展传播渠道,发展基于互联网和移动智能终端的动漫传播运营,积极开拓动漫表情等动漫新业态。引导促进动漫会展发展,活跃动漫及衍生产品消费。促进动漫与文学、游戏、影视、音乐等内容形式交叉融合,发展动漫品牌授权和形象营销,与相关产业融合发展,延伸动漫产业链和价值链。

(2)游戏产业

加强游戏内容价值导向管理,建立评价奖惩体系,扶持传递正能量、宣传优秀传统文化、弘扬社会主义核心价值观的游戏品牌。改善游戏产品同质化、低俗化现象,培育国产原创游戏品牌产品、团队和企业。大力推动应用游戏、功能性游戏的开发和产业化推广,引导和鼓励开发具有教育、益智功能,适合多年龄段参加的网络游戏、电子游戏、家庭主机游戏,协调发展游戏产业各个门类。促进电竞赛事、电竞直播等新模式健康有序发展。

（3）网络文化产业

实施网络内容建设工程,大力发展网络文艺,丰富网络文化内涵,推动优秀文化产品网络传播。鼓励生产传播健康向上的优秀网络原创作品,提高网络音乐、网络文学、网络表演、网络剧（节）目等网络文化产品的原创能力和文化品位。利用社交平台与用户开展线上线下交流,提升消费体验。保护激励原创,促进网络文化产业链相关环节的融合与沟通,研究建立规范合理的分成模式。深入推进互联网上网服务行业转型升级,开拓线下体验服务新领域。

（4）数字文化装备产业

适应沉浸体验、智能交互、软硬件结合等发展趋势,推动数字文化装备产业发展,加强标准、内容和技术装备的协同创新。研发具有自主知识产权、引领新型文化消费的可穿戴设备、智能硬件、沉浸式体验平台、应用软件及辅助工具,加强以产品为基础的商业模式创新。研发智能化舞台演艺设备和高端音视频产品,提升艺术展演效果,满足高端消费需求。支持文物和艺术品展陈、保护、修复设备产业化及应用示范。

（5）数字艺术展示产业

积极发展以数字技术为手段,以光学、电子等新兴媒介为表现形式,贴近群众生活和市场需求的数字艺术展示产业,以数字艺术手段传承中华美学精神。发挥数字艺术高互动性、高应用性、高融合性的特点,拓展数字艺术展示应用范围和市场空间。推动数字艺术展示与公共空间、公共设施、公共艺术相结合,与智慧旅游、城市综合体、特色小（城）镇相结合,打造数字艺术展示品牌活动,发挥数字艺术展示在拉动地方消费、提升地区形象、提高文化品位等方面的作用。鼓励文化文物单位运用馆藏文化资源,开发数字艺术展示项目。

此外,顺应新一轮科技革命和产业变革趋势,高度重视颠覆性技术创新与应用,以技术创新推动产品创新、模式创新和业态创新,更好满足智能化、个性化、时尚化消费需求，引领、创造和拓展消费新需求。促进虚拟现实产业健康有序发展，开拓混合现实娱乐、智能家庭娱乐等消费新领域，推动智能制造、智能语音、三维（3D）打印、无人机、机器人等技术和装备在数字文化产业领域的应用，不断丰富产品形态和服务模式，拓展产业边界。

2020 年 9 月，国家发展改革委、科技部、工业和信息化部、财政部联合印发了《关于扩大战略性新兴产业投资培育壮大新增长点增长极的指导意见》，提出加快数字创意产业融合发展。鼓励数字创意产业与生产制造、文化教育、旅游体育、健康医疗与养老、智慧农业等领域融合发展，激发市场消费活力。建设一批数字创意产业集群，加强数字内容供给和技术装备研发平台，打造高水平直播和短视频基地、一流电竞中心、高沉浸式产品体验展示中心，提供 VR 旅游、AR 营销、数字文博馆、创意设计、智慧广电、智能体育等多元化消费体验。发展高清电视、超高清电视和 5G 高新视频，发挥网络视听平台和产业园区融合集聚作用，贯通内容生产传播价值链和电子信息设备产业链，联动线上线下文化娱乐和综合信息消费，构建新时代大视听全产业链市场发展格局。

建议地方政府以数字技术和先进理念推动文化创意与设计服务业发展，促进文化和科技深度融合、相关产业相互渗透。发展数字文化创意技术和装备，丰富数字文化创意内容和形式。推动数字创意在工业、农业、商贸流通、科技教育、文化旅游、卫生健康、展会等领域的应用。实施文化创意产品扶持计划，打造一批优秀数字文化创意产品。

第四节　发展新一代信息技术产业

一、物联网产业

1995 年，比尔·盖茨在《未来之路》一书中曾提及物联网（Internet of things）的概念。2005 年 11 月，在突尼斯举行的信息社会世界峰会（WSIS）上，国际电信联盟（ITU）对物联网概念进行了扩展，即物联网能在任何时间、任何地点实现任意物体之间的互联。

物联网是不同传感器之间按约定的协议进行信息交换和通信,以实现物品的智能化识别、定位、跟踪、监控和管理的一种网络。物联网为人类社会增加了新的沟通维度,即从任何时间、任何地点的人与人之间的沟通连接扩展到人与物、物与物之间的沟通。

物联网具备三个特征:一是全面感知,即利用 RFID、传感器等随时随地获取物体的信息;二是可靠传输,通过各种电信网络与互联网的融合,将物体的信息实时准确地传输出去;三是智能处理,利用云计算、模糊识别等各种智能计算技术,对海量数据和信息进行分析与处理,对物体实施智能化的控制。

物联网是新一代信息技术的高度集成和综合运用,具有渗透性强、带动作用大、综合效益好的特点,推进物联网的应用和发展,有利于促进生产生活和社会管理方式向智能化、精细化、网络化方向转变,对于提高国民经济和社会生活信息化水平,提升社会管理和公共服务水平,带动相关学科发展和技术创新能力增强,推动产业结构调整和发展方式转变具有重要意义。

2013 年 2 月,国务院印发了《关于推进物联网有序健康发展的指导意见》,提出围绕经济社会发展的实际需求,以市场为导向,以企业为主体,以突破关键技术为核心,以推动需求应用为抓手,以培育产业为重点,以保障安全为前提,营造发展环境,创新服务模式,强化标准规范,合理规划布局,加强资源共享,深化军民融合,打造具有国际竞争力的物联网产业体系,有序推进物联网持续健康发展,为促进经济社会可持续发展作出积极贡献。

(1)加快技术研发,突破产业瓶颈

以掌握原理实现突破性技术创新为目标,把握技术发展方向,围绕应用和产业急需,明确发展重点,加强低成本、低功耗、高精度、高可靠、智能化传感器的研发与产业化,着力突破物联网核心芯片、软件、仪器仪表等基础共性技术,加快传感器网络、智能终端、大数据处理、智能分析、服务集成等关键技术研发创新,推进物联网与新一代移动通信、云计算、下一代互联网、卫星通信等技术的融合发展。充分利用和整合现有创新资源,形成一批物联网技术研发实验室、工程中心、企业技术中心,促进应用单位与相关技术、产品和服务提供商的合作,加强协同攻关,突破产业发展瓶颈。

（2）推动应用示范,促进经济发展

对工业、农业、商贸流通、节能环保、安全生产等重要领域和交通、能源、水利等重要基础设施,围绕生产制造、商贸流通、物流配送和经营管理流程,推动物联网技术的集成应用,抓好一批效果突出、带动性强、关联度高的典型应用示范工程。积极利用物联网技术改造传统产业,推进精细化管理和科学决策,提升生产和运行效率,推进节能减排,保障安全生产,创新发展模式,促进产业升级。

（3）改善社会管理,提升公共服务

在公共安全、社会保障、医疗卫生、城市管理、民生服务等领域,围绕管理模式和服务模式创新,实施物联网典型应用示范工程,构建更加便捷高效和安全可靠的智能化社会管理和公共服务体系。发挥物联网技术优势,促进社会管理和公共服务信息化,扩展和延伸服务范围,提升管理和服务水平,提高人民生活质量。

（4）突出区域特色,科学有序发展

引导和督促地方根据自身条件合理确定物联网发展定位,结合科研能力、应用基础、产业园区等特点和优势,科学谋划,因地制宜,有序推进物联网发展,信息化和信息产业基础较好的地区要强化物联网技术研发、产业化及示范应用,信息化和信息产业基础较弱的地区侧重推广成熟的物联网应用。加快推进无锡国家传感网创新示范区建设。应用物联网等新一代信息技术建设智慧城市,要加强统筹、注重效果、突出特色。

（5）加强总体设计,完善标准体系

强化统筹协作,依托跨部门、跨行业的标准化协作机制,协调推进物联网标准体系建设。按照急用先立、共性先立原则,加快编码标识、接口、数据、信息安全等基础共性标准、关键技术标准和重点应用标准的研究制定。推动军民融合标准化工作,开展军民通用标准研制。鼓励和支持国内机构积极参与国际标准化工作,提升自主技术标准的国际话语权。

（6）壮大核心产业,提高支撑能力

加快物联网关键核心产业发展,提升感知识别制造产业发展水平,构建完善的物联网通信网络制造及服务产业链,发展物联网应用及软件等相关产业。大力培育具有国际竞争力的物联网骨干企业,积极发展创新型中小企业,建设特色产业基地和产业园区,不断完善产业公共服务体系,形成具有较强竞争力的物联网产业集群。强化产业培育与应用示范的结合,鼓励和支持设备制造、软件开发、服务集成等企业及科研单位参与应用示范工程建设。

(7)创新商业模式,培育新兴业态

积极探索物联网产业链上下游协作共赢的新型商业模式。大力支持企业发展有利于扩大市场需求的物联网专业服务和增值服务,推进应用服务的市场化,带动服务外包产业发展,培育新兴服务产业。鼓励和支持电信运营、信息服务、系统集成等企业参与物联网应用示范工程的运营和推广。

(8)加强防护管理,保障信息安全

提高物联网信息安全管理与数据保护水平,加强信息安全技术的研发,推进信息安全保障体系建设,建立健全监督、检查和安全评估机制,有效保障物联网信息采集、传输、处理、应用等各环节的安全可控。涉及国家公共安全和基础设施的重要物联网应用,其系统解决方案、核心设备以及运营服务必须立足于安全可控。

(9)强化资源整合,促进协同共享

充分利用现有公共通信和网络基础设施开展物联网应用。促进信息系统间的互联互通、资源共享和业务协同,避免形成新的信息孤岛。重视信息资源的智能分析和综合利用,避免重数据采集、轻数据处理和综合应用。加强对物联网建设项目的投资效益分析和风险评估,避免重复建设和不合理投资。

建议加强物联网核心技术研发,推动传感器件、仪器仪表等传统行业转型升级。深化物联网技术在企业和政府部门的应用。引导传统工业企业应用物联网技术,研制智能化产品,发展服务型制造。依托当地特色农业,发展农业物联网。推进物联网在工业、农业、水利、交通、环保、市政、安防等领域的应用,推进物联网技术在电子政务领域的深度应用。

二、云计算产业

云计算(Cloud Computing)是一种可以随时随地方便地、按需地通过网络访问可配置计算资源(如网络、服务器、存储、应用程序和服务)的共享池模式,这个池可以通过最低成本的管理或与服务提供商交互来快速配置和释放资源(图 10-1)。

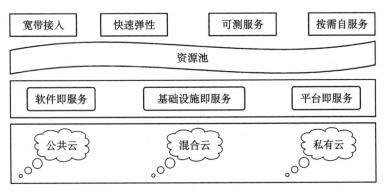

图 10-1　云计算的主要特点和类型

　　按照云计算资源的使用方式,可以将云计算分为公共云、私有云和混合云。公共云是指多个用户共用一个云服务提供商的 IT 资源。每个用户根据自己占用、消耗 IT 资源的多少,向云服务提供商支付费用。公共云适用于中小企业。目前,许多地方推进"企业上云",降低中小企业信息化门槛。私有云是指某个单位建设一个云计算中心或云服务平台供自己使用,不向社会提供云计算服务。私有云适用于国家部委、省和地市一级政府和大型企业集团。例如,目前许多省市建立了"政务云"。混合云是指一部分资源公用,一部分私用。混合云适用于 IT 资源有富余的单位,在满足自身应用的同时,把多余 IT 资源卖给外单位。例如,阿里巴巴、腾讯等大型互联网企业在满足自身云计算需求的同时对外提供云服务。

　　按服务类型分类,可以将云计算分为基础设施即服务(IaaS)、平台即服务(PaaS)、软件即服务(SaaS)三类。IaaS 是指云计算服务提供商把服务器、存储设备、网络设备等硬件设备资源打包成服务提供给用户使用。在IaaS 模式下,用户无需自己购买硬件设备,而是通过付费来使用云计算服务提供商的硬件设备。PaaS 是指云计算服务提供商为用户提供应用软件开发、测试、运行等环境。在 PaaS 模式下,许多用户可以在这个公共平台上开发自己的软件,测试自己的软件,运行自己的软件。SaaS 是指云计算服务提供商或软件企业通过互联网为用户提供所需的软件。用户无需自行购买软件，而只需要以服务费的形式支付软件的使用费，在线使用软件。目前，许多中小企业使用云平台上面的 ERP 软件、CAD 软件。

2015 年 1 月，国务院印发了《关于促进云计算创新发展培育信息产业新业态的意见》，提出适应推进新型工业化、信息化、城镇化、农业现代化和国家治理能力现代化的需要，以全面深化改革为动力，以提升能力、深化应用为主线，完善发展环境，培育骨干企业，创新服务模式，扩展应用领域，强化技术支撑，保障信息安全，优化设施布局，促进云计算创新发展，培育信息产业新业态，使信息资源得到高效利用，为促进创业兴业、释放创新活力提供有力支持，为经济社会持续健康发展注入新的动力。

（1）增强云计算服务能力

大力发展公共云计算服务，实施云计算工程，支持信息技术企业加快向云计算产品和服务提供商转型。大力发展计算、存储资源租用和应用软件开发部署平台服务，以及企业经营管理、研发设计等在线应用服务，降低企业信息化门槛和创新成本，支持中小微企业发展和创业活动。积极发展基于云计算的个人信息存储、在线工具、学习娱乐等服务，培育信息消费。发展安全可信的云计算外包服务，推动政府业务外包。支持云计算与物联网、移动互联网、互联网金融、电子商务等技术和服务的融合发展与创新应用，积极培育新业态、新模式。鼓励大企业开放平台资源，打造协作共赢的云计算服务生态环境。引导专有云有序发展，鼓励企业创新信息化建设思路，在充分利用公共云计算服务资源的基础上，立足自身需求，利用安全可靠的专有云解决方案，整合信息资源，优化业务流程，提升经营管理水平。大力发展面向云计算的信息系统规划咨询、方案设计、系统集成和测试评估等服务。

（2）提升云计算自主创新能力

加强云计算相关基础研究、应用研究、技术研发、市场培育和产业政策的紧密衔接与统筹协调。发挥企业创新主体作用，以服务创新带动技术创新，增强原始创新能力，着力突破云计算平台大规模资源管理与调度、运行监控与安全保障、艾字节级数据存储与处理、大数据挖掘分析等关键技术，提高相关软硬件产品研发及产业化水平。加强核心电子器件、高端通用芯片及基础软件产品等科技专项成果与云计算产业需求对接,积极推动安全可靠的云计算产品和解决方案在各领域的应用。充分整合利用国内外创新资源,加强云计算相关技术研发实验室、工程中心和企业技术中心建设。建立产业创新联盟,发挥骨干企业的引领作用,培育一批特色鲜明的创新型中小企业,健全产业生态系统。完善云计算公共支撑体系,加强知识产权保护利用、标准制定和相关评估测评等工作,促进协同创新。

（3）探索电子政务云计算发展新模式

鼓励应用云计算技术整合改造现有电子政务信息系统,实现各领域政务信息系统整体部署和共建共用,大幅减少政府自建数据中心的数量。新建电子政务系统须经严格论证并按程序进行审批。政府部门要加大采购云计算服务的力度,积极开展试点示范,探索基于云计算的政务信息化建设运行新机制,推动政务信息资源共享和业务协同,促进简政放权,加强事中事后监管,为云计算创造更大市场空间,带动云计算产业快速发展。

（4）加强大数据开发与利用

充分发挥云计算对数据资源的集聚作用,实现数据资源的融合共享,推动大数据挖掘、分析、应用和服务。开展公共数据开放利用改革试点,出台政府机构数据开放管理规定,在保障信息安全和个人隐私的前提下,积极探索地理、人口、知识产权及其他有关管理机构数据资源向社会开放,推动政府部门间数据共享,提升社会管理和公共服务能力。重点在公共安全、疾病防治、灾害预防、就业和社会保障、交通物流、教育科研、电子商务等领域,开展基于云计算的大数据应用示范,支持政府机构和企业创新大数据服务模式。充分发挥云计算、大数据在智慧城市建设中的服务支撑作用,加强推广应用,挖掘市场潜力,服务城市经济社会发展。

（5）统筹布局云计算基础设施

加强全国数据中心建设的统筹规划,引导大型云计算数据中心优先在能源充足、气候适宜、自然灾害较少的地区部署,以实时应用为主的中小型数据中心在靠近用户所在地、电力保障稳定的地区灵活部署。地方政府和有关企业要合理确定云计算发展定位,杜绝盲目建设数据中心和相关园区。加快推进实施"宽带中国"战略,结合云计算发展布局优化网络结构,加快网络基础设施建设升级,优化互联网网间互联架构,提升互联互通质量,降低带宽租费水平。支持采用可再生能源和节能减排技术建设绿色云计算中心。

（6）提升安全保障能力

研究完善云计算和大数据环境下个人和企业信息保护、网络信息安全相关法规与制度,制定信息收集、存储、转移、删除、跨境流动等管理规则,加快信息安全立法进程。加强云计算服务网络安全防护管理,加大云计算服务安全评估力度,建立完善党政机关云计算服务安全管理制度。落实国家信息安全等级保护制度,开展定级备案和测评等工作。完善云计算安全态势感知、安全事件预警预防及应急处置机制,加强对党政机关和金融、交通、能源等重要信息系统的安全评估和监测。支持云计算安全软硬件技术产品的研发生产、试点示范和推广应用,加快云计算安全专业化服务队伍建设。

建议地方政府建设云计算中心,推进"政府上云"和"企业上云"。加快建设政务云,推动政府数字化转型。实施"企业上云"行动计划,通过"企业出一点,厂商让一点,政府补一点"方式,推进中小企业上云,建立"云—网—端"数字化应用体系。

三、大数据产业

大数据（Big Data）是以容量大、类型多、存取速度快、应用价值高为主要特征的数据集合,正快速发展为对数量巨大、来源分散、格式多样的数据进行采集、存储和关联分析,从中发现新知识、创造新价值、提升新能力的新一代信息技术和服务业态。大数据具有数据差异大、数据量大、处理速度快、有很强的时效性、数据可视化和复杂度高等特点。

大数据的核心不在于数据量大,而在于数据分析。例如,民营企业可以运用大数据技术分析自身成本结构,看哪些领域可以进一步降低成本。采取有针对性的手段和措施,降低用工成本、原材料成本、库存成本等。

2015年8月底,国务院印发了《促进大数据发展行动纲要》,提出推动产业创新发展,培育新兴业态,助力经济转型。

（1）发展工业大数据

推动大数据在工业研发设计、生产制造、经营管理、市场营销、售后服务等产品全生命周期、产业链全流程各环节的应用,分析感知用户需求,提升产品附加价值,打造智能工厂。建立面向不同行业、不同环节的工业大数据资源聚合和分析应用平台。抓住互联网跨界融合机遇,促进大数据、物联网、云计算和三维(3D)打印技术、个性化定制等在制造业全产业链集成运用,推动制造模式变革和工业转型升级。

工业大数据应用。利用大数据推动信息化和工业化深度融合,研究推动大数据在研发设计、生产制造、经营管理、市场营销、售后服务等产业链各环节的应用,研发面向不同行业、不同环节的大数据分析应用平台,选择典型企业、重点行业、重点地区开展工业企业大数据应用项目试点,积极推动制造业网络化和智能化。

(2)发展新兴产业大数据

大力培育互联网金融、数据服务、数据探矿、数据化学、数据材料、数据制药等新业态,提升相关产业大数据资源的采集获取和分析利用能力,充分发掘数据资源支撑创新的潜力,带动技术研发体系创新、管理方式变革、商业模式创新和产业价值链体系重构,推动跨领域、跨行业的数据融合和协同创新,促进战略性新兴产业发展、服务业创新发展和信息消费扩大,探索形成协同发展的新业态、新模式,培育新的经济增长点。

服务业大数据应用。利用大数据支持品牌建立、产品定位、精准营销、认证认可、质量诚信提升和定制服务等,研发面向服务业的大数据解决方案,扩大服务范围,增强服务能力,提升服务质量,鼓励创新商业模式、服务内容和服务形式。

培育数据应用新业态。积极推动不同行业大数据的聚合、大数据与其他行业的融合,大力培育互联网金融、数据服务、数据处理分析、数据影视、数据探矿、数据化学、数据材料、数据制药等新业态。

电子商务大数据应用。推动大数据在电子商务中的应用,充分利用电子商务中形成的大数据资源为政府实施市场监管和调控服务,电子商务企业应依法向政府部门报送数据。

(3)发展农业农村大数据

构建面向农业农村的综合信息服务体系,为农民生产生活提供综合、高效、便捷的信息服务,缩小城乡数字鸿沟,促进城乡发展一体化。加强农业农村经济大数据建设,完善村、县相关数据采集、传输、共享基础设施,建立农业农村数据采集、运算、应用、服务体系,强化农村生态环境治理,增强乡村社会治理能力。统筹国内国际农业数据资源,强化农业资源要素数据的集聚利用,提升预测预警能力。整合构建国家涉农大数据中心,推进各地区、各行业、各领域涉农数据资源的共享开放,加强数据资源发掘运用。加快农业大数据关键技术研发,加大示范力度,提升生产智能化、经营网络化、管理高效化、服务便捷化能力和水平。

农业农村信息综合服务。充分利用现有数据资源,完善相关数据采集共享功能,完善信息进村入户村级站的数据采集和信息发布功能,建设农产品全球生产、消费、库存、进出口、价格、成本等数据调查分析系统工程,构建面向农业农村的综合信息服务平台,涵盖农业生产、经营、管理、服务和农村环境整治等环节,集合公益服务、便民服务、电子商务和网络服务,为农业农村农民生产生活提供综合、高效、便捷的信息服务,加强全球农业调查分析,引导国内农产品生产和消费,完善农产品价格形成机制,缩小城乡数字鸿沟,促进城乡发展一体化。

农业资源要素数据共享。利用物联网、云计算、卫星遥感等技术,建立我国农业耕地、草原、林地、水利设施、水资源、农业设施设备、新型经营主体、农业劳动力、金融资本等资源要素数据监测体系,促进农业环境、气象、生态等信息共享,构建农业资源要素数据共享平台,为各级政府、企业、农户提供农业资源数据查询服务,鼓励各类市场主体充分发掘平台数据,开发测土配方施肥、统防统治、农业保险等服务。

农产品质量安全信息服务。建立农产品生产的生态环境、生产资料、生产过程、市场流通、加工储藏、检验检测等数据共享机制,推进数据实现自动化采集、网络化传输、标准化处理和可视化运用,提高数据的真实性、准确性、及时性和关联性,与农产品电子商务等交易平台互联共享,实现各环节信息可查询、来源可追溯、去向可跟踪、责任可追究,推进实现种子、农药、化肥等重要生产资料信息可追溯,为生产者、消费者、监管者提供农产品质量安全信息服务,促进农产品消费安全。

（4）发展万众创新大数据

适应国家创新驱动发展战略,实施大数据创新行动计划,鼓励企业和公众发掘利用开放数据资源,激发创新创业活力,促进创新链和产业链深度融合,推动大数据发展与科研创新有机结合,形成大数据驱动型的科研创新模式,打通科技创新和经济社会发展之间的通道,推动万众创新、开放创新和联动创新。

（5）推进基础研究和核心技术攻关

围绕数据科学理论体系、大数据计算系统与分析理论、大数据驱动的颠覆性应用模型探索等重大基础研究进行前瞻布局,开展数据科学研究,引导和鼓励在大数据理论、方法及关键应用技术等方面展开探索。采取政产学研用相结合的协同创新模式和基于开源社区的开放创新模式,加强海量数据存储、数据清洗、数据分析发掘、数据可视化、信息安全与隐私保护等领域关键技术攻关,形成安全可靠的大数据技术体系。支持自然语言理解、机器学习、深度学习等人工智能技术创新,提升数据分析处理能力、知识发现能力和辅助决策能力。

（6）形成大数据产品体系

围绕数据采集、整理、分析、发掘、展现、应用等环节,支持大型通用海量数据存储与管理软件、大数据分析发掘软件、数据可视化软件等软件产品和海量数据存储设备、大数据一体机等硬件产品发展,带动芯片、操作系统等信息技术核心基础产品发展,打造较为健全的大数据产品体系。大力发展与重点行业领域业务流程及数据应用需求深度融合的大数据解决方案。

（7）完善大数据产业链

支持企业开展基于大数据的第三方数据分析发掘服务、技术外包服务和知识流程外包服务。鼓励企业根据数据资源基础和业务特色,积极发展互联网金融和移动金融等新业态。推动大数据与移动互联网、物联网、云计算的深度融合,深化大数据在各行业的创新应用,积极探索创新协作共赢的应用模式和商业模式。加强大数据应用创新能力建设,建立政产学研用联动、大中小企业协调发展的大数据产业体系。建立和完善大数据产业公共服务支撑体系,组建大数据开源社区和产业联盟,促进协同创新,加快计量、标准化、检验检测和认证认可等大数据产业质量技术基础建设,加速大数据应用普及。

建议地方政府组织编制大数据产业发展规划,制定大数据产业发展政策。夯实数据基础设施,加快建设人口、法人单位、自然资源和地理空间、宏观经济等基础信息库以及电子证照、社会信用等专题数据库。积极推进大数据技术在党政机关、企事业单位的应用,以用促业。开放公共数据资源。制定公共数据资源开放政策,建立公共数据资源开放目录,开通政府数据网站,依法依规向社会开放公共数据资源。规划建设大数据产业园区和产业基地,促进大数据产业集聚发展。结合当地实际情况,确定大数据产业发展重点。

培育数据要素市场,释放数据资源价值。构建数据要素有序流通、高效利用的新机制,完善涵盖数据采集、存储、加工、分析、应用、可视化等环节的大数据产业链。制定公共数据资源开放政策,建立公共数据资源开放平台,依法依规向专业机构定向开放公共数据资源,推动公共数据资产化、资源化、价值化。

建立和完善涵盖数据采集、数据存储、数据加工、数据分析、数据可视化、数据交易等环节的大数据产业链。

(1)数据采集

引进和培育一批专业化数据采集机构,面向市场需求,依法依规采集地理信息数据、电商数据、网络社交数据等。

(2)数据存储

鼓励社会资本投资建设先进、绿色、高效的数据中心,提供数据云存储、异地容灾备份等服务。

(3)数据加工

引进和培育一批数据分类、数据标注、数据清洗、数据脱敏等数据加工企业。鼓励数据加工企业根据行业和企业实际需求,提供定制化的数据产品。

(4)数据分析

支持大数据公司围绕党政机关、企事业单位的实际需求,提供专业化的大数据分析服务,解决党政机关、企事业单位面临的痛点和难点问题。

(5)数据可视化

引进和培育一批数据可视化企业。鼓励大数据公司研发数据可视化技术,研制数据可视化产品和行业解决方案,提供展示效果佳的数据可视化服务。

深化企业大数据应用。深化大数据在企业研发设计、生产制造、经营管理、市场营销、售后服务、科学决策、项目管理、节能减排、安全生产等领域的应用,促进研发设计精准化、决策科学化、管理精细化和精确化、客户服务人性化、企业运营整体化和智慧化,优化配置人财物资源,提高工程项目中标率,促进企业节能减排和安全生产。引导企业树立"用数据说话,用数据管理,用数据决策,用数据创新"的大数据思维,鼓励企业运用大数据优化生产经营管理,降低生产经营成本。

四、人工智能产业

人工智能(Artificial Intelligence, AI)是研究、开发用于模拟、延伸和扩展人的智能的理论、方法、技术及应用系统的一门新的技术科学。人工智能技术可以提高政府管理和公共服务的智能化水平。人工智能是计算机科学的一个分支,它试图了解智能的实质,并生产出一种新的能以人类智能相似的方式作出反应的智能机器。

近十年来,类脑计算、深度学习等人工智能技术快速发展,被广泛应用于人机大战、医疗、机器人、无人驾驶汽车、搜索引擎、人脸识别等领域,人们的生产、生活的智能化程度越来越高。例如,工业机器人是面向工业领域的多关节机械手或多自由度的自动装置,是智能制造的核心设备。运用工业机器人,可以极大地提高劳动生产率。

近年来,生成式人工智能系统快速发展。2022 年 11 月 30 日,美国 OpenAI 公司发布了 ChatGPT,能聊天、翻译、写邮件、写文案、写代码、写论文等。2024 年 2 月 15 日,OpenAI 公司发布 Sora,可以自动生成视频。未来的生成式人工智能系统将可以自动生成 3D 模型,届时虚拟现实和元宇宙产业将快速发展(图 10-2)。

人工智能是具有显著产业溢出效应的基础性技术,能够推动多个领域的变革和跨越式发展。例如,人工智能可以加速发现医治疾病的新疗法,大幅降低新药研发成本;可以带动工业机器人、无人驾驶汽车等新兴产业的飞跃式发展;可以大幅提升国防信息化水平,加速无人作战装备的应用。

图 10-2　Sora 生成的视频画面

人工智能技术将极大地提升和扩展人类的能力边界,对促进技术创新、提升国家竞争优势,乃至推动人类社会发展产生深远影响。

2017 年 7 月,国务院印发了《新一代人工智能发展规划》,提出加快人工智能关键技术转化应用,促进技术集成与商业模式创新,推动重点领域智能产品创新,积极培育人工智能新兴业态,布局产业链高端,打造具有国际竞争力的人工智能产业集群。

（1）智能软硬件

开发面向人工智能的操作系统、数据库、中间件、开发工具等关键基础软件,突破图形处理器等核心硬件,研究图像识别、语音识别、机器翻译、智能交互、知识处理、控制决策等智能系统解决方案,培育壮大面向人工智能应用的基础软硬件产业。

（2）智能机器人

攻克智能机器人核心零部件、专用传感器,完善智能机器人硬件接口标准、软件接口协议标准以及安全使用标准。研制智能工业机器人、智能服务机器人,实现大规模应用并进入国际市场。研制和推广空间机器人、海洋机器人、极地机器人等特种智能机器人。建立智能机器人标准体系和安全规则。

（3）智能运载工具

发展自动驾驶汽车和轨道交通系统,加强车载感知、自动驾驶、车联网、物联网等技术集成和配套,开发交通智能感知系统,形成我国自主的自动驾驶平台技术体系和产品总成能力,探索自动驾驶汽车共享模式。发展消费类和商用类无人机、无人船,建立试验鉴定、测试、竞技等专业化服务体系,完善空域、水域管理措施。

（4）智能终端

加快智能终端核心技术和产品研发,发展新一代智能手机、车载智能终端等移动智能终端产品和设备,鼓励开发智能手表、智能耳机、智能眼镜等可穿戴终端产品,拓展产品形态和应用服务。

2022 年 7 月,科技部、教育部、工业和信息化部、交通运输部、农业农村部、国家卫生健康委等六部门联合印发了《关于加快场景创新以人工智能高水平应用促进经济高质量发展的指导意见》,通过构建应用场景推动人工智能产业发展。

建议地方政府大力发展机器人、智能汽车、智能家居等产业,推进人工智能与实体经济融合。加强与相关高校和科研院所合作,建设人工智能创新载体。进一步加大机器人关键零部件的研发力度,建立一批机器人协同创新中心。培育智能制造装备、机器人、无人机等重点产品和龙头企业,形成人工智能产业集群。围绕智能制造、智慧城市建设,构建人工智能应用场景,推动人工智能技术在经济社会各领域大规模应用。

五、3D 打印产业

3D 打印是一种以计算机数字化模型为基础,运用粉末状金属或塑料等可黏合材料,通过逐层打印的方式来构造物体的技术,是增材制造（Additive Manufacturing）的主要实现形式。

与传统的"去除型"制造不同,"增材制造"无需原胚和模具,能直接根据计算机图形数据,通过增加材料的方法制造出任何形状的物体,简化产品的制造程序和工艺,缩短产品的研制和生产周期,提高生产效率,降低生产成本。

近年来,3D 打印技术在汽车、医疗卫生、服装鞋帽、建筑、食品、航空航天、军工等行业都有所应用。英国《经济学人》杂志在《第三次工业革命》一文中,将 3D 打印技术作为第三次工业革命的重要标志之一。

在汽车行业,传统的汽车制造是生产出各部分然后再组装到一起,而3D打印机能打印出单个的、一体式的汽车车身,再将其他部件填充进去。2010年11月,世界上第一辆3D打印的汽车Urbee问世。在2014年国际制造技术展览会上,美国Local Motors公司采用3D打印技术制造了一辆名为Strati的汽车,打印零部件和组装共花了44个小时,最低售价1.1万英镑(约合人民币11万元)。

在卫生健康行业,可以采用3D打印技术制造人造器官、人造骨骼、假牙、假肢等。2012年11月,苏格兰科学家利用人体细胞首次用3D打印机打印出人造肝脏组织。2014年8月,北京大学研究团队成功地为一名12岁男孩植入了3D打印脊椎,属全球首例。

在鞋服行业,可以3D打印比基尼、时装、鞋子、帽子、裙子等。2011年6月,世界上第一款3D打印的比基尼问世。在2013年的巴黎时装周上,多款3D打印机制作的服饰吸引了很多人的眼球(图10-3)。澳大利亚的XYZ Workshop等服装设计工作室提供3D服装设计作品下载服务。只要用户有一台3D打印机,就可以定制和创造自己的服饰。

图10-3　3D打印的衣服和鞋子

在建筑行业,3D打印技术可以用于建设小型建筑。2014年8月,10

幢 3D 打印建筑在上海张江高新青浦园区内交付使用,作为当地动迁工程的办公用房。这些"打印"的建筑墙体是用建筑垃圾制成的特殊"油墨",按照电脑设计的图纸和方案,经一台大型 3D 打印机层层叠加喷绘而成。10幢小屋的建筑过程仅花了 24 小时。

在食品行业,3D 打印技术可以用来制作个性化食品,为那些热衷于体验新技术的用户提供了很新鲜的趣味体验。2011 年 7 月,世界上第一台 3D 巧克力打印机问世。这款 3D 巧克力打印机虽然构造简单,但极富创造性。

在航空航天行业,3D 打印技术可以用来制造无人机、天文望远镜等。2011 年 8 月,英国南安普敦大学的工程师设计并放飞了世界上第一架 3D 打印飞机"SULSA"。整个结构均采用 3D 打印,包括机翼、整体控制面和舱门。整架飞机可在几分钟内完成组装并且无需任何工具。这款飞机翼展 2 米,最高时速接近 160 千米,巡航时几乎不发出任何声响。2014 年 9月底,美国国家航空航天局(NASA)通过 3D 打印技术制造了一台天文望远镜。

在军工行业,3D 打印技术可以用来制造无人机、手枪、军舰等武器装备。2013 年 11 月,世界上第一把 3D 打印的金属手枪问世。2014 年 7 月,美国海军试验了利用 3D 打印技术快速制造舰艇零部件,希望借此提升执行任务速度并降低成本。

2017 年 11 月,工业和信息化部、发展改革委等 12 个部门联合印发了《增材制造产业发展行动计划(2017—2020 年)》,提出推进增材制造在航空、航天、船舶、核工业、汽车、电力装备、轨道交通装备、家电、模具、铸造等重点制造领域的示范应用。

(1)航空航天

针对各类飞行器平台和发动机大型、复杂结构件,推进激光直接沉积、电子束熔丝成形技术在钛合金框、梁、肋、唇口、整体叶盘、机匣以及超高强度钢起落架构件等承力结构件上的应用,推进激光、电子束选区熔化技术在防护格栅、燃油喷嘴、涡轮叶片上的示范应用,加强增材制造技术用于钛合金框、整体叶盘关键结构修理的验证研究。

利用增材制造技术实现运载火箭、卫星、深空探测器等动力系统、复杂零部件的快速设计、原型制造；实现易损部件、备品备件等的直接制造和修复。

（2）船舶工业

推进增材制造在船舶与配套设备领域的产品研发、结构优化、工艺研制、在线修复等应用研究，实现船舶及复杂零件的快速设计与优化，推进动力系统、甲板与舱室机械等关键零部件及备品备件的直接制造。

（3）核工业

推进增材制造在核级设备复杂、关键零部件产品研发、工艺试验、检测认证，利用增材制造技术推进在役核设施在线修复。

（4）汽车制造业

在汽车新品设计、试制阶段，利用增材制造技术实现无模设计制造，缩短开发周期。采用增材制造技术一体化成型，实现复杂、关键零部件轻量化。

（5）电力装备行业

在核电、水电、风电、火电装备等设计、制造环节使用增材制造技术，实现大型、复杂零部件的快速原型制造、直接制造和修复。

（6）轨道交通装备行业

推进增材制造技术实现新产品研发、工艺试验、关键零部件试制过程中的快速原型制造，实现关键部件的多品种、小批量、柔性化制造，促进轨道交通装备绿色化、轻量化发展。

（7）家电行业

将增材制造技术纳入家电的设计研发、工艺试验环节，缩短新产品研制周期，推进增材制造技术融入家电智能柔性制造体系，实现个性化定制。

（8）模具行业

利用增材制造技术实现模具优化设计、原型制造等；推进复杂精密结构模具的一体化成型，缩短研发周期；应用金属增材制造技术直接制造复杂型腔模具。

（9）铸造行业

推进增材制造在模型开发、复杂铸件制造、铸件修复等关键环节的应用，发展铸造专用大幅面砂型（芯）增材制造装备及相关材料，促进增材制造与传统铸造工艺的融合发展。

今后要着力突破 3D 打印专用材料,加快提升 3D 打印工艺技术水平,加速发展 3D 打印装备及核心器件,在纺织服装、汽车零部件、医疗卫生、建筑、食品加工、摄影等领域推广应用。

六、5G 产业

移动互联网指由蜂窝移动通信系统通过移动终端接入互联网,用户可以随时随地地接入互联网,以获得互联网上丰富的数字内容和服务。微博、微信和移动客户端(App)就是移动互联网的典型应用,简称"两微一端"。许多党政机关都开通了"两微一端"。

5G 的主要优势在于数据传输速率远远高于以前的蜂窝网络,最高可达 10 Gbit/s,比先前的 4G LTE 蜂窝网络快 100 倍。5G 的另一个优点是较低的网络延迟,网络延迟低于 1 毫秒,而 4G 的网络延迟为 30～70 毫秒。5G 可以应用于智能制造、自动驾驶、远程医疗、虚拟现实、智慧能源、应急管理等领域。5G 的缺点是网络覆盖范围小,需要建更多的基站,而且比 4G 基站更耗电;5G 对墙体的穿透性较差,室内通信受到一定的限制。

5G 的应用领域很多。例如,企业通过"5G + 工业互联网",就可以省去在车间布设网线带来的不便,通过 5G 把生产数据传输到中控中心。公安机关通过"5G + 无人机"可以开展治安巡逻,应急管理部门通过"5G + 无人机"可以第一时间把事发现场情况传输到应急指挥中心。医生运用"5G + 远程手术"可以远距离地为病人进行手术。

2017 年 1 月,中共中央办公厅、国务院办公厅印发了《关于促进移动互联网健康有序发展的意见》,提出推动产业生态体系协同创新。统筹移动互联网基础研究、技术创新、产业发展与应用部署,加强产业链各环节协调互动。鼓励和支持企业成为研发主体、创新主体、产业主体,加快组建产学研用联盟,推动信息服务企业、电信企业、终端厂商、设备制造商、基础软硬件企业等上下游融合创新。推动信息技术、数字创意等战略性新兴产业融合发展。提高产品服务附加值,加速移动互联网产业向价值链高端迁移。完善覆盖标准制定、成果转化、测试验证和产业化投融资评估等环节的公共服务体系。加快布局下一代互联网技术标准、产业生态和安全保障体系,全面向互联网协议第六版(IPv6)演进升级。统筹推进物联网战略规划、科技专项和产业发展,建设一批效果突出、带动性强、关联度高的典型物联网应用示范工程。

目前,移动通信技术已经发展到第五代(5th Generation,5G)。2019年6月,工业和信息化部正式向中国电信、中国移动、中国联通、中国广电发放5G商用牌照,标志着中国正式进入5G时代。

建议各地加快5G网络设施建设,搭建一批5G产业发展载体和创新平台,推进"5G+",支持5G重点产品开发,培育壮大5G骨干企业。开展基于5G的窄带物联网(NB—IoT)应用示范。实施5G在车联网、智慧物流、智慧医疗等领域示范应用工程,实现5G大规模商用。

七、区块链产业

2008年,日裔美国人中本聪在《比特币:一种点对点电子现金系统》一文中提出了"区块链"(Blockchain)概念。

区块链是由多个参与方共同记录和维护的分布式数据库,该数据库通过哈希索引形成一种链状结构,其中数据的记录和维护通过密码学技术来保护其完整性,使得任何一方难以篡改、抵赖、造假。区块链技术提供了不同组织机构在非可信环境下建立信任的可能性,降低了电子数据取证的成本,带来了建立信任的范式转变,在特定场景下可以产生巨大的价值。

区块链优点是单点发起、全网广播、交叉审核、共同记账。具体来说,有如下七个特点:

(1)自治性:没有中心节点,不依赖第三方管理机构;

(2)难篡改:数据全网传播和同步,篡改成本极高;

(3)可信任:对人的信任变为对机器的信任;

(4)可追溯:区块按时间顺序线性连接;

(5)智能化:智能合约可以执行复杂的业务逻辑;

(6)隐私性:运用加密技术保护用户身份或其他隐私信息;

(7)容错性:不会因为某个节点而影响整个系统的功能和安全。

有的专家学者认为,如果大数据是信息社会的生产资料,人工智能是信息社会的生产力,那么区块链是信息社会的生产关系。

区块链主要有公有链、联盟链、私有链三种类型。对于公有链,各个节点可以自由加入和退出区块链,并参加链上数据的读写,如以太坊。对于私有链,需要授权才能加入节点,各个节点的写入权限被严格控制,如蚂蚁金服。联盟链是多个机构共同参与管理的区块链,如中国分布式总账基础协议联盟(China Ledger)。

一般来说,区块链系统框架包括基础设施、基础组件、账本、共识、智能合约、接口、应用、操作运维和系统管理等部分(图 10-4)。

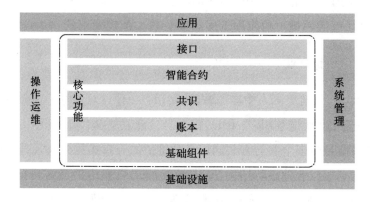

图 10-4　区块链系统的总体框架

基础设施层为上层提供物理资源和计算驱动,是区块链系统的基础支持;基础组件层为区块链系统网络提供通信机制、数据库和密码库;账本层负责交易的收集、打包成块、合法性验证以及将验证通过的区块上链;共识层负责协调保证全网各节点数据记录一致性;智能合约层负责将区块链系统的业务逻辑以代码的形式实现、编译并部署,完成既定规则的条件触发和自动执行;接口层主要用于完成功能模块的封装,为应用层提供简洁的调用方式;系统管理层负责对区块链体系结构中其他部分进行管理;操作运维层负责区块链系统的日常运维工作。

值得注意的是,区块链不等于比特币,比特币只是区块链的最初应用。比特币是一种 P2P 的、虚拟的、加密的、非官方的数字货币,是复杂算法生成的特解。比特币是非官方的虚拟货币。2017 年 9 月,中国人民银行、中央网信办等七部门宣布中国禁止虚拟货币交易。

区块链技术可以应用到金融、司法、政务服务等领域。例如,我国的官方数字货币是数字人民币。数字人民币的基础设施就是区块链。我国在推广数字人民币,江苏省常熟市的公务员工资以数字人民币的形式发放。公安、法院、检察院、司法行政部门可以运用区块链技术固定证据。行政服务部门可以运用区块链技术识别企业或个人提供的虚假营业执照、虚假资质等虚假材料。

2021年5月,工业和信息化部和中央网络安全和信息化委员会办公室联合印发了《加快推动区块链技术应用和产业发展的指导意见》,提出围绕制造强国和网络强国战略部署,以培育具有国际竞争力的产品和企业为目标,以深化实体经济和公共服务领域融合应用为路径,加强技术攻关,夯实产业基础,壮大产业主体,培育良好生态,实现产业基础高级化和产业链现代化。推动区块链和互联网、大数据、人工智能等新一代信息技术融合发展,建设先进的区块链产业体系。

（1）赋能实体经济

深化融合应用。发挥区块链在优化业务流程、降低运营成本、建设可信体系等方面的作用,培育新模式、新业态、新产业,支撑数字化转型和产业高质量发展。

供应链管理。推动企业建设基于区块链的供应链管理平台,融合物流、信息流、资金流,提升供应链效率,降低企业经营风险和成本。通过智能合约等技术构建新型协作生产体系和产能共享平台,提高供应链协同水平。

产品溯源。在食品医药、关键零部件、装备制造等领域,用区块链建立覆盖原料商、生产商、检测机构、用户等各方的产品溯源体系,加快产品数据可视化、流转过程透明化,实现全生命周期的追踪溯源,提升质量管理和服务水平。

数据共享。利用区块链打破数据孤岛,实现数据采集、共享、分析过程的可追溯,推动数据共享和增值应用,促进数字经济模式创新。利用区块链建设涵盖多方的信用数据平台,创新社会诚信体系建设。

（2）提升公共服务

推动应用创新。推动区块链技术应用于数字身份、数据存证、城市治理等公共服务领域,支撑公共服务透明化、平等化、精准化,提升人民群众生活质量。

政务服务。建立基于区块链技术的政务数据共享平台,促进政务数据跨部门、跨区域的共同维护和利用,在教育就业、医疗健康和公益救助等公共服务领域开展应用,促进业务协同办理,深化"一网通办"改革,为人民群众带来更好的政务服务体验。

存证取证。利用区块链建立数字化可信证明,在司法存证、不动产登记、行政执法等领域建立新型存证取证机制。发挥区块链在版权保护领域的优势,完善数字版权的确权、授权和维权管理。

智慧城市。利用区块链促进城市间在信息、资金、人才、征信等方面的互联互通和生产要素的有序流动。深化区块链在信息基础设施建设领域的应用,实现跨部门、跨行业的集约部署和共建共享,支撑智慧城市建设。

(3)夯实产业基础

坚持标准引领。推动区块链标准化组织建设,建立区块链标准体系。加快重点和急需标准制定,鼓励制定团体标准,深入开展标准宣贯推广,推动标准落地实施。积极参加区块链全球标准化活动和国际标准制定。

构建底层平台。在分布式计算与存储、密码算法、共识机制、智能合约等重点领域加强技术攻关,构建区块链底层平台。支持利用传感器、可信网络、软硬件结合等技术加强链上链下数据协同。推动区块链与其他新一代信息技术融合,打造安全可控、跨链兼容的区块链基础设施。

培育质量品牌。鼓励区块链企业加强质量管理,推广先进质量工程技术和方法,提高代码质量和开发效率。发展第三方质量评测服务,构建区块链产品和服务质量保障体系。引导企业主动贯标,开展质量品牌建设活动。

强化网络安全。加强区块链基础设施和服务安全防护能力建设,常态化开展区块链技术对重点领域安全风险的评估分析。引导企业加强行业自律,建立风险防控机制和技术防范措施,落实安全主体责任。

保护知识产权。加强区块链知识产权管理,培育一批高价值专利、商标、软件著作权,形成具有竞争力的知识产权体系。鼓励企业探索通过区块链专利池、知识产权联盟等模式,建立知识产权共同保护机制。

（4）打造现代产业链

研发区块链"名品"。整合产学研用专业力量，开展区块链产品研发，着力提升产品创新水平。面向防伪溯源、数据共享、供应链管理、存证取证等领域，建设一批行业级联盟链，加大应用推广力度，打造一批技术先进、带动效应强的区块链"名品"。

培育区块链"名企"。统筹政策、市场、资本等资源，培育一批具有国际竞争力的区块链"名企"，发挥示范引领作用。完善创新创业环境，培育孵化区块链初创企业；鼓励在细分领域深耕，走专业化发展道路，打造一批独角兽企业。引导大企业开放资源，为中小企业提供基础设施，构建多方协作、互利共赢的产业生态。

创建区块链"名园"。鼓励地方结合资源禀赋，突出区域特色和优势，按照"监管沙盒"理念打造区块链发展先导区。支持基础条件好的园区建设区块链产业"名园"，优化政策、人才、应用等产业要素配置，通过开放应用场景等方式，支持区块链企业集聚发展。

建立开源生态。加快建设区块链开源社区，围绕底层平台、应用开发框架、测试工具等，培育一批高质量开源项目。完善区块链开源推进机制，广泛汇聚开发者和用户资源，大力推广成熟的开源产品和应用解决方案，打造良性互动的开源社区新生态。

完善产业链条。坚持补短板和锻长板并重，开展强链补链，构建现代化的产业链。针对薄弱环节，组织上下游企业协同攻关，夯实产业基础；建立先进的产业链管理体系，增强产业链韧性。

（5）促进融通发展

推进"区块链＋工业互联网"。推动区块链与标识解析融合创新，构建基于标识解析的区块链基础设施，提升"平台＋区块链"技术融合应用能力，打造基于区块链技术的工业互联网新模式、新业态。

推进"区块链＋大数据"。加快建设基于区块链的认证可溯大数据服务平台，促进数据合规有序的确权、共享和流动，充分释放数据资源价值。发展基于区块链的数据管理、分析应用等，提升大数据管理和应用水平。

推进"区块链＋云计算"。基于云计算构建区块链应用开发、测试验证和运行维护环境，为区块链应用提供灵活、易用、可扩展的支撑，降低区块链应用开发门槛。

推进"区块链 + 人工智能"。发展基于区块链的人工智能训练、算法共享等技术和方法,推动分布式人工智能模式发展。探索利用人工智能技术提升区块链运行效率和节点间协作的智能化水平。

建议各地推进区块链技术政产学研用相结合,加强区块链技术创新和成果转化。实施"区块链 + "行动计划,推动区块链技术在工业、农业、服务业以及智慧党建、政务服务、市场监管、自然资源、生态环境、公检法司、海关、财税、公益慈善等领域的应用。

八、虚拟现实产业

虚拟现实(Virtual Reality,VR)技术是一种能够创建和体验虚拟世界的计算机仿真技术,利用计算机生成交互式的三维动态场景,实体行为的仿真系统能够使用户沉浸到该环境中。VR 技术让用户有一种身临其境的感觉,在工业、医学、教育、城市规划、房地产、军事、娱乐游戏、应急管理等领域具有广阔的应用前景。例如,城市规划建设部门运用虚拟现实技术可以把规划建设方案生成虚拟空间,让市领导、企业和市民进入虚拟空间游览,对规划建设方案提出修改建议。应急管理部门运用虚拟现实技术可以开展虚拟培训、虚拟演练、优化救援方案等(图 10-5)。军方运

图 10-5　运用虚拟现实技术开展化工厂爆炸事故救援演练

用虚拟现实技术可以生成敌方目标的三维虚拟空间，进行虚拟攻击并优化作战方案。

数字孪生（Digital Twin）是指充分利用物理模型、传感器采集的数据等，集成多学科、多变量、多尺度的计算机仿真过程，在虚拟空间中完成对现实世界映射，反映有关事物的全生命周期过程。例如，通过数字孪生城市，可以对城市进行精细化管理。通过数字孪生企业，可以对生产设备进行虚拟调试。

2018年12月，工业和信息化部印发了《关于加快推进虚拟现实产业发展的指导意见》，提出以加强技术产品研发、丰富内容服务供给为抓手，以优化发展环境、建立标准规范、强化公共服务为支撑，提升产业创新发展能力。

（1）突破关键核心技术

加强产学研用协同合作，推动虚拟现实相关基础理论、共性技术和应用技术研究。坚持整机带动、系统牵引，围绕虚拟现实建模、显示、传感、交互等重点环节，加强动态环境建模、实时三维图形生成、多元数据处理、实时动作捕捉、实时定位跟踪、快速渲染处理等关键技术攻关，加快虚拟现实视觉图形处理器（GPU）、物理运算处理器（PPU）、高性能传感处理器、新型近眼显示器件等的研发和产业化。

近眼显示技术。实现30PPD（每度像素数）单眼角分辨率、100 Hz以上刷新率、毫秒级响应时间的新型显示器件及配套驱动芯片的规模量产。发展适人性光学系统，解决因辐合调节冲突、画面质量过低等引发的眩晕感。加速硅基有机发光二极管（OLEDoS）、微发光二极管（MicroLED）、光场显示等微显示技术的产业化储备，推动近眼显示向高分辨率、低时延、低功耗、广视角、可变景深、轻薄小型化等方向发展。

感知交互技术。加快六轴及以上GHz惯性传感器、3D摄像头等的研发与产业化。发展鲁棒性强、毫米级精度的自内向外（inside-out）追踪定位设备及动作捕捉设备。加快浸入式声场、语音交互、眼球追踪、触觉反馈、表情识别、脑电交互等技术的创新研发，优化传感融合算法，推动感知交互向高精度、自然化、移动化、多通道、低功耗等方向发展。

渲染处理技术。发展基于视觉特性、头动交互的渲染优化算法，加快高性能GPU配套时延优化算法的研发与产业化。突破新一代图形接口、渲染专用硬加速芯片、云端渲染、光场渲染、视网膜渲染等关键技术,推动渲染处理技术向高画质、低时延、低功耗方向发展。

内容制作技术。发展全视角 12 K 分辨率、60 帧/秒帧率、高动态范围(HDR)、多摄像机同步与单独曝光、无线实时预览等影像捕捉技术,重点突破高质量全景三维实时拼接算法,实现开发引擎、软件、外设与头显平台间的通用性和一致性。

(2) 丰富产品有效供给

面向信息消费升级需求和行业领域应用需求,加快虚拟现实整机设备、感知交互设备、内容采集制作设备、开发工具软件、行业解决方案、分发平台的研发及产业化,丰富虚拟现实产品的有效供给。

整机设备。发展低成本、高性能、符合人眼生理特性的主机式、手机式、一体机式、车载式、洞穴式、隐形眼镜式等形态的虚拟现实整机设备。研发面向制造、教育、文化、健康、商贸等重点行业领域及特定应用场景的虚拟现实行业终端设备。

感知交互设备。研发自内向外(inside-out)追踪定位装置、高性能 3D 摄像头以及高精度交互手柄、数据手套、眼球追踪装置、数据衣、力反馈设备、脑机接口等感知交互设备。

内容采集制作设备。加快动作捕捉、全景相机、浸入式声场采集设备、三维扫描仪等内容采集制作设备的研发和产业化,满足电影、电视、网络媒体、自媒体等不同应用层级内容制作需求。

开发工具软件。发展虚拟现实整机操作系统、三维开发引擎、内容制作软件,以及感知交互、渲染处理等开发工具软件,提升虚拟现实软硬件产品系统集成与融合创新能力。

行业解决方案。发展面向重点行业领域典型应用的虚拟研发设计、虚拟装配制造、虚拟检测维修、虚拟培训、虚拟货品展示等集成解决方案。

分发平台。发展端云协同的虚拟现实网络分发和应用服务聚合平台(CloudVR),推动建立高效、安全的虚拟现实内容与应用支付平台及分发渠道。

(3) 推进重点行业应用

引导和支持"VR +"发展,推动虚拟现实技术产品在制造、教育、文化、健康、商贸等行业领域的应用,创新融合发展路径,培育新模式、新业态,拓展虚拟现实应用空间。

VR+制造。推进虚拟现实技术在制造业研发设计、检测维护、操作培训、流程管理、营销展示等环节的应用,提升制造企业辅助设计能力和制造服务化水平。推进虚拟现实技术与制造业数据采集与分析系统的融合,实现生产现场数据的可视化管理,提高制造执行、过程控制的精确化程度,推动协同制造、远程协作等新型制造模式发展。构建工业大数据、工业互联网和虚拟现实相结合的智能服务平台,提升制造业融合创新能力。面向汽车、钢铁、高端装备制造等重点行业,推进虚拟现实技术在数字化车间和智能车间的应用。

VR+教育。推进虚拟现实技术在高等教育、职业教育等领域和物理、化学、生物、地理等实验性、演示性课程中的应用,构建虚拟教室、虚拟实验室等教育教学环境,发展虚拟备课、虚拟授课、虚拟考试等教育教学新方法,促进以学习者为中心的个性化学习,推动教、学模式转型。打造虚拟实训基地,持续丰富培训内容,提高专业技能训练水平,满足各领域专业技术人才培训需求。促进虚拟现实教育资源开发,实现规模化示范应用,推动科普、培训、教学、科研的融合发展。

VR+文化。在文化、旅游和文物保护等领域,丰富融合虚拟现实体验的内容供应,推动现有数字内容向虚拟现实内容的移植,满足人民群众文化消费升级需求。发展虚拟现实影视作品和直播内容,鼓励视频平台打造虚拟现实专区,提供虚拟现实视频点播、演唱会、体育赛事、新闻事件直播等服务。打造虚拟电影院、虚拟音乐厅,提供多感官体验模式,提升用户体验。建设虚拟现实主题乐园、虚拟现实行业体验馆等,创新文化传播方式。推动虚拟现实在文物古迹复原、文物和艺术品展示、雕塑和立体绘画等文化艺术领域应用,创新艺术创作和表现形式。

VR+健康。加快虚拟现实技术在医疗教学训练与模拟演练、手术规划与导航等环节的应用,推动提高医疗服务智能化水平。推动虚拟现实技术在心理辅导、康复护理等环节的应用,探索虚拟现实技术对现有诊疗手段的补充完善,发展虚拟现实居家养老、在线诊疗、虚拟探视服务,提高远程医疗水平。

VR＋商贸。顺应电子商务、家装设计、商业展示等领域场景式购物趋势，发展和应用专业化虚拟现实展示系统，提供个性化、定制化的地产、家居、家电、室内装修和服饰等虚拟设计、体验与交易平台，发展虚拟现实购物系统，创新商业推广和购物体验模式。

（4）建设公共服务平台

依托行业龙头企业、行业组织和金融机构等其他第三方机构，面向虚拟现实产业发展需要，建设和运营产业公共服务平台，提供技术攻关、资金支持、成果转化、测试推广、信息交流、创新孵化等服务，推动构建集规模化创新、投资、孵化和经营为一体的虚拟现实生态系统，优化产业发展环境。

共性技术创新服务。围绕虚拟现实产业技术创新需求，以基础研究和共性关键技术研发支撑为重点，集聚骨干企业、知名高校院所及虚拟现实领域专业实验室、研究院、研发中心、技术中心、工程中心等创新机构资源，共同推进虚拟现实共性技术创新。指导和帮助企业、专业机构申报国内、国际专利，及时形成知识产权。探索建立虚拟现实科技成果转化和激励机制，推动跨行业、跨部门、跨地域的成果转化。

创新创业孵化服务。整合创新创业要素资源，提供开放式、低成本、便利化的全要素综合服务，推动虚拟现实创新资源共建共享，提供虚拟现实研发资源。支持各类企业孵化器、众创空间等载体面向虚拟现实领域打造专业化、全流程覆盖的创新创业服务体系，为初创企业和创新团队提供创业辅导、创新资金、辅助技术、法律帮扶、教育培训等服务。

行业交流对接服务。集聚行业组织和第三方机构服务资源，建立虚拟现实产业信息交流与合作对接公共服务体系，提供虚拟现实产业咨询培训、项目对接、应用促进、技术交易、成果转化、知识产权、会展商务、融资租赁、人力资源、行业研究等服务，促进产业信息共享，推动产业生态发展。

（5）构建标准规范体系

发挥标准对产业的引导支撑作用，建立产学研用协同机制，健全虚拟现实标准和评价体系。加强标准体系顶层设计，着力做好基础性、公益性、关键性技术和产品的国家/行业标准制修订工作，有效支撑和服务产业发展。着力推动标准国际化工作，加快我国国际标准化进程。

建立标准规范体系。研究确定虚拟现实综合标准化顶层设计，构建虚拟现实领域标准化体系,提出标准化路径和时间表。鼓励发展具有引领促进作用的团体标准,完善团体标准转化机制,形成政府主导制定的标准与市场自主制定的标准协同发展、协调配套的新型标准体系机制。积极引导和支持国内企业、科研机构、高等院校参与国际标准制定。

加快重点标准研制。加大基础类、安全类、应用类等标准制定力度,规范接口数据、程序接口、互联互通等标准,推进不同产品和应用系统间互换互认。制定符合人体视觉、听觉习惯和满足生理、心理健康要求的虚拟现实产品安全和健康等标准,提高虚拟现实产品基本安全保障能力。完善制定根据儿童、青少年、成人、特殊人群等不同受众人群划分的内容分级标准体系。

开展检测认证工作。研究建立虚拟现实产品检验检测与评估机制,构建涵盖虚拟现实技术、产品、服务等方面的测试评估体系,支持第三方机构开展虚拟现实重点标准宣贯和产品质量评估测试工作。组织开展对市场主流虚拟现实产品的标准符合性测试,发布质量分析报告。

(6) 增强安全保障能力

强化虚拟现实系统平台安全防护能力建设。研究针对虚拟现实的攻击监测及防御技术,推动针对虚拟现实重点产品的安全风险监测预警能力建设,加强安全威胁信息共享,及时发布虚拟现实安全漏洞风险和预警信息,推动政府、行业、企业间的虚拟现实安全信息共享和协同联动。

加强虚拟现实领域重要数据和个人信息保护。落实数据安全和用户个人信息保护规定等政策文件要求,针对虚拟现实产业技术及产品特点,指导企业规范对用户个人信息的收集、存储、使用和销毁等行为,提升企业在开展虚拟现实业务过程中对用户个人信息的保护水平。

建议地方政府委托专业机构编制虚拟现实产业发展规划,规划建设虚拟现实产业园区,在财税、金融、用地等方面对虚拟现实产业进行扶持。支持有条件的高校设立虚拟现实专业,开设虚拟现实相关课程,建立虚拟现实研究机构,与企业合作建立实训基地。实施"VR＋"行动计划,在工业、教育、文化旅游、卫生健康、商贸流通等行业大力推广应用虚拟现实技术。

九、元宇宙产业

元宇宙(Metaverse)一词源于 1992 年尼尔·斯蒂芬森写的小说《雪

崩》,是指用信息通信技术手段进行链接与创造的,与现实世界映射与交互的、虚拟的数字世界,是具备新型经济社会体系的数字空间。简单地说,元宇宙是用信息技术手段生成的三维数字空间。

元宇宙开启了数字文明新时代。在元宇宙中,人们不再面对屏幕,而是直接进入虚拟空间,完成现实世界无法实现的事情。

元宇宙产业成为全球数字经济制高点。元宇宙是全球新一轮科技革命和产业变革的重点,全球知名数字技术企业纷纷布局元宇宙。2021 年 3 月,元宇宙第一支概念股罗布乐思(Roblox)在纽约证券交易所上市,首日估值达 450 亿美元。2021 年 10 月,全球互联网巨头 Facebook 公司更名为 Meta,计划在 5 年内转型成一家元宇宙公司。微软计划打造企业元宇宙,英伟达建立全球首个元宇宙模拟和协作平台。韩国成立了元宇宙协会,会员包括三星等 200 多家企业。

2023 年 8 月,工业和信息化部教育部等 5 部门联合印发了《元宇宙产业创新发展三年行动计划(2023—2025)》,提出以构建工业元宇宙、赋能制造业为主要目标,以新一代信息技术融合创新为驱动,以虚实相生的应用需求为牵引,以培育元宇宙新技术、新产品、新模式为抓手,发挥有为政府和有效市场合力,统筹发展和安全,系统性谋划、工程化推进、产业化落地,推动元宇宙产业高质量发展。

(1)构建先进元宇宙技术和产业体系

加强关键技术集成创新。强化人工智能、区块链、云计算、虚拟现实等新一代信息技术在元宇宙中的集成突破,推动智能生成算法、分布式身份认证、数据资产流通等元宇宙关键技术在国家重大科技项目中的布局。发展关键基础软件,开发面向元宇宙的操作系统和中间件,突破建模软件、绘制引擎、物理仿真引擎、沉浸式视音频编解码引擎,构建一站式元宇宙开发平台。突破高端电子元器件,加快图形计算芯片、高端传感器、声学元器件、光学显示器件等基础硬件的研发创新。

丰富元宇宙产品供给。拓展元宇宙入口,加速 XR 头显、裸眼 3D 等沉浸显示终端的规模化推广,丰富基于手机、计算机、电视机等终端的元宇宙应用,支持脑机接口等前沿产品研发。创新数字人、虚拟空间开发工具组件,推动数字人制作便捷化、精细化、智能化,推广虚拟会议室、展厅、营业厅、社交空间等产品。培育写作、绘画、编曲等智能内容生成产品。发展全息实时通讯、3D 实景地图等超高沉浸感产品。

构筑协同发展产业生态。着力培育元宇宙龙头企业和专精特新中小企业,打造产业创新联合体,构建大中小企业融通发展、产业链上下游协同创新的生态体系。鼓励地方结合产业基础,建设一批元宇宙创新应用先导区、科技园区、产业园,构建特色化的元宇宙产业集群。支持建立元宇宙开源社区,鼓励用户积极参与元宇宙技术创新和内容生产,建立健全数字内容流通新机制、新模式、新业态。

（2）培育三维交互的工业元宇宙

探索推动工业关键流程的元宇宙化改造。建设工业元宇宙基础通用模型数据库,打造高精度、可交互的工业虚拟映射空间。建设工业元宇宙仿真设计与验证平台,布局生产环节应用,提升设计阶段有效性和生产阶段效率。探索基于元宇宙的产线运维、产品检测新模式,强化预测性维护,提高运维检测效率和服务质量。打造基于工业元宇宙的营销平台和虚拟培训系统,提供沉浸式销售和培训环境。

加快重点行业工业元宇宙布局。针对家电、汽车、船舶、航空航天、重大技术装备、电子信息制造等离散型制造业,加速实现基于工业元宇宙的跨行业协同。构建重点行业机理模型库,开发面向不同产品的个性化全生命周期管理系统。针对钢铁、纺织、电力等流程型制造业,推动工业元宇宙在物料配方优化、工艺模拟仿真等关键场景中的应用,强化流程排产、物料计算、材料追踪等预测性服务能力。

探索工业元宇宙创新应用模式。建设工业元宇宙数字身份管理平台,构建全链路可信识别服务体系。加快推动工业数据要素资产化,打造工业数据资产服务平台,探索工业数据确权、定价、交易和流通机制。探索供应链金融应用模式,围绕资产设备、订单数据等开展供应链金融服务。打通产业链供应链各环节数据壁垒,打造三维立体、虚实融合的动态监测、预警、运营和决策等应用。创新研究工业元宇宙应用评估方法,建立分级分类的成熟度评价体系。

（3）打造沉浸交互数字生活应用

推广沉浸交互的生活消费场景。建设文旅元宇宙,围绕文化场馆、旅游景区和街区、节事活动等应用场景,提供数字藏品、数字人讲解、XR 导览等产品和服务。打造数字演艺、"云旅游"等新业态,打造数智文旅沉浸式体验空间。构建商品三维模型、数字人导购、虚拟商场,提升沉浸式购物体验。加快元宇宙在广电视听场景的应用,推动建立元宇宙形态的节目制播体系,建立虚拟制作、虚实融合工具池及公共服务平台,促进节目生产工具迭代和创新,打造未来电视新模式,提升媒体服务能力,丰富人民精神世界。

打造虚实融合的公共服务场景。加快数字人客服、实景导航等在政务服务应用,构建面向公众的一体化元宇宙政务服务体系。推动数字孪生技术在电力行业的应用,构建全域全时数字孪生电网,促进电力企业元宇宙化转型,提升供电服务水平。推进构建虚拟教室、虚拟实验室等教育教学环境,鼓励通过平台共享虚拟仿真实验实训资源,扩大优质教育资源覆盖面。积极稳妥推进数字孪生等技术开展临床研究,支持元宇宙企业与医疗机构加强研发合作。

支撑智慧安全的应急保障场景。推动元宇宙与自然灾害预警预报、高危企业园区监管执法、灾害事故预测推演、应急救援处置等应急管理领域的创新融合,探索建设虚实一体的数字洪区、虚拟危化园区、数字矿山、灾害事故模拟推演等场景应用,为精准监测、智能预警、精细管控、科学救援提供支撑。建设实时监测、沉浸映射的智慧城市,赋能安全防范、管网诊断等重点场景,提升城市治理效能。

（4）构建系统完备产业支撑

完善产业标准体系。开展元宇宙标准化路线图研究,建设元宇宙产业标准规范体系,全面梳理元宇宙产业链标准化需求,分级分类推动标准规范制定。围绕基础共性、互联互通、安全可信、隐私保护和行业应用等,组织开展国家标准、行业标准和团体标准制定和预研。鼓励各应用行业推进细分领域标准制定工作。深入开展标准宣贯推广,促进标准落地实施。推动元宇宙标准化组织建设,鼓励业界积极参与国际标准化工作。

提升创新支撑能力。支持建设元宇宙重点实验室、制造业创新中心、内容制作基地等载体,加强基础技术研究,加快共性技术突破。打造元宇宙中试平台,强化新技术产品测试验证能力,加速优秀成果产业化落地。

构建元宇宙产品评估评测体系,提升元宇宙产品和服务质量。健全元宇宙知识产权保护体系,提供高质量、专业化知识产权服务。引导金融资本支持元宇宙发展,推动减税降费政策向元宇宙相关产业倾斜,营造健康可持续的产融合作环境。

打造一流基础设施。建设 5G-A/6G、千兆光网/万兆光网、FTTR、卫星互联网等新型网络,满足元宇宙高速率、低时延、全域立体覆盖的应用需求。建设云边一体、算网一体、智能调度、绿色低碳的新型算力,为元宇宙超高内容拟真度、实时交互自由度提供算力保障。发展元宇宙信任基础设施,试点去中心场景应用,支撑元宇宙可信存储需求。打造元宇宙基础设施综合管理平台,实现计算、存储和通信能力的分布式协同,提升运营效率与可靠性。

（5）构建安全可信产业治理体系

完善元宇宙协同治理机制。持续完善元宇宙政策法规,加强元宇宙风险跟踪研判,打造部门协同、社会参与的治理体系。明晰元宇宙监管主体职能,完善内容审查、风险处置、违规处理等规则流程。开展元宇宙伦理研究,将主流价值和伦理要求贯穿技术研发应用全过程。加强元宇宙行业自律,提升企业合规能力和社会责任意识,压实主体责任。加强社会监督,防范概念过度炒作,保障产业公平健康发展。

强化安全保障能力建设。加强元宇宙安全技术研究,常态化开展安全风险评估,建立安全风险事件处置机制。指导元宇宙企业加强信息安全管理,建立健全违法信息监测、识别和处置机制,遏制虚假有害信息传播,切实防范网络诈骗等违法活动。建立元宇宙数据治理框架,加强数据安全和出境管理,规范对用户信息的收集、存储、使用等行为,提升数据安全治理能力和个人信息的保护水平。

近年来,越来越多的地方政府在着手谋划元宇宙产业发展。例如,2022 年 1 月,无锡市滨湖区制定了《太湖湾科创带引领区元宇宙生态产业发展规划》。2022 年 2 月,北京市通州区印发了《关于加快北京城市副中心元宇宙创新引领发展的若干措施》。2022 年 3 月,厦门市制定了《厦门市元宇宙产业发展三年行动计划(2022—2024 年)》。2022 年 4 月,广州市黄埔区、广州开发区制定了《促进元宇宙创新发展办法》。2022 年 6 月,上海市政府办公厅印发了《上海市培育"元宇宙"新赛道行动方案（2022—2025年）》。2022年8月，北京科委、通州区政府、中关村管委会、北京经信局等联合印发了《北京城市副中心元宇宙创新发展行动计划（2022—2024年）》。2022年9月，河南省政府办公厅印发了《河南省元宇宙产业发展行动计划（2022—2025年）》。2022年12月，浙江省发改委等五部门联合印发了《浙江省元宇宙产业发展行动计划（2023—2025年）》。2022年12月，成都市新经济办公室印发了《成都市元宇宙产业发展行动方案（2022—2025年）》。2022年12月，重庆市永川区印发了《重庆市永川区元宇宙产业发展三年行动计划（2023—2025）》。2023年1月31日，苏州工信局印发了《苏州市培育元宇宙产业创新发展指导意见》。2023年7月，江西省工信厅印发了《江西省元宇宙产业发展指导意见》。2023年9月，四川省经信厅等16个部门联合印发了《四川省元宇宙产业发展行动计划（2023—2025年）》。2023年9月，重庆经信委印发了《重庆市元宇宙产业发展行动计划（2023—2025年）》。2023年10月，江苏省工信厅等5部门联合印发了《江苏省元宇宙产业发展行动计划（2024—2026年）》。

积极培育和发展元宇宙产业，可以带动虚拟现实、数字内容、智能视听和新型显示等产业发展。建议地方政府完善产业链条，开展示范应用，培育相关产业。

（1）完善产业链条

一是实行"链长制"。明确元宇宙产业牵头部门，发改、工信、科技等相关部门相互配合，形成工作合力。从财税、金融、科技、人才、土地、能源等方面加大元宇宙产业扶持力度，推动硬件设备、内容制作、平台运营、配套服务等产业链上下游协同。

二是开展产业链招商。开展元宇宙产业链分析，建立元宇宙产业图谱，绘制元宇宙产业招商地图，吸引元宇宙企业来当地投资发展。针对元宇宙产业建链、补链、强链和延链进行精准招商，完善当地元宇宙产业链。

三是推动"三链融合"。推进元宇宙产业链、创新链、金融链"三链融合"。通过扬优势、补短板，优化产业链布局。通过建立协同创新平台，建设科技创新载体、搭建公共技术服务平台，激活创新链潜能。加强NFT、

VR/AR、脑机接口、智能芯片、智能算法等元宇宙关键技术攻关。统筹现有相关专项资金,加大财政资金投入,鼓励社会资本参与,发展科技金融,强化金融链支撑。

（2）开展示范应用

一是发展元宇宙党建。依托党性教育基地建设党建元宇宙,推动元宇宙技术在党史党建领域的应用,提高党内政治生活的生动性。

二是建设城市元宇宙。支持大中型城市结合新型智慧城市、数字孪生城市和城市大脑建设,聚焦城市规划、城市设计、城市建设、城市管理等领域,建设城市元宇宙,优化城市规划设计建设方案,推进城市管理精细化。依托城市地标,建设一批地标性的元宇宙空间。

三是构建应急元宇宙。面向自然灾害、安全生产、公共安全、疫情防控等领域,深化元宇宙技术在应急培训、应急演练、救援方案优化、心理疏导和心理治疗等领域的应用,以信息化促进应急管理现代化。

（3）培育相关产业

一是虚拟现实产业。加强近眼显示、感知交互、渲染处理、场景制作等关键技术攻关,加快 VR 整机设备、感知交互设备、内容采集制作设备、开发工具软件、行业解决方案、分发平台研发及产业化,丰富 VR 产品供给。实施"VR＋"行动计划,在教育培训、文化旅游、卫生健康、城市规划设计等领域推广应用 VR 技术。

二是数字内容产业。拓展电子竞技、数字非遗等数字内容服务,完善数字内容策划、制作、传播、交易、消费等产业链,打造国家级数字内容产业基地。发展数字文化创意技术和装备,丰富数字文化创意内容和形式。推进数字创意产业与制造业融合发展,提升工业设计水平。

三是智能视听产业。加快发展 VR 头盔、AR 眼镜、数据手套等元宇宙相关穿戴式设备制造业,建设智能视听产业基础支撑平台,促进智能视听产业集聚发展。

四是新型显示产业。推进 Mini/Micro-LED、3D 显示、激光显示、柔性显示等新一代显示技术研发和产业化。加强光刻胶、光学基膜、有机发光材料等基础材料研发,引进和培育一批新型显示整机和终端制造企业。

以打造元宇宙空间为牵引,推动上述四大产业融合发展。推进"产教科一体化",支持高校和科研院所根据元宇宙及其相关产业发展需要有针对性地开展人才培养和科技创新。

第五节　发展数字经济产业集群

强化平台思维、生态思维,完善数字经济产业链,构建数字经济生态圈。充分发挥龙头企业、协会商会、大型展会等作用,强化招商引资和招才引智,吸纳集聚国内外优质要素资源,形成优势突出、辐射带动性强的数字经济产业集群。

一、加强数字经济集聚平台建设

坚持"大平台引育大产业",建设一批数字经济领域的产业园区、特色小镇、双创基地、众创空间、公共服务平台和新型研发机构等。规划建设数字经济产业园,大力发展楼宇经济,引进和培育一批数字技术企业。强化资金、人才、数据、技术等要素导入,完善数字经济生态圈。建设一批数字经济产业创新中心、产业创新服务综合体,聚集创新资源,促进相关科技创新成果在当地转化。建立数字经济领域全生命周期公共技术服务平台体系,为企业提供研发设计、生产制造、检验检测、运行维护等线上线下全链条专业化服务。

二、加强数字经济招商引资工作

采取产业链招商、以项目换招商、以数据换招商、以应用场景换招商等方式,着力引进一批创新能力强、行业带动性强的数字技术企业。招大引强,吸引"中国互联网企业100强""中国电子信息制造业百强""中国电子元件百强"等全国数字经济领域知名企业以及数字经济领域的"独角兽"、未来"独角兽"、"瞪羚"创新企业来当地设立分支机构、注册公司或投资重大项目。瞄准世界500强、大型跨国企业和行业领军企业,引进一批符合当地产业发展方向的数字经济龙头企业或具有引领性的发展潜力巨大、能填补当地产业空白的数字经济重大项目。

三、促进数字技术企业健康发展

建立健全"微成长、小升高、高壮大"的培育发展机制,形成大中小微不同规模企业协同共生的数字经济生态圈。支持有条件的企业"小升规""规改股""股上市",逐步做大做强。通过股改、挂牌、上市等措施扩大企业规模,培育数字经济龙头企业和"独角兽"企业。完善领导干部联系龙头骨干企业和"管家式"服务制度,在数字经济领域培育一批技术创新能力强、产品市场前景好的专精特新企业、科技型中小企业和高新技术企业,成为"独角兽"企业、"瞪羚"企业、"单项冠军"和"隐形冠军"。支持行业龙头企业剥离信息化部门成立数字技术企业,成为行业信息化产品、服务和解决方案提供商。每年评选一批优秀数字技术企业,每家给予一定的资金奖励。

第六节　培育数据要素市场

《中共中央　国务院关于构建更加完善的要素市场化配置体制机制的意见》提出加快培育数据要素市场。目前,我国数据要素市场面临数据确权难、数据定价难,市场主体互信难、政府部门监管难等一系列问题。加快培育数据要素市场,必须建立和完善数据确权机制、数据定价机制和数据交易规则三大机制。

一、建立和完善数据确权机制

加快培育数据要素市场,首先要建立数据产权制度。数据产权包括数据所有权、数据使用权、数据管理权、数据经营权、数据收益权等。

明确数据所有权。关于数据所有权的归属,要看数据的具体类型。对于公共数据,数据所有权归属政府。例如,澳大利亚政府明确规定,政府部门掌握的公共数据资源属于政府资产,所有权归政府。有的专家学者有不同看法,认为政府部门的公共数据是在政府部门开展政务服务过程中获取的,所有权应该归企业或社会公众。但如果公共数据的所有权归企业或社会公众,容易造成公共数据资源的所有权分割,难以进行公共数据资源交易和开发利用。为此,公共数据所有权应归属政府,由政府独资或控股的数据公司代表政府行使公共数据所有权。目前,一些地方政府成立了数据公司。例如,2021年8月26日,福建省大数据有限公司在福州正式注册成立。2022年5月23日,上海市政府批复同意组建上海数据集团有限公司。对于企业数据,由企业在生产经营过程中产生,数据所有权归属企业。对于个人数据,由社会公众在工作、生活中产生,如自行撰写的自媒体文章、自行制作的短视频,数据所有权归属个人。

明确数据使用权。对于数据使用权,由数据所有权拥有者对数据使用进行授权。例如,政府部门把公共数据资源定向开放给专业大数据公司进行开发利用,如根据应用场景进行大数据分析。那么,这样的公共数据资源使用权归专业大数据公司。对于企业数据,企业把数据资源委托给专业大数据公司进行大数据分析。这样的企业数据使用权也归专业大数据公司。当然,企业也可以自己对数据进行开发利用,来优化生产经营管理。那么,企业既拥有所有权,又拥有使用权。个人数据一般存在于微博、微信、抖音等互联网平台,可以授权相关互联网企业使用个人数据。

明确数据管理权。对于数据管理权,公共数据的管理权归属政府及代表政府的数据公司。一般来说,企业数据的数据管理权归属企业。另外,企业也可以委托第三方机构对其数据进行管理。个人数据的数据管理权归属个人,也可以委托互联网企业代管。

明确数据经营权。数据经营权一般归属数据经营方,如大数据交易机构、大数据公司。目前,一些地方成立了大数据交易机构,如贵阳大数据交易所、上海数据交易所、福建大数据交易有限公司、广州数据交易有限公司、武汉东湖大数据交易中心等。数据交易后,数据所有权拥有者可以获得收益。

明确数据收益权。数据在使用、经营过程中产生的收益,有关各方可以约定获得相关收益。例如,大数据公司对数据资源进行开发利用,提供大数据分析服务,可以获得商业利润。大数据交易机构通过撮合数据交易,可以获得佣金。

建立数据产权制度之后,需要利用技术手段对数据确权。对于公共数据资源,要建立基于区块链的数据注册登记系统,颁发公共数据资产凭证,以凭证声明权益。例如,2021年10月16日,广东省数据资产凭证化启动会在广州召开,发布了全国首张公共数据资产凭证。

二、建立和完善数据定价机制

要开展数据交易,关键是要建立数据定价机制。数据定价的理论基础包括信息经济学、博弈论和计算机科学等。例如,可以根据博弈论的合作博弈理论来确立不同数据对决策模型的贡献度,贡献度大的数据更有价值。通过经济主体功效函数与决策模型贡献度的耦合,就可以对不同数据发挥的经济价值进行公平、合理的定量评估,来计算数据要素在经济社会活动中产生的价值。2021年12月,在深圳召开的首届中央企业数字化转型峰会上,中国科学院院士姚期智发布了全球首个数据要素定价算法及要素收益分配平台。

根据数据对象,数据定价包括数据产品定价和数据服务定价。其中数据产品定价方法主要包括基于数量的定价方法、基于版本的定价方法和基于效用的定价方法。基于数量的定价方法是指根据数据量大小、多少进行定价,如每GB数据的定价、每条数据的定价。基于版本的定价方法是指根据数据质量、颗粒度等不同划分不同版本,如初级版、中级版、高级版等,数据质量越好,颗粒度越细,价格越高。基于效用的定价方法是指根据数据使用效果进行定价,使用效果越好,价格越高。数据服务定价一般用于党政机关、企事业单位购买大数据分析服务,定价方法包括基于服务时长定价、基于服务内容定价等。基于服务时长定价是指按天、按月、按季度、按年等收取服务费。基于服务内容定价是指根据大数据服务的难易程度、重要性、预期收益等收取服务费。

在数据交易过程中,可以按成本或收益进行定价。按成本定价是指根据数据采集、加工、分析等成本进行定价。实际成本越高,价格越高。按收益定价是指根据数据产品或数据服务使用之后产生的预期收益进行定价。预期收益越高,价格越高。

此外,还可以采用协议定价法或拍卖定价法。协议定价法是指数据交易双方可以讨价还价,最终确定成交价格。拍卖定价法是指采用拍卖的方法,数据出售方先报基准价格,潜在数据购买者竞拍,由出价最高者购得数据。贵阳大数据交易所就采用数据拍卖的定价方法。

三、建立和完善数据交易规则

要开展数据交易业务,数据交易机构就要建立一套数据交易规则,对数据买卖双方进行约束,规范数据交易过程。一般来说,数据交易规则包括数据交易市场准入制度、数据交易合法合规性审查制度、数据交易安全保障制度、数据交易方式、数据交易过程管理制度等。

制定数据交易规则,要坚持"公平、公开、公正"的原则,遵循"自愿、平等、诚信",遵守商业道德。通过制定数据交易规则,明确数据交易双方和数据交易机构的权利、责任和义务。

2022 年 5 月 27 日,贵阳大数据交易所发布了数据交易规则体系,包括数据流通交易规则、数据商准入指南、数据交易合规性审查指南、数据交易安全评估指南、数据产品成本指引、数据价值评估指引等。

数据交易平台是数据交易规则的固化方式。数据交易平台应实现原始数据"可用不可见"、数据产品"可控可计量"、交易过程"可信可追溯"。

第十一章

推进产业数字化

推动数字经济与实体经济深度融合,促进农业、工业和服务业数字化转型。通过发展智慧农业、农村电商、"互联网 + 乡村旅游"等,推进乡村产业振兴。通过发展智能制造、网络化协同制造、大规模定制、共享制造、云制造等,促进制造业高质量发展。通过发展电子商务、网络货运、数字金融、数字文化和智慧旅游等,发展现代服务业。

第一节　推进农业农村数字化转型

把推动农业农村数字化转型作为实施乡村振兴战略的重要内容,发展新型农业、乡村旅游和农村电商,建设数字乡村。发展设施农业、精准农业、"互联网 + 农业"、智慧农业等新型农业,建设智能大棚、数字化养殖车间等。采取线上线下相结合的方式,发挥互联网在乡村旅游中的作用。发展农村电子商务,推动农产品上行,促进农民增收。让农民不但把农产品卖出去,而且卖个好价钱。鼓励农民通过电子商务平台团购化肥、农药、农机具等农业生产资料,节约农业生产成本。发展农业农村大数据,引导农民生产。

一、发展现代农业

2021 年 1 月,中共中央、国务院印发了《关于全面推进乡村振兴加快农业农村现代化的意见》,提出构建现代乡村产业体系。依托乡村特色优势资源,打造农业全产业链,把产业链主体留在县城,让农民更多分享产业增值收益。立足县域布局特色农产品产地初加工和精深加工,建设现代农业产业园、农业产业强镇、优势特色产业集群。推进农村一二三产业融合发展示范园和科技示范园区建设。把农业现代化示范区作为推进农业现代化的重要抓手,围绕提高农业产业体系、生产体系、经营体系现代化水平,建立指标体系,加强资源整合、政策集成,以县(市、区)为单位开展创建。发展智慧农业,建立农业农村大数据体系,推动新一代信息技术与农业生产经营深度融合。

2022年1月,中央网信办、农业农村部、国家发展改革委、工业和信息化部、科技部、住房和城乡建设部、商务部、国家市场监管总局、国家广电总局、国家乡村振兴局联合印发了《数字乡村发展行动计划(2022—2025年)》,提出智慧农业创新发展行动。

(1)加快推进农业农村大数据建设应用

建立健全农业数据资源目录,以第三次全国国土调查成果为基础,加快建设全国农业农村基础数据库,构建全国农业农村数据资源"一张图"。以粮、棉、油、果、菜、茶、糖、生猪、奶牛、水产等重要农产品为重点,深入推进单品种全产业链大数据建设,提升数据分析应用能力。加强大数据采集、传输、存储、共享、安全等标准体系建设,提高农业农村数据流通、使用效率。建立健全重要农产品市场监测预警体系,为政府和市场主体提供公共数据服务。打造惠农数字粮食服务平台,构建粮食产购储加销大数据体系,以数字技术赋能优质粮食工程。推动建成全国农田建设数字化监管平台,完善自然资源调查监测、国土空间规划、永久基本农田等数据库,建设自然资源三维立体"一张图"。

(2)建设天空地一体化农业观测网络

统筹使用国家民用空间基础设施中长期发展规划卫星及民商遥感卫星等资源,构建农业天基网络,形成常规监测与快速响应的农业遥感观测能力。开发适合我国农业生产特点和不同地域需求的无人机导航飞控、作业监控、数据快速处理平台,构建航空观测网络,提升区域高精度观测和应急响应能力。整合利用各类农业园区、基地的物联网数据采集设施,逐步推动数据汇集。

（3）加快农业生产数字化改造

建设一批智慧农场、智慧牧场、智慧渔场，推动智能感知、智能分析、智能控制技术与装备在农业生产中的集成应用。推进无人农场试点，通过远程控制、半自动控制或自主控制，实现农场作业全过程的智能化、无人化。大力推进数字育种技术应用，建设数字育种服务平台，加快"经验育种"向"精确育种"转变，逐步发展设计育种。完善国家农产品质量安全追溯管理信息平台，推进农产品质量安全信息化监管，探索建立追溯管理与风险预警、应急召回联动机制。

（4）加快智慧农业技术创新

制定智慧农业技术发展路线图，重点突破智慧农业领域基础技术、通用技术和关键技术，超前布局前沿技术。加强专用传感器、动植物生长信息获取及生产调控机理模型等关键共性技术攻关，重点推进适用各种作业环境的智能农机装备研发，推动农机农艺和信息技术集成研究与系统示范。加强农机装备技术创新，逐步突破200马力无人驾驶拖拉机、大型液压翻转犁、精密播种机械、复式作业机具等整机和机具。

（5）加强农业科技信息服务

完善农业科技信息服务体系，支持培育一批面向新型农业经营主体和小农户的信息综合服务企业，引导社会主体开展以数据为关键要素的农业生产社会化服务。建立完善科技特派员综合信息服务平台，支持科技特派员开展在线指导答疑和交流工作经验。

建议地方政府实施"互联网＋现代农业"行动，发展设施农业、订单农业、智慧农业、精准农业等新型农业，促进农业组织化、信息化、规范化、品牌化。结合当地特色农业，开展乡村产业数字化应用示范，实施一批数字农业示范项目。在农业领域开展物联网、云计算、大数据、人工智能等新一代信息技术集成应用示范，建设一批数字农业示范园区、智能大棚、数字农业工厂（数字牧场、数字渔场）。利用空间信息技术开展测土配方施肥、农机定位耕种、水肥一体化等。发展农业无人机、无人农机具等无人化农业装备。推动农产品质量安全监管数字化以及农业植保与病虫疫情防治、畜禽养殖管理、渔业、农田建设管理等领域智能化，发展智慧农机、智能型高端深海养殖装备。

二、发展农村电商

建议地方政府完善"区县—镇街—村"三级农村电商服务体系,健全农产品网络销售体系。增强农村电商服务站点运营和服务能力,构建农村电商生态圈。加大电商专业村、电商专业镇培育和提升力度。鼓励农村合作社、家庭农场等农业经营主体采用"短视频+网红"、直播带货等线上线下融合的农产品销售模式,促进农产品出村进城。

第一,建立和完善县乡村三级电商服务体系,以"互联网+"整合农村电商资源。

在发展电子商务方面,与城市相比,农村有许多特殊之处。例如,农村缺乏电子商务人才。许多农民不会使用电脑,不会上网。许多农民家庭没有电脑,没有接入互联网。许多快递公司的物流配送业务只到县里,到不了村,农村电商物流存在"最后一公里"问题。农村地广人稀,农民网上购物或销售农产品比较分散,缺乏规模效应。许多农民对商品价格比较敏感。目前,在农村电商领域活跃多股力量,如阿里巴巴、京东等大型电子商务平台运营商,赶街网、乐村淘等专业农村电商企业,供销社、邮政等传统力量。不少地方虽然建立了县级电商运营中心、乡镇电商服务中心和村级电商服务站,但没有形成合力。需要建立县乡村三级电商服务信息平台,整合农村电商资源,以信息流带动订单流、物流、资金流、人才流等。

发展农村电商,其实不需要让每个农民都从事电子商务,但每个村至少有一个农民为其他农民在网上代购、代销。采用"农民+公司+电商平台"的方式,可以促进农产品网上销售。通过团购方式,可以使农民能以比较低的价格买到生活用品和农业生产资料,让农民得实惠。要通过"互联网+物流"的方式解决农村电商物流"最后一公里"问题,把农产品上行物流和工业品下行物流结合起来,充分利用当地农民的拖拉机、三轮车、小货车、小轿车以及农村公交车等运输车辆,以捎带的方式减少空驶率,以集中装车发车的方式降低农村电商物流成本。

第二,要着力解决"痛点"问题,保障农民权益,方便农民生活。

目前,由于农民收入低、辨别能力低,一些不法商贩谋求暴利,而政府缺乏有效的监管手段,许多农村成为"三无"产品的倾销地,假化肥、假农药、假种子等坑害农民利益。农村电商发展要解决好网上假货问题。对于农业生产资料,如果通过三级电商服务平台或专业的电商平台(如沃农资)直接从正规厂商团购,既可以让农民买到正品,还可以更便宜。

农村电商不能局限于实物商品的买卖,还要拓展到服务的交易。许多地区农民缴费,买保险,买汽车票、火车票、飞机票、电影票等不方便。如果三级电商服务平台或专业的电商平台具有交费、购票等功能,可以为农民提供便利。此外,通过农村电商与"互联网+教育""互联网+医疗"相结合,在一定程度上解决农村老人医疗健康、留守儿童教育的问题。

传统农户分散经营,无法形成规模效应。对于有特色农产品或产业集群的地方,可以打造区域品牌,发展产业互联网。农村集贸市场和农产品批发市场要进行互联网化转型,采取 O2O 经营方式。采用 B2B 的农产品批发模式,比农民自己网上零售能更快、更多地把农产品销售出去,解决农产品滞销问题。

第三,与相关工作相结合,拓展农村电商内涵。

发展农村电商要与当前创新创业、全域旅游、"互联网+农业"、产城融合、"一带一路"等工作结合起来。对于返乡农民和大学生来说,从事农村电商,门槛低,工作时间灵活。现在,越来越多的城里人在周末和节假日到乡村旅游,文化和旅游主管部门也在积极发展全域旅游。把农村电商和"互联网+旅游"相结合,可以带动农产品的线上和线下销售。把农村电商和"互联网+农业"相结合,可以实现农产品产供销一体化,发展订单农业。农村电商的发展,需要有物流配送、电子支付、人才培训、品牌营销、标准认证、质量安全、包装、信用等相关服务的配套支撑。建设电商产业园,并不是简单地盖一栋楼或几栋楼,而是要通过良好的配套、优质的服务等吸引电商企业以及提供电商配套服务的企业入驻。要完善当地农村电商产业链、生态圈,培育和发展农村电商服务业。鼓励有条件的农村结合"一带一路"倡议,发展跨境电商。

三、建设数字乡村

数字乡村是乡村振兴的战略方向,也是建设数字中国的重要内容。

2020 年 7 月,中央网信办、农业农村部等七部门联合印发了《关于开展国家数字乡村试点工作的通知》,提出开展七个方面的试点工作:

(1)开展数字乡村整体规划设计

落实党中央、国务院关于乡村振兴、网络强国、数字中国等决策部署,坚持农业农村优先发展,按照产业兴旺、生态宜居、乡风文明、治理有效、生活富裕的总要求,结合实际、因地制宜地编制县域数字乡村建设规划,做好整体设计,明确建设目标、重点任务工程和实施步骤,完善配套政策措施,统筹推进数字乡村和智慧城市建设,有效发挥信息技术创新的扩散效应、信息和知识的溢出效应、数字技术释放的普惠效应,促进城乡融合发展。

(2)完善乡村新一代信息基础设施

加强基础设施共建共享,打造集约高效、绿色智能、安全适用的乡村信息基础设施。加快农村光纤宽带、移动互联网、数字电视网和下一代互联网发展,提升 4G 网络覆盖水平,探索 5G、人工智能、物联网等新型基础设施建设和应用。加快推动农村水利、公路、电力、冷链物流、农业生产加工等传统基础设施的数字化、智能化转型,推进智慧水利、智慧交通、智能电网、智慧农业、智慧物流建设。

(3)探索乡村数字经济新业态

深化制度机制创新,加快农业农村数字化转型步伐,加强技术研发、组织创新和制度供给,推进现代信息技术与农业农村各领域各环节深度融合应用,推动农业生产智能化、经营网络化,提高农业土地产出率、劳动生产率和资源利用率。强化农业农村科技创新供给,推动信息化与农业装备、农机作业服务和农机管理融合应用。推进农业生产环境自动监测、生产过程智能管理,探索农业农村大数据管理应用,积极打造科技农业、精准农业、智慧农业。大力培育一批信息化程度高、示范带动作用强的生产经营组织,培育形成一批叫得响、质量优、特色显的农村电商品牌,因地制宜培育创意农业、认养农业、观光农业、都市农业等新业态。

(4)探索乡村数字治理新模式

促进信息化与乡村治理深度融合,补齐乡村治理的信息化短板,提升乡村治理智能化、精细化、专业化水平。提升疫情监测分析预警水平,提高突发公共事件应急处置能力。探索"互联网＋党建"、智慧党建等新模式，探索建设"网上党支部""网上村（居）民委员会"，健全党组织领导的自治法治德治相结合的乡村治理体系。推动"互联网＋政务服务"向乡村延伸覆盖，推进涉农服务事项在线办理，促进网上办、指尖办、马上办，提升人民群众满意度。

（5）完善"三农"信息服务体系

聚焦农民生产生活实际需求，积极采用适应"三农"特点的信息终端、技术产品、移动互联网应用（App）软件，提升精细化管理和人性化服务水平。推进"互联网＋医疗健康"，推动远程医疗延伸到乡镇卫生院、村卫生室。依托信息化推动基本公共服务向农村下沉，协同推进教育、生态环保、文化服务、交通运输、快递物流等各领域信息化，推动智慧广电公共服务建设，深化信息惠民服务。

（6）完善设施资源整合共享机制

加大统筹协调和资源整合力度，打通已有分散建设的涉农信息系统，大力推进县级部门业务资源、空间地理信息、遥感影像数据等涉农政务信息资源共享开放、有效整合。研究制定乡村信息服务资源整合共享规范，充分运用农业农村、科技、商务、交通运输、通信、邮政等部门在农村的已有站点资源，整合利用系统、人员、资金、站址、服务等要素，统筹建设乡村信息服务站点，推广一站多用、一机多用。

（7）探索数字乡村可持续发展机制

抓好网络扶贫行动和数字乡村发展战略的无缝衔接，探索建立与乡村人口知识结构相匹配的数字乡村发展模式。建设新农民新技术创业创新中心，推动产学研用合作。充分调动市场积极性，培育数字乡村发展良好生态，激发乡村自我发展动力和活力。加强基层干部和农民信息素养培训，积极利用多种渠道开展数字乡村专题培训，加快培育造就一支爱农业、懂技术、善经营的高素质农民队伍，支持农民工和返乡大学生运用网络和信息技术开展创业创新。

《数字乡村发展行动计划（2022—2025年）》提出实施八大重点行动，包括数字基础设施升级行动、智慧农业创新发展行动、新业态新模式发展行动、数字治理能力提升行动、乡村网络文化振兴行动、智慧绿色乡村打造行动、公共服务效能提升行动、网络帮扶拓展深化行动。

2024 年元旦,中共中央、国务院印发了《关于学习运用"千村示范、万村整治"工程经验有力有效推进乡村全面振兴的意见》,提出持续实施数字乡村发展行动,发展智慧农业,缩小城乡"数字鸿沟"。实施智慧广电乡村工程。鼓励有条件的省份统筹建设区域性大数据平台,加强农业生产经营、农村社会管理等涉农信息协同共享。

2024 年 3 月,中央网信办、农业农村部、国家发展改革委、工业和信息化部、民政部、生态环境部、商务部、文化和旅游部、中国人民银行、市场监管总局、国家数据局等 11 个国家部门联合印发了《关于开展第二批国家数字乡村试点工作的通知》,提出试点工作以市或县为单位、按照不同试点类型方向分类开展。

(1)领域特色型

领域特色型包括智慧农业、乡村数字富民产业、乡村数字治理、乡村数字文化、乡村数字惠民服务、智慧美丽乡村六个方向。建设一批智慧农(林、牧、渔)场,推动智能感知、智能分析、智能控制技术与装备在农业生产经营中的集成应用。深入实施"互联网+"农产品出村进城工程和"数商兴农",推动生产、加工、流通、销售各环节数字化转型。构建农文旅融合的现代产业体系,培育依托互联网的农文旅新业态新模式。坚持和发展新时代"枫桥经验",推进数字技术与乡村治理深度融合,打造一批集约、高效、精准的数字化应用场景。深入实施国家文化数字化战略,运用数字技术加强对传统村落、农耕文化、非物质文化遗产等文化资源的挖掘活化和保护利用。构建线上线下相结合的农村信息服务体系,提升乡村公共服务数字化智能化水平。践行"绿水青山就是金山银山"理念,运用数字技术推进农业绿色发展,创新塑造乡村绿色生活。试点地区结合自身需求和特色优势,聚焦某一领域方向开展试点,集中力量打造一批典型样板。

(2)区域综合型

分东部、中部、西部、东北四个片区开展综合性试点。试点地区立足区位特点、资源禀赋、经济水平等基础条件,从智慧农业、乡村数字富民产业、乡村数字治理、乡村数字文化、乡村数字惠民服务、智慧美丽乡村等领域中,选择至少三个作为试点主攻方向,探索具有区域特色的路径模式。

（3）机制共建型

区域综合型包括城乡融合发展、东西部协作两个方向。城乡融合发展方向，以县域为基本单元，以畅通城乡要素双向流动为关键，统筹推进智慧城市与数字乡村建设，推动城乡数字基础设施互联互通、数据资源整合共享、产业生态相互促进、数字治理一体推进、公共服务共建共享，有效释放数字化发展红利、弥合城乡"数字鸿沟"。东西部协作方向，围绕数字乡村建设重点领域，探索东西部以信息流带动技术流、资金流、人才流、物资流的协作模式，促进资源优化配置，助力区域协调发展。

建议地方政府完善农村信息基础设施，发展农村数字经济。推动信息进村入户与基层农技推广体系、农业信息服务体系融合。全面推进村级益农信息社建设，就近为农民和新型农业经营主体提供农技培训、涉农信息服务等。

第二节　推进制造业数字化转型

大力发展智能制造、网络化协同制造、大规模定制、服务型制造、云制造、共享制造等先进制造业。把智能制造作为两化深度融合的主攻方向，着力发展智能装备和智能产品，推进生产过程智能化，全面提升企业研发、生产、管理和服务的智能化水平。实施"机器换人"计划。制定融资租赁、财政补贴等方面的政策，支持企业应用工业机器人。加快发展工业互联网和工业大数据。开展工业互联网集成创新应用试点示范，形成一批面向中小企业的典型应用。深化新一代信息技术在研发设计、生产制造、经营管理、市场营销、售后服务等企业生产经营关键环节的应用，分析感知用户需求，提升产品附加值，打造数字化车间和智能工厂，构建智慧企业。

一、大力发展智能制造

聚焦当地重点产业和重点园区，加快推进企业"设备换芯""生产换线"和"机器换人"，打造"产业大脑＋未来工厂"。支持规上工业企业开展智能化技术改造，重点实施以制造装备联网、关键工序数控化等为重点的技术改造,建设数字化工厂、智能化车间,打造一批智能制造标杆企业。坚持分行业、分重点、分步骤推进智能制造,着力发展智能化装备和智能化产品,提高研发设计、生产制造、经营管理和市场营销等关键环节智能化水平。引入知名智能制造服务商,完善智能制造服务体系。

二、加快发展工业互联网

实施"5G＋工业互联网"创新工程。聚焦当地重点行业,推进工业互联网"进企业、入车间、连设备"。建设一批行业级工业互联网平台,整合产品设计、生产工艺、设备运行、运营管理等数据资源,汇聚共享设计能力、生产能力、软件资源、科研仪器设备、技术人才等资源,开展工业互联网集成创新应用试点示范。积极引进工业互联网企业和公共服务平台,建设一批工业互联网产业生态供给资源池,培育一批实力较强的工业互联网服务商。发展"5G＋工业互联网",建设一批面向特定行业、场景的工业 App,整合设计、制造、运营、软件等资源,为中小企业提供设备健康维护、生产管理优化、协同设计制造、制造资源租用等服务。鼓励行业龙头企业依托工业互联网平台,与上下游企业实现深度互联,提升供应链协同水平。支持规上工业企业运用工业互联网实施软硬一体的数字化改造。

三、建设智慧园区

聚焦当地重点产业园区,加快推进园区智能化改造,构建一批多维感知、智能管控、敏捷服务、协同优化的智慧园区,为园区规划、建设、管理、运营和服务等提供信息化支撑。实施智慧园区信息化推进工程。改善园区数字基础设施,建设"数字孪生园区"。建设智慧园区公共服务平台,完善"一站式"行政审批服务系统,实现"办事不出园"。支持各产业园区将 5G 专用网络、企业内外网升级、公共云平台建设等纳入园区基础设施改造提升范畴,支撑园区规划、建设、招商、管理和服务。

四、以信息化促进节能减排

以信息化推进工业企业节能减排,创建一批绿色工厂、绿色园区,培育一批绿色制造企业。鼓励企业开展节能改造和清洁生产,通过技术改造和技术创新提升节能减排水平。推进工业企业能源管理中心信息化建设,提高能源利用效率。通过对企业能源生产、输配和消耗实施动态监控和管理,改进和优化能源平衡,实现系统性节能降耗。鼓励企业建立集数据报送、综合管理、统计分析等功能于一身的节能减排综合管理信息系统,开展能源消耗和污染物排放统计、监测和分析。

第三节　推进服务业数字化转型

通过发展电子商务和数字贸易、无车承运和网络货运、智慧医疗和智慧养老、数字文化和智慧旅游等,加快构建新技术支撑、新业态引领、新模式广泛应用的现代服务业体系。

一、电子商务和数字贸易

全面推进电商换市,扩大产品销路,促进消费升级。面向当地重点产业,发展 B2B 电子商务。围绕当地特色优势产业,打造一批直播电商示范基地。建设一批乡镇电商产业园、电商专业村、电商直播基地。积极发展网店设计、网络营销、物流配送等电商服务业,完善电商服务体系。引导传统商贸企业数字化转型,开展 O2O 业务,建设智慧门店。支持当地热点商圈创建智慧商圈。

以跨境电子商务综合试验区为契机,主动融入国家"一带一路"倡议,大力发展跨境电商。有序扩大跨境电商零售出口转关业务,打造跨境电商自主品牌。引进一批知名的跨境电商企业,培育一批成长性好、示范带动作用强的跨境电商企业。

发展"互联网 + 外贸"和外贸大数据,引导外贸企业优化出口商品结构,规避国际贸易风险。完善数字贸易产业链和生态链,形成数据驱动贸易的新模式。

从全国各地调研情况来看,凡是跨境电商产业发达的地方,受外贸严峻形势的影响就小。美国对中国推行"价值观贸易",把国际贸易政治化,减少从中国采购商品,转向从东南亚、印度、墨西哥等国家和地区采购商品。中国企业通过跨境电商平台,可以把商品卖给其他国家,降低美国"价值观贸易"政策带来的出口影响。

（1）完善跨境电商政策法规

针对实际问题,逐步完善海关、税收、消费者权益保护、网络安全和数据安全等跨境电商相关政策法规,加快构建适应跨境电商特点的海关监管、跨境支付、国际物流、检验检疫等跨境电商监管和服务体系。及时制定新的政策法规,以填补法律空白。修订《电子商务法》《对外贸易法》等已有政策法规,补充、修改跨境电商相关条款。在成都、西安、福州等城市增设互联网法院,集中审理区域性跨境电商案件。通过政府购买服务方式,让专业机构把全球主要国家跨境电商相关政策法规翻译成中文。建立全球跨境电商政策法规库,并在线开放,供跨境电商企业和相关从业人员随时随地查询、检索。充分发挥贸易、产业、金融、科技等跨境电商相关政策叠加效应,建立健全统计分析、考核评估、信息报送、容错纠错等制度,形成"纵向联动、横向协同"的工作机制。深化跨境电商领域"放管服"改革,推进商务、海关、交通运输、口岸、检验检疫、公安边防、外交、外汇管理等相关部门信息共享和业务协同,推行贸易便利化,提高通关效率。建立跨境电商重点企业联系制度,设立跨境电商发展引导资金,培育一批行业龙头企业。完善跨境电商产业链,构建跨境电商生态圈。支持各省（自治区、直辖市）自贸区创新跨境电商政策,在跨境电商领域先行先试。

（2）加快物流基础设施建设

保税仓库建设时间长、成本高。鼓励各大跨境电商平台共同建设保税仓库,以分摊保税仓库建设成本。加快构建海陆空一体化物流网络体系,发展多式联运。鼓励地方政府在跨境电商产业园周边建设物流园区。鼓励跨境电商企业运用物联网、区块链等技术对进出口商品进行质量溯源、物流追踪。

（3）加强跨境电商市场监管

加快跨境电商领域社会信用体系建设,构建以信用为基础的新型监管机制。与国外政府和征信机构合作,建立跨境电商信用信息系统,使进出口企业可以查询外商信用状况,避免被外商骗货。把骗取出口退税、侵犯知识产权、虚假申报信息、化整为零和高值货物低报等行为作为不良信用记录纳入信用数据库。对严重失信的跨境电商企业实施跨部门联合惩戒。

（4）加强跨境电商人才培养

鼓励高校增设跨境电商专业，制定跨境电商专业人才培养方案，建立跨境电商专业课程体系，聘请有实际工作经验的跨境电商企业骨干担任专职或兼职教师，举办跨境电商专题讲座。鼓励对外经贸类高校与跨境电商企业合作，建设一批跨境电商人才培训基地、实训基地、产教融合中心、现代产业学院等，培养实用型的跨境电商人才。支持大学科技园建立跨境电商双创基地，鼓励大学生开展跨境电商创新创业，促进理论与实践相结合。制定更加开放的停居留政策和出入境便利措施，吸引跨境电商外籍人才来华工作、定居。

（5）加快建设"数字丝绸之路"

全面推进跨境电商综合试验区建设，做好跨境电商零售进口试点工作，举办全国跨境电商工作会议或现场会、经验交流会、成果展等，及时总结各地跨境电商发展的做法和经验。大力发展与"一带一路"沿线国家和地区的跨境电商，打造"数字丝绸之路"。按国别组织编译、整理"一带一路"沿线国家基本情况、商贸政策、商业规则、行政程序、知识产权保护、风土人情等方面的信息，通过"两微一端"等网络新媒体及时、全面、准确地提供给有关跨境电商企业和从业人员，对跨境电商风险进行及时预警。因地制宜，分国别制定具有较强针对性的跨境电商政策。在"一带一路"沿线国家和地区规划建设一批跨境电商产业园、公共海外仓，发展出口退货返修、进口保税备货退货、保税展示交易以及信用、保理、供应链金融和信贷服务等跨境电商配套服务业。

（6）创新跨境电商发展模式

探索跨境电商零售进口商品现场直提、数字清关等新模式。推行全球库存同仓存储、自由调配，实现内外贸货物、退换货商品一仓调配。建立和完善跨境电商风险防控体系，加强跨境电商领域的市场监管。鼓励跨境电商平台运用物联网、区块链技术建立进口海产品等进口商品电子溯源系统。推行"互联网＋退税"，方便企业出口退税。

（7）加快推进外贸数字化转型

深化物联网、云计算、大数据、人工智能、5G、区块链等新一代信息技术在国际贸易领域的综合集成和融合创新应用，建设"外贸新基建"，发展"互联网＋外贸"和"智慧外贸"。支持大型跨境电商平台企业建设"跨境电商云"，发展跨境电商大数据，搭建跨境电商区块链系统。鼓励外贸企业通过社交媒体开展网络营销，发展社交电商和电商直播带货，推行货物在途、在仓、交易、交付等数字化动态追踪管理模式。通过交易双方身份、交易过程、交易历史等的数字化，为企业信用评估、质押融资等提供数据支撑。推动国际贸易"单一窗口"向"通关＋物流"和"通关＋金融"等领域拓展。

二、无车承运和网络货运

无车承运人是以承运人身份与托运人签订运输合同，承担承运人的责任和义务，通过委托实际承运人完成运输任务的道路货物运输经营者。无车承运人依托移动互联网等技术搭建物流信息平台，通过管理和组织模式的创新，集约整合和科学调度车辆、站场、货源等零散物流资源，能够有效提升运输组织效率，优化物流市场格局，规范市场主体经营行为，推动货运物流行业转型升级。

发展无车承运的好处是可以促进车货匹配，信息引流，减少空驶。例如，某货车拉一批货从北京到天津，以往通常要空车回北京。如果有网络货运平台，货车司机可以在天津接一个单，把有关货物从天津拉到北京。这样就可以避免空驶，可以增加货车司机收入。如果某个地方与网络货运平台合作，途经该地的空车都可以从这个地方拉货到有关货物目的地，促进当地物流业发展，为发展电子商务提供物流支撑。

2016 年 8 月，交通运输部办公厅印发了《关于推进改革试点加快无车承运物流创新发展的意见》，试点内容主要包括如下 5 个方面。

（1）规范无车承运人经营行为

各省级交通运输主管部门应建立健全相关制度，加强对道路货运无车承运人试点企业（以下简称试点企业）经营行为的监管。试点企业应与实际承运人签订运输服务合同，建立相应的赔付机制，承担全程运输责任；要对实际承运人的经营资质、车辆行驶证和道路运输证以及驾驶员机动车驾驶证和从业资格证进行审核把关,确保运输服务质量;应健全物流运输管理信息系统,通过互联网物流信息平台为货主和实际承运人提供信息服务,对交易、运输、结算等各环节进行全过程透明化动态管理,强化运输过程的安全监管,为税收征管提供真实交易数据。试点企业不得承运危险货物(符合豁免要求的除外),不得委托未取得道路货物运输相关经营资质的企业、车辆与驾驶员执行运输任务。

(2)推进无车承运人信用建设

各省级交通运输主管部门要按照《交通运输部关于加强交通运输行业信用体系建设的若干意见》(交政研发〔2015〕75 号)等要求,建立健全对试点企业的信用评价及考核制度,强化对试点企业失信行为的监管。试点企业要强化对实际承运人在运输生产安全、服务质量、诚信考核、事故赔付能力等方面的管理,利用物流信息平台和大数据技术整合实际承运人相关信用信息,建立健全对实际承运人的信用评价体系,要以运政管理信息系统为基础,向社会提供"人、车、户"等基本信息的查询服务,引导货运市场的规范发展。

(3)认真落实无车承运人营改增相关政策

无车承运业务按照"交通运输服务"缴纳增值税。各省级交通运输主管部门应加强与税务部门的沟通,将营改增相关政策落到实处,进一步细化试点企业增值税征管具体流程和监管要求,协调解决增值税征管中开票资格、进项抵扣、额度监管等实际问题,规范试点企业纳税行为,强化税收监管,防范税收风险。

(4)鼓励无车承运人创新运营管理模式

各省级交通运输主管部门要引导试点企业建立无车承运业务相关操作规范,科学设计业务流程,形成物流资源组织调度、实际承运人监管、单证交接等环节的规范化管理。鼓励试点企业拓展业务范围,加强与铁路、港口、民航等企业的合作,通过物流信息平台的互联互通以及在信息资源、服务规范、作业流程等方面的有效对接,开展公铁、公水和陆空联运,支持企业通过甩挂运输、共同配送等先进运输组织方式提升组织效率。鼓励试点企业开展跨区域网络化经营,试点企业在国内设立分公司从事无车承运经营的,向分公司所在地的道路运输管理机构报备。

（5）探索创新无车承运人的管理制度

各省级交通运输主管部门在试点推进中,应结合实际,重点围绕无车承运人的准入技术条件、安全运营监管、诚信考核评估、法律责任等内容,探索创新无车承运人管理的法规制度,积极配合税务部门探索健全针对无车承运的税收征管制度,为无车承运人的发展创造有利的制度环境。在总结试点企业经验的基础上,探索制定无车承运人在服务质量、风险应对、投诉处理等方面的标准规范,促进无车承运人运营服务的标准化和规范化。

建议地方政府在物流行业推广应用物联网、大数据、人工智能等新一代信息技术,发展"互联网＋物流"、智慧物流和无车承运。引导物流企业开展信息化建设,实现货物信息全程可追踪。支持物流企业运用信息化手段创新供应链管理模式,建立大数据支撑、网络化共享、智能化协作的城市智慧供应链体系。加快推进物流园区信息化建设,建立立体仓库、自动分拣系统等智能物流设施。加快智慧港口、智慧码头建设,优化泊位,提高作业效率,促进多港联动、内联外通。

三、智慧医疗和智慧养老

1. 智慧医疗

2020 年 5 月,国家卫生健康委办公厅印发了《关于进一步完善预约诊疗制度加强智慧医院建设的通知》,提出创新建设完善智慧医院系统。

（1）以"智慧服务"建设为抓手,进一步提升患者就医体验

针对患者的实际就医需求,推动信息技术与医疗服务深度融合,为患者提供覆盖诊前、诊中、诊后的全流程、个性化、智能化服务。利用互联网技术不断优化医疗服务流程和服务模式,二级以上医院根据实际情况和患者需求,提供智能导医分诊、候诊提醒、诊间结算、移动支付、院内导航、检查检验结果推送、检查检验结果互认、门急诊病历自助打印和查询等线上服务,积极推进转诊服务、远程医疗、药品配送、患者管理等功能建设与应用,构建线上线下一体化服务,实现临床诊疗与患者服务的有机衔接。

鼓励二级以上医院以《医院智慧服务分级评估标准体系（试行）》为指导,构建患者智慧服务体系,开展医院智慧服务应用评价工作。推广面向

患者端的医疗数据共享应用,不断提升医院智慧服务水平。推广手术机器人、手术导航定位等智能医疗设备研制与应用,推动疾病诊断、治疗、康复和照护等智能辅助系统应用,提高医疗服务效率。

(2)以"电子病历"为核心,进一步夯实智慧医疗的信息化基础

进一步推进以电子病历为核心的医院信息化建设,全面提升临床诊疗工作的智慧化程度。按照《电子病历系统功能应用水平分级评价方法及标准(试行)》要求,推进医院内部信息系统集成整合,推进医疗数据统一管理应用,加快临床诊疗无纸化进程。探索公共卫生与医疗服务的数据融合应用,推动医院电子病历系统和居民电子健康档案系统数据共享,促进居民健康信息从纸质过渡到电子化。进一步完善医疗机构门急诊电子病历系统应用,提升临床诊疗规范化水平,发挥智能化临床诊疗决策支持功能,确保医疗数据安全有效应用,实现诊疗服务全流程闭环覆盖。

(3)以"智慧管理"建设为手段,进一步提升医院管理精细化水平

二级以上医院应当以问题和需求为导向,做好医院智慧管理系统建设架构设计,建立具备业务运行、绩效考核、财务管理、成本核算、后勤能耗、廉洁风险防控等医院运营管理平台。利用互联网、物联网等信息技术,实现医院内部信息系统的互联互通、实时监管。建立诊疗信息数据库,为医疗质量控制、医疗技术管理、诊疗行为规范、合理用药评估、服务流程优化、服务效率提升、医疗资源管理等提供大数据支持。鼓励医疗机构积极拓展智慧管理创新应用,使用面向管理者的医院运营趋势智能化预测,切实为管理者提供客观的决策依据,提升医院现代化管理水平,逐步建成医疗、服务、管理一体化的智慧医院系统。

建议地方政府健全全员人口、电子健康档案和电子病历等基础数据库,完善人口健康信息平台。加强医疗机构信息共享,推动挂号、就医、居民健康档案一体化管理。全面推行村卫生所远程视频诊疗服务,引导医疗卫生优质资源向基层下沉。深化公共卫生、医疗服务、医疗保障、药品供应等领域大数据应用。

2. 智慧养老

2019年3月,国务院办公厅印发了《关于推进养老服务发展的意见》,提出实施"互联网+养老"行动。持续推动智慧健康养老产业发展,拓展信

息技术在养老领域的应用,制定智慧健康养老产品及服务推广目录,开展智慧健康养老应用试点示范。促进人工智能、物联网、云计算、大数据等新一代信息技术和智能硬件等产品在养老服务领域深度应用。在全国建设一批"智慧养老院",推广物联网和远程智能安防监控技术,实现 24 小时安全自动值守,降低老年人意外风险,改善服务体验。运用互联网和生物识别技术,探索建立老年人补贴远程申报审核机制。加快建设国家养老服务管理信息系统,推进与户籍、医疗、社会保险、社会救助等信息资源对接。加强老年人身份、生物识别等信息安全保护。

建议地方政府加大养老机构扶持培育力度,建设一批智慧养老院。推进农村幸福院、长者食堂信息化建设,鼓励养老机构通过互联网、大数据为老人提供个性化、主动、精准服务。

四、数字文化和智慧旅游

1. 数字文化

党的二十大报告提出实施国家文化数字化战略。地方政府要积极推进文化产品、文化场馆、文化服务、文化产业和文化传播数字化。

（1）推进文化产品数字化

党的二十大报告提出加大文物和文化遗产保护力度。我国历史悠久,中华民族拥有灿烂的文化,出土的文物非常丰富,流传下来许多优秀的文化作品。书籍、字画、工艺品等文化作品对保存环境要求很高,导致保存成本很高,占地方,人们阅读、参观不方便。如果把文化作品扫描数字化,一张光盘就能存储很多作品,占地很小。文化作品在网上展出,就可以让全国人民在线浏览、欣赏。通过网络超链接,可以关联相关历史文献、专家解读等,使人们更容易理解。现在懂古文的人很少,普通人阅读古文很费劲。如果把古籍翻译成白话文,就可以让更多的人欣赏。如果把古籍的主要内容以动漫、数字视听等形式表现出来,就能做到通俗易懂,让人们喜闻乐见,改变古籍过于"小众化"的局面。此外,要建立文物和文化遗产档案数据库。如果遇到战争、火灾或洪水、地震等自然灾害,文物和文化遗产很容易被毁坏,如果之前相关文物和文化遗产有数字化档案,就可以按照原来样子修复,或重新创作或修建。要通过信息化手段加强非物质文化遗产保护传承。例如,把非遗作品创作过程通过录音录像全程记录,就可以避免非遗失传。

（2）推进文化场馆数字化

党的二十大报告提出健全现代公共文化服务体系。要支持传统文化场馆信息化建设,建设一批数字文化馆、智慧图书馆、智慧博物馆、数字美术馆等,扩大文化作品的受众,提升文化影响力。许多地方都有文化馆、图书馆、博物馆、美术馆等文化类场馆,收藏了大量的文化作品。有的地方建有比较有特色的文化场馆,如茶叶博物馆、陶瓷博物馆、黄河文化馆等。对于实体展馆,需要人们去实地参观。这些场馆空间有限,每年能够接待的人数有限。如果建设数字化文化场馆,把有关文化作品、藏品进行扫描数字化,建立多媒体的网上文化展馆,就可以打破时间、空间、参观人数等限制,让全国各地的人们足不出户就可以欣赏有关文化作品。在城市,推动博物馆、剧院等文化场馆数字化改造,采取多媒体、声光电、虚拟现实(VR)等方式,可以让观众增强体验感,更加吸引少年儿童。在农村地区,有些书籍难以买到,购书成本过高。依托农村党群服务中心、县级融媒体中心、新时代文明实践中心、农家书屋等,建设一批电子阅览室,可以更好地满足人们的文化需求。

（3）推进文化服务数字化

党的二十大报告提出创新实施文化惠民工程。推进公共文化服务领域信息化建设,通过信息化创新实施文化惠民工程,提高公共文化服务覆盖面和实效性。推动"互联网＋文化服务"发展,构建覆盖全国的、网络化的公共文化服务体系,丰富人们的业余文化生活。以"互联网＋"扩大优质公共文化资源的覆盖面,推动优质公共文化资源向农村地区、革命老区、民族地区、边疆地区倾斜,缩小城乡和地区之间公共文化服务差距。建设公共文化资源库和公共文化服务信息平台,提升公共文化服务能力。实施"数字文化下乡行动计划",为农民播放数字电影、数字广播,促进乡村文化振兴。建设国家公共文化云,积极发展云展览、云阅读、云视听和云体验。通过大数据分析人们对文化产品和服务的需求和偏好,如对哪些方面的文化作品感兴趣,提供个性化、精准的文化服务。推动直播卫星电视频道高清化进程,对大型群众文化活动进行网络直播。

（4）推进文化产业数字化

党的二十大报告提出健全现代文化产业体系和市场体系。推动"互联网＋文化"发展，加快发展数字出版、数字影视、数字演播、数字艺术、数字印刷、数字创意、数字动漫、数字娱乐、高清视频等文化新业态。建立网络视听产业公共服务平台，加强数字文化作品的著作权保护。推动文化类电子商务发展，支持专业机构建立文化产品和服务电子交易平台，鼓励文化创作者在京东、淘宝、天猫等大型电商平台开设网店，在网上销售自己创作的文化作品。推进新闻、出版、广播、电视、电影、娱乐等文化行业数字化转型，以适应互联网、大数据时代的发展要求。鼓励广播电台、电视台、报刊社、出版社、文艺演出团体、文化创意企业等文化类企事业单位开展信息化建设，运用物联网、云计算、大数据、人工智能、5G、区块链、虚拟现实、元宇宙等新一代信息技术创新文化创作方式、管理方式和商业模式。

（5）推进文化传播数字化

党的二十大报告提出加强国际传播能力建设，全面提升国际传播效能，形成同我国综合国力和国际地位相匹配的国际话语权。在互联网时代，要通过运用 Facebook、Twitter 等国际流行的网络新媒体开展中华文化国际传播，让更多的外国人了解中国这个文明古国。例如，在海外建立一批文化传播网络公司，聘用外国人运用网络新媒体开展中华文化国际传播。此外，要强化互联网思维，推动传统媒体和新兴媒体融合发展，建设全媒体传播体系。通过互联网推广互动式、服务式、场景式传播方式，运用大数据评估文化传播效果。

2. 智慧旅游

建议地方政府把国家 4A 和 5A 级景区建成智慧景区。积极开展旅游目的地网络营销。建设智慧旅游平台，整合涉旅信息资源，为游客提供基于位置的一体化信息服务。引导旅游景区、星级酒店、旅行社等旅游企业运用大数据、人工智能、VR/AR 等新技术提供线路规划、景区导览、特色文旅产品营销等服务，满足游客个性化、智能化、定制化需求。

（1）在旅游行业推广新一代信息技术

鼓励景区管理部门在景区门禁、电子导游、景区环境和灾害监测预警等方面采用物联网技术。鼓励地方旅游信息中心建设基于云计算的区域旅游信息服务平台,为游客提供一站式、个性化的服务。鼓励电信运营商等搭建旅游云服务平台等公有云,降低中小旅游企业信息化门槛。鼓励大型旅行社开展私有云、大数据技术应用。鼓励软件企业开发在 iPhone、iPad 等移动智能终端上运行的旅游小软件(如 LBS、实时更新的航班时刻表),以应用程序商店(App Store)的商业模式供游客下载使用。鼓励电信运营商开展 3G 移动旅游信息服务。

(2) 以游客为中心整合旅游信息资源

在欧美发达国家,旅游信息化往往是以游客为中心。游客走到哪里,都可以很方便地获取与旅游有关的信息。建议各地旅游主管部门牵头建设旅游企业全生命周期管理和服务系统,整合市场监管、税务、交通运输、气象、公安、卫生健康等部门的相关信息资源。支持市场化运作的机构建设基于 LBS 的游客全程信息服务系统,整合当地景点、交通、住宿、餐饮、购物、娱乐、天气、语言、汇率等与旅游相关的信息资源,为游客提供从出发到返程的全程信息服务。

(3) 提升旅游服务的自动化和智能化水平

鼓励景区管理部门对旅游设施进行改造,提高旅游设施的自动化、智能化水平,为游客提供更人性化的服务。鼓励大型旅游信息服务运营商对现有旅游网站进行改版,根据游客身份特征、经济条件、兴趣爱好、地理位置等自动编排并推送有关信息,提供定制化的旅游信息服务。通过提供场景式服务,提高游客的满意度。

第四节　推进企业数字化转型

一、实施"上云用数赋智"行动

开展"智改数转"试点,建设一批中小企业数字化转型促进中心,完善中小企业信息化服务体系。组织编制《中小企业信息化指南》,对中小企业信息化建设进行分类指导。举办针对中小企业负责人的信息化培训班,组织他们到信息化建设成效显著的企业进行参观、考察。通过典型案例剖析和其他企业负责人的现身说法,提高中小企业负责人对信息化商业价值的认识。支持市场化运作的专业机构搭建中小企业信息化公共服务平台,推动中小微企业"上云上平台"。组织举办供需对接活动,促进中小企业与信息化服务机构的交流和沟通。

二、实施"规上企业管理升级"计划

据统计,企业产值或销售收入达到 800 万元,就应该实施企业资源规划(ERP)系统,而规模以上工业企业的产值标准是 2 000 万元。在规模以上工业企业中普及 ERP 系统,提高企业管理效率,降低企业管理成本。鼓励企业应用客户关系管理(CRM)、供应链管理(SCM)、产品数据管理(PDM)、产品全生命周期管理(PLM)、商业智能(BI)等信息系统。推广企业资产管理系统,应用物联网、大数据和机器学习等技术,实现资产运行、检修、改造、报废的全生命周期管理,实现设备台账管理、设备点检管理、设备保养管理、设备维修管理、备品配件管理、看板报表管理等功能。

三、实施"中小企业上云上平台"计划

采取"政府补一点、平台让一点、企业出一点"的方式,推进中小企业"上云上平台",促进"专精特新"发展。引进云计算服务商,在工业设计、企业管理、电子商务等方面为中小企业提供云服务,降低中小企业信息化建设的成本和门槛。鼓励中小企业应用工业互联网平台、供应链协同平台、专利信息服务平台、B2B 电商平台和无车承运平台等生产性服务平台。支持中小企业在完成生产设备自动化改造的基础上,加大软硬件设备采购力度,促进生产方式向柔性、智能、精细转变。

四、建立数字特派员制度

坚持需求导向、服务导向、公益导向,选派高校、科研院所、IT 企业、通信运营商、专业服务机构等优秀数字化人才驻点服务中小企业,提供"一企一档"评价诊断方案,开展"一对一"的方向指引、规划制定、路径选择等服务,补齐中小企业人才和技术缺口,帮助中小企业找准问题和瓶颈、明晰数字化转型路径。建立数字特派员考核评价机制,对工作成效突出的数字特

派员可在专业技术职务评聘、提干和劳动模范、先进工作者等各级各类评优评先工作中给予优先评先,优先评聘,优先晋级。每年表彰一批优秀数字特派员团队。

参 考 文 献

［1］金江军.数字经济引领高质量发展［M］.北京：中共中央党校出版社,2019.

［2］金江军.大数据党政领导干部一本通［M］.北京：中信出版社,2018.

［3］金江军,郭英楼.中国式跨越：新经济引领新常态［M］.北京：中国人民大学出版社,2016.

［4］金江军.新旧动能转换读本［M］.北京：中共中央党校出版社,2018.

［5］金江军,沈体雁.两化深度融合方法与实践［M］.北京：中国人民大学出版社,2012.

［6］金江军.信息化与中国式现代化［M］.北京：中央编译出版社,2023.

［7］杨广越.新质生产力的研究现状与展望［J］.经济问题,2024(05).

［8］翟云,潘云龙.数字化转型视角下的新质生产力发展——基于"动力—要素—结构"框架的理论阐释［J］.电子政务,2024(04)：2-16.

［9］贺俊.新质生产力的经济学本质与核心命题［J］.人民论坛,2024(06).

［10］黄恒学.发展新质生产力的时代要求与政府作为［J］.人民论坛,2024(06).

［11］李军鹏.发展新质生产力是创新命题也是改革命题［J］.人民论坛,2024(06).

［12］孙锐.为新质生产力发展提供人才引领支撑［J］.人民论坛,2024(06).

［13］李永强.发挥创新主导作用　加快发展新质生产力［J］.红旗文稿,2024(06).

［14］吕薇,金碚,李平等.以新促质,蓄势赋能——新质生产力内涵特征、形成机理及实现进路［J］.技术经济,2024,43(03)：1-13.

［15］姚树洁,王洁菲.数字经济推动新质生产力发展的理论逻辑及实现路径［J］.烟台大学学报(哲学社会科学版),2024,37(02)：1-12.

［16］刘伟.科学认识与切实发展新质生产力［J］.经济研究,2024,59(03)：4-11.

［17］王世泰,曹劲松.新质生产力的缘起、生成动力与培育机理——基于马克思主义政治经济学视角［J］.南京社会科学,2024(03).

［18］王朝科.从生产力到新质生产力——基于经济思想史的考察［J］.上海经济研究,2024(03)：14-30.

[19] 谢梅.科技创新为新质生产力"蓄势赋能"[J].人民论坛,2024(05)：66-68.

[20] 刘冬梅,杨瑞龙,朱旭峰等.新质生产力与科技创新[J].中国科技论坛,2024(03)：1-5.

[21] 黄群慧,盛方富.新质生产力系统：要素特质、结构承载与功能取向[J].改革,2024(02)：15-24.

[22] 金碚.论"新质生产力"的国家方略政策取向[J].北京工业大学学报(社会科学版),2024,24(02)：1-8.

[23] 王文泽.以智能制造作为新质生产力支撑引领现代化产业体系建设[J].当代经济研究,2024,342(02)：105-115.

[24] 刘友金,冀有幸.发展新质生产力须当拼在数字经济新赛道[J].湖南科技大学学报(社会科学版),2024,27(01)：89-99.

[25] 焦方义,张东超.发展战略性新兴产业与未来产业加快形成新质生产力的机理研究[J].湖南科技大学学报(社会科学版),2024,27(01).

[26] 张夏恒,肖林.数字化转型赋能新质生产力涌现：逻辑框架、现存问题与优化策略[J].学术界,2024,308(01)：73-85.

[27] 沈坤荣,金童谣,赵倩.以新质生产力赋能高质量发展[J].南京社会科学,2024(01).

[28] 任保平,王子月.新质生产力推进中国式现代化的战略重点、任务与路径[J].西安财经大学学报,2024,37(01)：3-11.

[29] 孙绍勇.发展新质生产力：中国式经济现代化的核心要素与实践指向[J].山东社会科学,2024(01).

[30] 张姣玉,徐政.中国式现代化视域下新质生产力的理论审视、逻辑透析与实践路径[J].新疆社会科学,2024(01)：34-35.

[31] 蒋永穆,乔张媛.新质生产力：逻辑、内涵及路径[J].社会科学研究,2024(01)：10-18.

[32] 崔云.数字技术促进新质生产力发展探析[J].世界社会主义研究,2023,8(12).

[33] 胡洪彬.习近平总书记关于新质生产力重要论述的理论逻辑与实践进路[J].经济学家,2023(12).

[34] 李政,廖晓东.发展"新质生产力"的理论、历史和现实"三重"逻辑[J].政治经济学评论,2023,14(06)：146-159.

[35] 王珏.新质生产力：一个理论框架与指标体系[J].西北大学学报(哲学社会科学版),2024,54(01)：35-44.

[36] 刘刚.工业发展阶段与新质生产力的生成逻辑[J].马克思主义研究,2023(11).

[37] 余东华,马路萌.新质生产力与新型工业化:理论阐释和互动路径[J].天津社会科学,2023(06):90-102.

[38] 徐政,郑霖豪,程梦瑶.新质生产力赋能高质量发展的内在逻辑与实践构想[J].当代经济研究,2023(11):51-58.

[39] 庞瑞芝.新质生产力的核心产业形态及培育[J].人民论坛,2023(21):18-21.

[40] 杜传忠.新质生产力形成发展的强大动力[J].人民论坛,2023(21):26-30.

[41] 杨丹辉.科学把握新质生产力的发展趋向[J].人民论坛,2023(21):31-33.

[42] 任保平,王子月.数字新质生产力推动经济高质量发展的逻辑与路径[J].湘潭大学学报(哲学社会科学版),2023,47(06):23-30.

[43] 周文,许凌云.论新质生产力:内涵特征与重要着力点[J].改革,2023(10):1-13.

[44] 蒲清平,黄媛媛.习近平总书记关于新质生产力重要论述的生成逻辑、理论创新与时代价值[J].西南大学学报(社会科学版),2023,49(06).

[45] 张林,蒲清平.新质生产力的内涵特征、理论创新与价值意蕴[J].重庆大学学报(社会科学版),2023,29(06):137-148.

[46] 周延云,李琪.生产力的新质态:信息生产力[J].生产力研究,2006(07):90-92.

[47] 金江军.城市信息化与信息产业互动发展[J].电子政务,2005(08):61-64.

[48] 金江军.两化深度融合促进中小企业转型升级[N].经济日报,2011-07-27(11).

[49] 金江军.以"互联网＋"推动科技创新[N].学习时报,2015-11-23(11).

[50] 姚卫浩,金江军.专利大数据及其发展对策[J].中国高校科技,2014(06):17-18.

[51] 金江军.智慧产业发展对策研究[J].技术经济与管理研究,2012(11):40-44.

[52] 金江军.城市现代化必须走新型工业化道路[J].中国信息界,2005(11):27.

[53] 金江军.两化融合的理论体系[J].信息化建设,2009(04):9-12.

[54] 金江军.地方信息化与工业化融合推进方法研究[J].现代工业经济和信息化,2011(08):87-89.

[55] 金江军.加强分类指导　推进中小企业信息化[J].中国中小企业,2011(08):32.

[56] 金江军.发展智能制造　构建智慧企业[J].装备制造,2012(Z1):98-99.

[57] 金江军.船舶电子产业发展对策研究[J].经济研究导刊,2012(07):160-161.

[58] 金江军.汽车电子产业发展对策研究[J].科技和产业,2012,12(04):11-13.

[59] 金江军.智慧旅游及其关键技术和体系框架研究[C].第十六届全国区域旅游开发学术研讨会论文集,2012-09-01.

[60] 金江军,刘晓菲.信息化引领中国经济转型[J].信息化建设,2015(01):18-20.

[61] 赵振华.新质生产力的形成逻辑与影响[N].经济日报,2023-12-22(11).

[62] 马玉婷,叶初升.新质生产力的发展经济学意义[N].光明日报,2024-02-20(11).

［63］杨艳.发展新质生产力的重大意义［EB/OL］.党建网,2024-04-01.

［64］谢礼圣.发展新质生产力具有重大意义［EB/OL］.光明网,2024-02-22.

［65］沈坤荣.发展新质生产力　增强高质量发展新动能［N］.人民日报,2024-02-22(09).

［66］习近平经济思想研究中心.新质生产力的内涵特征和发展重点［N］.人民日报,2024-03-01(09).

［67］刘元春.以科技创新引领现代化产业体系建设［N］.人民日报,2024-02-21(09).